V&R

Michael Wermke (Hg.)

Aus gutem Grund: Religionsunterricht

Mit 11 Abbildungen

Vandenhoeck & Ruprecht
in Göttingen

Der Herausgeber dankt der
Vereinigten Evangelisch-Lutherischen Kirche Deutschlands
für den großzügigen Druckkostenzuschuss.

Die Deutsche Bibliothek – CIP-Einheitsaufnahme

Aus gutem Grund: Religionsunterricht /
Michael Wermke (Hg.). – Göttingen: Vandenhoeck und Ruprecht, 2002.
ISBN 3-525-61404-7

Umschlagabbildung:
Aus: Die Bibel – für Kinder ausgewählt und erläutert von
Josef Quadflieg, mit Bildern von Rita Frind,

http://www.vandenhoeck-ruprecht.de
Printed in Germany.
Satz: Weckner Fotosatz GmbH, Göttingen
Druck und Bindung: Hubert & Co., Göttingen

Inhalt

A. Was heißt hier: Religionsunterricht?

B. Was passiert im Religionsunterricht?

C. Religionsunterricht: Der Blick über den Tellerrand

D. Der Religionsunterricht öffnet sich

A | Was heißt hier: Religionsunterricht?

Reli ist okay

Schüler*innen* erzählen von ihrem Religionsunterricht

M. Wermke / M. Steinkühler

„Reli ist okay", sagte Nina, 14, aus meiner 8a[1]. „Da ist man gefragt."

„Ich benutze die Religionsstunden ja meistens zum Ausruhen", erklärte Sven aus der Neunten. „Aber manchmal, da wache ich auf. Ja, wirklich, da kommt es mir vor, als ob ich eigentlich sonst immer schlafe und dann auf einmal die Augen aufmache."

„Wir reden viel, in Reli", meint die zehnjährige Lisa, die in die fünfte Klasse geht. „Über so Sachen, über die man sonst nicht redet. Was die Leute glauben, wie sie sein sollen, was das heißt: einen Freund zu haben. Ich weiß nicht: Meist kommt mir das ganz fremd vor. Aber ich denke: So ganz verkehrt ist es nicht. Also, nachzudenken und so..."

„Reli ist wie meine Periode", meint Klara. „Mal bin ich gut drauf, mal total beschissen. So sitz ich auch im Religionsunterricht. Mann, du hast ja nicht auf Knopfdruck Lust, über Gott und die Welt zu labern. Aber an anderen Tagen findest du's geil. Gehst darin auf. Ich finde, die Lehrer sollten einen in Ruhe lassen, wenn man keine Lust hat. Und einem 'ne Chance geben, wenn man, na ja, wenn man dann wieder gut drauf ist, eben. Dafür ist Reli doch da, oder, dass man sein darf, wie man will?"

„Reli Eins, Mathe Fünf, so sagt man doch, nicht?", fragt Christian, ein Oberstufenschüler. „Als ob Religion was für die Doofen sei! Aber wissen Sie was: Ich bin auch nicht gerade ein Mathe-Genie – und halte mich trotzdem nicht für doof. Ist es nicht eine große Erleichterung, dass es verschiedene Arten von Klugheit gibt? Und dass die auch drankommen, in der Schule? Ich diskutiere gern über Gottesbilder, über die Frage nach Gerechtigkeit und über den Sinn meines Lebens, des Lebens überhaupt. Ich schlüpfe gern in andere Rollen, also stelle mir vor, wie andere Menschen gedacht haben und denken. Ich kann nur sagen: Auf meine 13 Punkte in Reli bin ich stolz."

1 Die Zitate entstammen Aufzeichnungen von Gesprächen, die die Verfasserin als Religionslehrerin an der Lauenburgischen Gelehrtenschule zu Ratzeburg sowie im Schulzentrum Am Heimgarten in Ahrensburg (beides Schleswig-Holstein) führte.

- „Das ist toll, wenn wir in Reli Rollenspiele machen oder rausgehen, für Projekte oder so", sagt der Orientierungsstufenschüler Mike. „Bloß, diese Traumreisen, mit leiser Musik und Augen zu ... also, da fällt mir echt nichts zu ein. Da penn ich ein, wenn ich Glück hab ..."

Sechs knappe Stellungnahmen von Schülerinnen und Schülern, die den Religionsunterricht erleben, der heute an deutschen Schulen stattfindet. Es ist zugegebenermaßen eine Auswahl, die einerseits zufällig ist im Hinblick auf Repräsentanz, anderseits nicht zufällig in ihrer Aussagekraft: Aus einer Vielzahl von Äußerungen wurde diejenigen aufgespießt, die – religionspädagogisch gedacht – besonders relevant erschienen. Sie sollen unkommentiert stehen bleiben, auch als erste Einladung, darüber nachzudenken, ob denn wohl diese Kinder und Jugendlichen „etwas davon haben", von jenem viel hinterfragten, oft belächelten, sogar beargwöhnten Religionsunterricht, der ein zwar vom Einzelnen abwählbares, von der Verfassung nichtsdestotrotz garantiertes Grundrecht ist.

Die Vorurteile gegen den Religionsunterricht würden Seiten füllen, langweilig sei er, altmodisch, eine verkappte Werbeveranstaltung für die Kirche, manipulativ und entmündigend, daher eine Gefährdung der Kinder, vor der sie bewahrt werden müssten. Dagegen erscheinen zunehmend religionspädagogische Veröffentlichungen mit apologetisch-provozierenden Titeln wie „Kinder brauchen Religion", „Das Recht der Kinder auf Religion" oder „Kinder brauchen Hoffnung". Das vorliegende Buch führte eine Zeitlang den Arbeitstitel „Kinder brauchen Religionsunterricht".

Tatsächlich aber will dieses Buch keine neuen Thesen aufstellen, nicht verteidigen, nicht angreifen. Was wir wollen, ist: Die Praxis zu Wort kommen lassen.

Wir wollen dokumentieren,

- was wirklich geschieht im Religionsunterricht des modernen Schulalltags,
- wie die Lehrenden ihn gestalten und verstehen,
- was sie als seinen Sinn und ihre Aufgabe ansehen

und nicht zuletzt:

- welche Absichten und Visionen diejenigen haben, die Religionsunterricht verantworten, die Vertreter der staatlichen Schulaufsicht, der Kirchen sowie die an Lehreraus- und fortbildung Beteiligten.

Zu diesem Zweck haben wir Lehrerinnen und Lehrer, Dozenten, Schul- und Kirchenräte um Auskunft gebeten, möglichst konkret, möglichst pointiert. Dass alle Gebetenen dieser Bitte gern und zuverlässig entsprochen haben, zeigt die Relevanz, die dem Thema zuerkannt wird.

Bevor wir das Forum eröffnen, gilt die Aufmerksamkeit zuerst jenen, um die es auch in ersten Linie geht, den Schülerinnen und Schülern.

Gefragt, was guter Unterricht sei, trug eine elfte Klasse der Reinbeker Sachsenwaldschule (Schleswig-Holstein) folgende Kriterien zusammen:

- wenn wir mitmachen können
- wenn wir mitmachen *wollen*
- wenn wir merken: Das ist wichtig für uns!
- wenn der Unterricht mit unserem Leben zu tun hat
- wenn wir nicht immer bloß dasitzen müssen
- wenn wir diskutieren
- wenn wir nicht immer zuhören müssen
- wenn wir nicht bloß reden, sondern kreativ werden
- wenn wir an der Planung beteiligt sind
- wenn der Lehrer/die Lehrerin uns ernst nimmt
- wenn die Aufgaben offen sind (nicht „abfragen", sondern „echte Fragen stellen")
- wenn wir uns die Arbeit aufteilen/einteilen dürfen
- wenn wir zwischen Aufgaben wählen können
- wenn's Spaß macht

Gefragt, welche Wünsche sie an *guten Religionsunterricht* hätten, erarbeiteten dieselben Schülerinnen und Schüler folgende Skizze:

wir &
unsere Erfahrungen ↔ fremde Erfahrungen &
Bibel/christlicher Glaube ↔ andere Glaubensrichtungen

und kommentierten diese mit folgenden Statements (Die Gesprächsstruktur ist durch die Nachträge/Satzsplitter annähernd nachempfunden):

- Wir und die Bibel sind weit auseinander. Wir haben unsere Erfahrungen, die Bibel erzählt von anderen, von fremden Erfahrungen.
- Wir wollen das nicht vermischen. Es stimmt nicht, wenn ein Lehrer eine Geschichte aus der Bibel erzählt und sagt: Und so ist das auch bei uns.

- Wir wollen es vor allem nicht vermischen *müssen.*

- Wenn wir über uns reden, reden wir über *unsere* Erfahrungen.

- Es ist interessant, andere Erfahrungen kennen zu lernen.
  – Vor allem solche, die für so viele Menschen Gültigkeit haben.
  – Und für unser Land und unsere Geschichte, für ganz Europa.
  – Auch in Amerika und Asien und Afrika. Da vielleicht heute noch mehr.

- Wir müssen aber auch andere Richtungen kennen lernen; einfach, weil wir Leuten begegnen, die noch ganz andere Erfahrungen gemacht haben.

- Es ist auch wichtig, dass in der Bibel diese großen Worte sind: Gott. Liebe. Hoffnung. Glaube.

- Es ist gut, hinter die Dinge zu schauen.
  – Also nicht bei den eigenen Erfahrungen stehen zu bleiben.
  – Und eine gewisse Gewähr zu haben: Das ist was Verlässliches.
  – Aber nicht, weil der Lehrer das sagt.
  – Oder die Bibel.

- Vielleicht lernen wir, selbst ein Gespür dafür zu entwickeln, was wahr ist.
  – Kein Gespür. Vielleicht: worauf man achten muss; worauf es ankommt.

- Vielleicht lernen wir uns selbst besser kennen.
  – Und untereinander. In der Klasse.
  – Ja, weil wir darüber nachdenken: über unsere Erfahrungen und über diese fremden, die sich schon so oft bewährt haben.

- Und dann kann es auch passieren, dass da doch was zusammenpasst.
  – Es kann passieren. Aber es darf nicht müssen.

Die Einstellung der Schülerinnen und Schüler zur Religion und zum Religionsunterricht hat sich gewandelt. Sie sind kritischer, freier und aber auch offener geworden. Viele reden in diesem Zusammenhang von einem Traditionsabbruch und meinen damit das Verschwinden der religiösen Sozialisation im Kindes- und Jugendalter. Kinder und Jugendliche kennen kaum noch biblische Geschichten, sie kennen keine Gebete oder gar Kirchenlieder mehr. Der Befund mag stimmen, jedoch heißt dies nicht, dass Schülerinnen und Schüler an religiösen Fragen grundsätzlich uninteressiert sind, vielmehr hat sich ihr Verhältnis zur Religion gewandelt.

Kinder und Jugendliche wachsen heute nicht mehr wie selbstverständlich *in* einer Religion auf, sondern sie verstehen sich als frei handelnde Individuen, die sich der Religion prüfend nähern und nach Plausibilitäten fragen. *Ist mir das, was mir die Religion und der Religionsunterricht liefert, gut und hilfreich? Liefert mir der Glaube ein besseres Verständnis der Welt und meiner selbst?*

Schülerinnen und Schüler erwarten vom Religionsunterricht keine anbiedernden „Problemlösungsmodelle“ oder einfach „Laberstunden“, aber auch keinen Unterricht, der sie mit randständig wirkenden theologischen Fragen belästigt. Ihr Anspruch an den Religionsunterricht ist ein viel höherer: Sie erwarten einen Unterricht, der einen klar erkennbaren Gegenstand enthält – die jüdisch-christliche Tradition – und der zugleich vermag, diese Tradition mit ihren eigenen Erfahrungen sowie mit den Vorstellungen anderer Religionen in eine Korrespondenz, in ein sich gegenseitig erschließendes Verhältnis zu setzen. Ein guter Religionsunterricht ist ein Unterricht, der sie etwas angeht und der ihnen eigene Gestaltungsspielräume in der Behandlung religiöser Fragen eröffnet.

„Aber es darf nicht müssen“ – In der Tat ist dies gewissermaßen das Motto modernen, schülerorientierten, erfahrungsbezogenen Religionsunterrichts: Die Schülerinnen und Schüler erwarten das Angebot, sich mit fremden Erfahrungen über die fundamentalen Themen des Lebens, über ihre Persönlichkeit, ihre Mitmenschen und ihre Welt, auseinander zu setzen, d.h. im konfessionellen Unterricht auch: mit der Persönlichkeit eines kirchlich-religiös geprägten Gegenübers. Geben wir ihnen die Chance, mit diesem Angebot auf ihre Weise zu verfahren.

Wir danken allen Autorinnen und Autoren für die Bereitschaft, uns ihre Manuskripte zur Verfügung zu stellen. Zugunsten einer flüssigen Lesbarkeit wurden die Literaturhinweise auf ein notwendiges Mindestmaß reduziert.

Der Religionsunterricht in Deutschland und anderswo

Friedrich Schweitzer

Es ist inzwischen weithin anerkannt, dass keine Schule der anderen gleicht, ja, dass jede Einzelschule ihr eigenes Gesicht und Profil ausbilden soll. So steht schon das Wort „Unterricht" für eine vielgestaltige Wirklichkeit, und das gilt natürlich auch im Blick auf den Religionsunterricht. Wer seine Realität wirklich beschreiben wollte, müsste sich auf den Weg machen und an vielen Orten viele Unterrichtsstunden besuchen. Und ich bin mir sicher, dass ein Wanderer in Sachen Religionsunterricht am Ende Schwierigkeiten hätte, alles, was er erfahren und gesehen hat, in wenigen Sätzen festzuhalten.

So kann und soll es im Folgenden nicht um diese vielgestaltige Wirklichkeit des Alltags von Religionsunterricht gehen, sondern um grundlegende Modelle und Organisationsformen, wie sie aus den rechtlichen und institutionellen Bestimmungen erwachsen. Und wie wir sehen werden, ergibt sich selbst bei dieser Beschränkung noch ein recht vielfältiges Bild.

Konfessioneller Religionsunterricht – der Ausgangspunkt

Ganz allgemein gilt, dass der Religionsunterricht in Deutschland in der Schule eine vergleichsweise starke Stellung besitzt. Darin spiegelt sich geschichtlich gesehen eine Entscheidung der Reformation, die von Anfang an die Schule auch für die religiöse Erziehung in Pflicht genommen hat. Hinter dieser Entscheidung stand wiederum die Wahrnehmung, dass die Eltern in vielen Fällen nicht willens oder in der Lage waren, allein die religiöse Erziehung zu übernehmen. Deshalb, so etwa Martin Luther, sollte die Schule und damit das Gemeinwesen in diese Aufgabe eintreten – auch wenn daneben der „Hausvater" als Katechet gefordert blieb. Wenig bedacht wurde in dieser Zeit die Möglichkeit, dass ein entsprechender Religionsunterricht auch durch die Kirchengemeinde organisiert werden könnte. Es gab zwar Katechismuspredigten, aber der Hauptakzent lag doch bei der Schule. Darin wird man eine historische Folge der damals noch fehlenden Trennung zwischen Kirche und Staat sehen können, muss daneben aber auch das für die Reformation kennzeichnende Interesse an allgemeiner Bildung in Rechnung stellen. Die

Sorge der Reformatoren galt von Anfang an nicht nur der religiösen Unterweisung, sondern der Einrichtung guter Schulen und dem Lernen für Frieden und Gerechtigkeit.

In Deutschland wurde die Trennung von Staat und Kirche erst mit der Weimarer Republik 1918/19 erreicht. Und sogleich wurde dann auch um die Zukunft des Religionsunterrichts gestritten: Zunächst wurde der Religionsunterricht für kurze Zeit ganz abgeschafft. Letztlich durchgesetzt hat sich aber ein Religionsunterricht, der von den Religionsgemeinschaften mitverantwortet und der in nach Konfessionen oder Religionen getrennter Form unterrichtet wird. In der Weimarer Zeit gab es deshalb sowohl evangelischen als auch katholischen und ggf. jüdischen Religionsunterricht.

An dieser Lösung wurde auch bei der Begründung der Bundesrepublik Deutschland im Jahre 1949 im Grundgesetz festgehalten. In Art. 7,3 ist festgelegt, dass der Religionsunterricht „ordentliches Lehrfach" sei, d.h. an allen Schulen, also auch bzw. gerade den staatlichen Schulen, und dass er in „Übereinstimmung mit den Grundsätzen der Religionsgemeinschaften" erteilt werden soll. Nach deutschem Verständnis liegt in dieser Bestimmung keine Verletzung des Prinzips der Trennung von Staat und Kirche.

Der Staat ist nach Art. 4 GG weltanschaulich neutral – er darf niemanden auf Grund seiner Religionszugehörigkeit diskriminieren. Deshalb ist der Staat auch nicht in der Lage, Inhalte für den Religionsunterricht vorzuschreiben. In diese Funktion treten vielmehr die Religionsgemeinschaften ein, indem sie den Staat von einer Aufgabe entlasten, die er selbst nicht übernehmen kann.

Auf diese Weise war es möglich, in Deutschland den schulischen Religionsunterricht auch nach der Trennung von Staat und Kirche aufrechtzuerhalten – nämlich im Modell eines Unterrichts, der inhaltlich von den Religionsgemeinschaften bestimmt wird und der eben dadurch die Neutralität des Staates wahren kann. Organisatorisch war dieses Modell besonders so lange plausibel, als die Religionsgemeinschaften sich faktisch auf die beiden großen Konfessionen (evangelisch, katholisch) beschränkten. Mit der Entwicklung zu einer multikulturellen und multireligiösen Situation, wie sie für die Gegenwart besonders in den westlichen Bundesländern bezeichnend ist, steht der Religionsunterricht vor neuen Herausforderungen. Sollen nun weitere religionsunterrichtliche Angebote eingerichtet werden – für jüdische Kinder, islamische Kinder, orthodoxe Kinder usw.? Oder kommt der Staat hier an eine Grenze? – Und seit der deutschen Vereinigung im Jahre 1990 muss auch über Angebote für die 70 bis 80% der Kinder und Jugendlichen in den östlichen

Bundesländern, die keine Konfessions- oder Religionszugehörigkeit haben, nachgedacht werden.

Die im Folgenden aufzunehmenden Entwicklungen und alternativen Modelle müssen also vor dem Hintergrund einer veränderten gesellschaftlichen Situation gesehen werden. Zugleich verweisen sie auf wichtige Veränderungen im Bereich von Christentum und Religion selber. Immer deutlicher wird die Notwendigkeit einer ökumenischen Zusammenarbeit zwischen den christlichen Kirchen erkannt, und auch das interkulturelle und interreligiöse Lernen gilt als eine unabdingbare Zukunftsaufgabe nicht zuletzt für die Schule. Im Bereich der europäischen Politik ist mehrfach auf diese Notwendigkeit verwiesen worden – unter Hinweis auf das auch für Europa keineswegs gesicherte friedliche und tolerante Zusammenleben von Menschen mit unterschiedlicher Kultur- und Religionszugehörigkeit.

Kooperative Modelle – zur Weiterentwicklung konfessioneller Verantwortung

In der Entwicklung des Religionsunterrichts stellt die 1994 veröffentlichte Denkschrift der Evangelischen Kirche in Deutschland „Identität und Verständigung" einen Meilenstein von epochaler Bedeutung dar. In dieser maßgeblichen kirchlichen Stellungnahme wird der Gedanke eines kooperativen Religionsunterrichts entwickelt, dem heute eine zukunftsweisende Bedeutung zukommt. Unter Kooperation wird dabei nicht einfach die Aufhebung von Fächergrenzen oder der konfessionellen Verantwortung verstanden, sondern eine gezielte Kooperation zwischen verschiedenen Formen von Religionsunterricht (evangelisch, katholisch, soweit vorhanden islamisch, jüdisch usw.), aber auch mit dem Ethikunterricht oder anderen Unterrichtsformen, die diesem entsprechen (s. dazu noch unten). Wie schon der Titel dieser Stellungnahme anzeigt, geht es um eine doppelte Zielsetzung:

Kinder und Jugendliche sollen bei ihrer Identitätsbildung unterstützt werden, und zugleich sollen sie Verständigungsfähigkeit auch in religiösen und ethischen Fragen erlernen.

Religionsunterricht geschieht hier im Wechsel zwischen Phasen in nach Konfession oder Religion getrennten Lerngruppen und Phasen in konfessionell oder religiös gemischten Gruppen, wobei zu beachten ist, dass der evangelische Religionsunterricht allen Kindern offen steht, wie die EKD bereits 1971 erklärt hat.

In späteren Erklärungen der Katholischen Kirche sowie einer gemeinsamen Erklärung beider Kirchen ist das Modell eines konfessionell-kooperativen Religionsunterrichts – allerdings mit gewissen Einschränkungen vor allem auf katholischer Seite – bestätigt worden. In Niedersachsen und Württemberg gibt es dazu offizielle Vereinbarungen, auf deren Grundlage inzwischen mehrere hundert Schulen einen solchen kooperativen Religionsunterricht praktizieren. Auch in vielen anderen Bundesländern wird er praktiziert, allerdings ohne allgemeine Regelung. In Förderschulen und in der Berufsschule ist er ohnehin allgemein üblich.

Die Denkschrift der EKD schlägt weiterhin vor, den kooperativen Religionsunterricht in eine – neu zu gründende – Fächergruppe für den Religions- und Ethikunterricht u.ä. einzubringen. Dadurch soll dieser Bereich der Schule gestärkt und die Kooperation erleichtert werden.

Entscheidend für den kooperativen Religionsunterricht ist die Möglichkeit, an einer Mitbeteiligung und -verantwortung der Kirchen und Religionsgemeinschaften für diesen Unterricht festzuhalten. Dies gilt auch für den in Hamburg praktizierten sog. „Religionsunterricht für alle“, bei dem es sich um einen nun auch programmatisch an alle Schülerinnen und Schüler gerichteten Religionsunterricht in evangelischer Verantwortung handelt. Zum Verständnis des Hamburger Weges muss man wissen, dass es dort auf Grund der besonderen Zusammensetzung der Bevölkerung schon seit langem keinen katholischen Religionsunterricht gibt, dass weniger als die Hälfte der Hamburger Kinder und Jugendlichen einer Religionsgemeinschaft angehören und dass dort die Zahl der Kirchen- und Religionsgemeinschaften besonders groß ist. Angesichts dieser Situation hat es sich der Hamburger Religionsunterricht zur Aufgabe gemacht, besonders die Beziehungen zwischen den Religionen und Religionsgemeinschaften – im Sinne eines interreligiösen Lernens – zu pflegen und zu verbessern. So bezieht die evangelische Kirche bei der Erstellung von Lehrplänen Berater aus anderen Religionen ein und versucht, auch den besonderen Lernvoraussetzungen und Bedürfnissen nicht-christlicher Kinder im Religionsunterricht gerecht zu werden. All dies bleibt aber in evangelischer Verantwortung, was den Hamburger Weg von den nun zu beschreibenden Modellen unterscheidet.

Ethikunterricht und „Lebensgestaltung-Ethik-Religionskunde“ (LER) – religionskundliche Modelle in staatlicher Verantwortung

Unterricht über Religion gibt es nicht nur in Gestalt von Religionsunterricht, sondern auch im Rahmen des Ethikunterrichts, wie er besonders seit den 1970er Jahren in vielen westlichen Bundesländern als sog. Ersatzfach für den Religionsunterricht eingerichtet wurde. „Ersatz“

ist dabei nicht abwertend gemeint, sondern verweist in rechtlicher Terminologie auf die Vollwertigkeit dieses Angebots. Dies wird in den östlichen Bundesländern zum Teil dadurch hervorgehoben, dass der Ethikunterricht dort als Wahlpflicht-Alternative mit dem Religionsunterricht gleichgestellt wurde.

Im Ethikunterricht werden in aller Regel auch die Weltreligionen sowie weitere wichtige religiöse oder existenzielle Themen (Ehe und Familie, Sinnfragen, Sterben und Tod usw.) behandelt, auch wenn ihnen häufig nur eine im Vergleich zum Religionsunterricht deutlich begrenztere Zeit gewidmet werden kann. Der entscheidende Unterschied zum Religionsunterricht besteht dabei in der allein staatlichen Verantwortung auch für die Inhalte dieses Unterrichts. Deshalb wird im Unterschied zum Religionsunterricht hier von Religions*kunde* gesprochen, die „über" Religion informiert, aber nicht aus der Perspektive einer Kirche oder Religionsgemeinschaft. Die religiöse Neutralität des Staates muss deshalb auch in diesem Unterricht gewährleistet sein. Diese Neutralität wird manchmal kritisiert, weil sie dem Selbstverständnis der Religionen unangemessen bleibe. In der Möglichkeit einer stärker akzentuierten existenziellen Auseinandersetzung bei transparenten Positionen zumindest der Lehrkräfte kann tatsächlich ein Vorteil des konfessionellen Religionsunterrichts gesehen werden. Angesichts der wachsenden Zahl konfessionsloser Kinder ist ein religionskundliches Angebot aber unabdingbar.

Einen Sonderfall stellt hier das Brandenburger Schulfach LER dar, weil dieses Fach weder als Ersatz für den Religionsunterricht noch als Wahlpflicht-Alternative zu diesem Unterricht gedacht ist. Statt dessen ist LER, das allein vom Staat verantwortet wird, als Teil des für alle Schülerinnen und Schüler verpflichtenden Unterrichts konzipiert, auch wenn zunächst eine Befreiungsmöglichkeit für solche Kinder und Jugendliche eingeräumt wurde, die an einem nicht von der Schule veranstalteten kirchlichen Religionsunterricht teilnehmen. LER will so gesehen den Religionsunterricht zumindest als „ordentliches Lehrfach" (s.o.) beerben. LER steht nicht neben einem Religionsunterricht, sondern an dessen Stelle. Daran ändert der in Brandenburg in den Räumen der Schule durch die Kirche angebotene Unterricht zumindest insofern nichts, als dieser Unterricht außerhalb der Stundentafel steht und kein schulischer Religionsunterricht ist.

Ob der Brandenburger Weg rechtlich möglich ist, muss vom Bundesverfassungsgericht noch entschieden werden. Das Land Brandenburg beruft sich auf Art. 141 GG, das eine Ausnahme von Art. 7,3 (Religionsunterricht als ordentliches Lehrfach) für den Fall vorsieht, dass ein Bundesland vor dem Erlass des Grundgesetzes bereits eine andere Regelung getroffen hatte. Diese Ausnahmeregelung war für das Land Bremen gemeint, wo bis heute ein sog. „biblischer Geschichtsunterricht auf allgemein christlicher Grundlage" angeboten wird. Auch dabei handelt es sich um eine Spielart der Religionskunde, die allein in staatlicher Verantwortung liegt.

Religionsunterricht in Deutschland – nur ein Sonderweg?

Manchmal wird behauptet, der Religionsunterricht in Deutschland, der in Mitverantwortung der Kirchen bzw. Religionsgemeinschaften erteilt wird (Art. 7,3 GG), sei ein Sonderweg, der keine Zukunft mehr haben könne. Geschichtlich gesehen sei dieser Sonderweg zwar verständlich, aber inzwischen hätten sich die Verhältnisse doch so verändert, dass den Kirchen oder Religionsgemeinschaften kein Mitspracherecht mehr eingeräumt werden könne.

Bei einer solchen Sichtweise wird nicht nur der freiheitliche Charakter des vom Grundgesetz vorgesehenen Modells verkannt:

Hier kommen die Neutralität des Staates und die Religionsfreiheit des Einzelnen überein; niemand wird zur Teilnahme an diesem Religionsunterricht gezwungen (Austrittsmöglichkeit!), und doch unterstützt der Staat die heranwachsenden Bürgerinnen und Bürger in ihrer Wahrnehmung der Freiheit zur Religionsausübung (sog. positive Religionsfreiheit).

Darüber hinaus wird übersehen, dass es in fast allen Ländern Europas schulischen Religionsunterricht gibt, vielfach auch unter Beteiligung der Religionsgemeinschaften.

Der deutschen Situation am nächsten kommen etwa Österreich und Italien, wo zumindest rechtlich die Möglichkeit konfessionellen Religionsunterrichts für verschiedene Konfessionen und Religionsgemeinschaften vorgesehen ist. In Österreich gibt es auch faktisch eine große Vielfalt religionsunterrichtlicher Angebote: katholisch, evangelisch, jüdisch, islamisch usw. Die Existenz einer ebenfalls breiten religions*kundlichen* Strömung in Europa (z.B. England und Wales, Schweden) muss nicht geleugnet werden, um festzustellen, dass es jedenfalls auch außerhalb Deutschlands konfessionellen Religionsunterricht gibt und dass diesem Religionsunterricht Zukunft gegeben wird.

Die bekanntesten Ausnahmen, d.h. Länder ohne Religionsunterricht in der staatlichen Schule, sind Frankreich und die USA. In diesen beiden Fällen führt eine strikte Trennung von Staat und Kirche bzw. Religion (negative Religionsfreiheit) dazu, dass jede Form von Religionsunterricht zumindest im Bereich des staatlichen Schulwesens ausgeschlossen wird (wobei in diesen Ländern der Anteil kirchlicher Schulen weit größer ist als in Deutschland). Vorbildlichkeit oder ein zukunftsweisender Charakter kann diesen Ländern im Blick auf den Religionsunterricht aber insofern nicht zugesprochen werden, als heute gerade dort das Fehlen religionspädagogischer Angebote als ein schwerwiegendes Defizit erfahren wird – nicht zuletzt angesichts von Fundamentalismus und religiöser Intoleranz, gegen die die Schule ohne Religionsunterricht nichts unternehmen kann.

Ausblick

Der Religionsunterricht in Deutschland – und anderswo – steht heute vor neuen Herausforderungen, die sich besonders mit dem Übergang zu einer multikulturellen und multireligiösen Gesellschaft verbinden. Eine Einführung bloß in die eigene religiöse Tradition reicht nicht mehr zu – weder für die Kinder, die dieser Tradition entstammen und die nun doch zur Auseinandersetzung mit einer enorm gewachsenen religiösen Vielfalt gezwungen sind, noch für eine Gesellschaft, der an einem friedlichen und toleranten Zusammenleben zwischen den Religionen gelegen sein muss. Auch Theologie und Kirche haben die Notwendigkeit eines ökumenischen und interreligiösen Lernens inzwischen erkannt, auch wenn es noch immer an praktischen Erfahrungen und geprüften Modellen besonders im interreligiösen Bereich fehlt.

Immer dringlicher wird auch der Wunsch nach Einrichtung eines islamischen Religionsunterrichts, wie er im Rahmen von Art. 7,3 GG durchaus möglich wäre. Dort ist ja nicht von „Kirchen" die Rede, sondern eben von „Religionsgemeinschaften". Sofern die Muslime in Deutschland solche Religionsgemeinschaften gründen (Diese Form ist im traditionellen Islam nicht bekannt.) und sofern diese dann darlegen, dass ein in „Übereinstimmung mit ihren Grundsätzen" erteilter Religionsunterricht auch mit dem Grundgesetz konform ist, dürfte einem solchen Religionsunterricht nichts im Wege stehen.

Bei all dem ist bewusst zu halten, dass Religionsunterricht nach deutschem Verständnis letztlich nicht das Recht von Kirchen oder Religionsgemeinschaften ist, sondern ein Recht des Kindes.

Dieses Recht des Kindes auf Religion und religiöse Erziehung bzw. religiöse Begleitung muss auch unter den Voraussetzungen einer multireligiösen Gesellschaft wahrgenommen werden.

Literatur

Kirchliche Stellungnahmen:

Evangelische Kirche in Deutschland: Identität und Verständigung. Standort und Perspektiven des Religionsunterrichts in der Pluralität, Gütersloh 1994

Die deutschen Bischöfe: Die bildende Kraft des Religionsunterrichts. Zur Konfessionalität des katholischen Religionsunterrichts, Bonn 1996

Sekretariat der Deutschen Bischofskonferenz/Kirchenamt der Evangelischen Kirche in Deutschland (Hg.): Zur Kooperation von Evangelischem und Katholischem Religionsunterricht, Würzburg/Hannover 1998

Religionspädagogische Literatur:

G. Adam/R. Lachmann (Hg.): Religionspädagogisches Kompendium, Göttingen ^{5}1997

C.T. Scheilke/F. Schweitzer (Hg.): Religion, Ethik, Schule, Münster/New York 1999

F. Schweitzer: Das Recht des Kindes auf Religion, Gütersloh 2000

Religiöse Bildung: Warum und wozu?

Bernhard Dressler

Glaube ist nach christlichem Verständnis ein Geschenk; nichts, wozu man sich entschließen kann; nichts, was man sich aus eigener Anstrengung, etwa durch eine Bildungsanstrengung, erwerben kann. Glaube ist kein Bildungsziel.

Warum und mit welchem Ziel ist dann religiöse Bildung zu begründen?

Glaube ist kein Bildungsziel – aber *über* Glauben kann nachgedacht und reflektiert werden, Glaubenstraditionen können dargestellt und erschlossen werden, Ausdrucksformen des Glaubens können erlernt werden. In solchen Lern- und Bildungsprozessen kann der Glaube vor Missverständnissen bewahrt werden.

Auch vor dem Missverständnis, beim Glauben handele es sich um eine besondere, mit dem Bildungswissen nichtgläubiger Menschen konkurrierende Form erlernbaren Wissens. Allerdings:

Mit dem Glauben hört das Denken nicht auf. Mit dem Glauben beginnt das Nachdenken über Gott und die Welt noch einmal ganz neu. Bildungsangebote aus der Perspektive des christlichen Glaubens setzen den Glauben in ein Verhältnis zum Wissen (und zu den mit diesem Wissen verbundenen Problemen) unserer Zeit.

Christliche Bildung ist „Glaubensbildung" – nicht im Sinne einer *Erzeugung* des Glaubens, sondern im Sinne einer Selbstreflexion des Glaubens und eines Nachdenkens über die Welt aus der Sicht des Glaubens. Ein in diesem Sinne „gebildeter" Glaube bestreitet jenen Bildungsdünkel, wonach ein „Mehr" an Bildung und Wissen ein „Weniger" an Glauben zur Folge habe. Ein in diesem Sinne „gebildeter Glaube" bestreitet auch den Anspruch, es könne durch Bildung ein vollständiges und objektives, neutrales Wissen über die Welt erhoben werden, das sich *nicht* irgendeiner Art von Glauben, einem Vorurteil, einer Intuition oder einer Welt*deutung* verdankt – ein Wissen, das keine Folgen für unser Handeln habe, in moralischer Hinsicht „wertneutral" sei. In dieser Hinsicht ist es für den Religionsunterricht als Schulfach unter Schulfächern wichtig, im Gespräch mit anderen Wissenskonzepten zu bleiben, deren heimliche oder offene Geltungsansprüche ideologiekritisch zu befragen sind.

„Gebildeter" Glaube bringt die Weltdeutung des christlichen Glaubens ins Gespräch mit anderen religiösen oder nichtreligiösen Weltdeutungen. „Gebildeter" Glaube erschließt Handlungsorientierungen in einer immer komplexer werdenden Welt. Und „gebildeter" Glaube weiß etwas von der *Grenze* unseres Wissens und unserer Bildungsanstrengungen: Er achtet Gott als das Geheimnis der Welt.

In der protestantischen Gestalt der christlichen Religion hat Bildung schon immer eine besondere Rolle gespielt: Der Glaube soll, so jedenfalls der protestantische Akzent, individuell und reflektiert verantwortet werden. Zugleich ermöglicht die protestantische Akzentuierung der Unterscheidung zwischen „Gesetz und Evangelium" eine deutliche Unterscheidung zwischen religiöser *Bildung* und (Moral-)*Erziehung*. Religion als eine besondere Welt- und Selbstdeutung, als eine „Kultur des Verhaltens zum Unverfügbaren" ist *mehr* als eine Ethik. Allerdings *folgen* aus der in der christlichen Religion erschlossenen Gottesbeziehung Konsequenzen für die ethische Urteilsbildung und für das moralische Handeln – als Antwort auf Gottes zuvorkommende Liebe.

Religiöse Bildung ist deshalb gewissermaßen *indirekt* auch ethische Erziehung – frei nach Luthers Maxime, wonach nicht gute Werke einen frommen Menschen machen, sondern fromme Menschen gute Werke. Religiöse Bildung kann und soll deshalb auf den moralischen Zeigefinger verzichten.

Gegenwärtig nun gewinnt religiöse Bildung an besonderem Gewicht:

- Mit der Pluralisierung unserer Gesellschaft und der Globalisierung der weltweiten Kommunikation rücken andere Religionen und Weltanschauungen unmittelbar (und nicht mehr nur durch besonderes, z. B. über Bücher vermitteltes Wissen) in unser Blickfeld. Eigene Glaubensüberzeugungen verlieren dabei an *Selbst*verständlichkeit. Wir können uns selbst wie mit anderen Augen betrachten: Pluralität setzt uns unter Relativierungsdruck. Von außen – aus der nun allen zugänglichen Vogelperspektive – sieht der eigene Glaube anders aus als von innen – aus der Froschperspektive. Fundamentalistische Bewegungen reagieren auf diesen Relativierungsdruck, auf die Zumutungen der Pluralität.

Religiöse Bildung öffnet dem christlichen Glauben Reflexionsspielräume, Möglichkeiten der Selbstbeobachtung, ohne die *eigene* Perspektive preiszugeben. Sie leistet einen Beitrag zum Schutz des christlichen Glaubens vor fundamentalistischen Trotzreaktionen wie vor relativistischer Beliebigkeit und fördert damit zugleich den Respekt vor fremden Religionen und den Religionsfrieden.

So lange *eine* Religion den selbstverständlichen Lebenshorizont von Menschen bildete, konnte man sich ausschließlich im Binnenraum ihrer Erzählungen, ihrer Liturgien, ihrer Alltagsmuster aufhalten. Nun *bleibt* die christliche Religion auch heute eine solche bewohnbare Welt mit eigenen Sprach- und Lebensformen. Sie wird ihre Sprach- und Lebensformen aber verstärkt nach außen darstellen und übersetzen müssen.

Glauben zu bezeugen heißt nicht, ihn vollständig mit *Argumenten* begründen zu können – er wäre dann kein Glaube mehr; aber es gibt gute Argumente für den Glauben. Religiöse Bildung leistet einen Beitrag, um den Glauben gegenüber den Gebildeten unter den Verächtern wie für die Glaubenden selbst – unter Beachtung der genannten Grenze – *plausibel* zu machen.

Es wächst der Orientierungsbedarf in einer sich ständig wandelnden Gesellschaft, in der Wissensbestände, moralische Normen, Lebensstile, Berufsbiographien unentwegt verflüssigt und verwirbelt werden. Orientierung bietet der christliche Glaube als Weltdeutungsangebot im konkreten Bezug auf die Fragen und Probleme der Weltwirklichkeit.

Religiöse Bildung wirbt nicht um das Für-Wahr-Halten kirchlicher Lehre. Sie verabreicht keine Bildungsgüter aus ihren Traditionsbeständen. Kirchliche Bildung will Menschen für die Glaubenstradition als lebendige, welterschließende Orientierung öffnen.

Trotz Säkularisierung und Pluralisierung: Niemand in Mitteleuropa kann die eigene Gesellschaft, die eigene Kultur ohne die Christentumsgeschichte verstehen. Die Regeln, Normen und Werte unseres Zusammenlebens verdanken sich weitgehend der christlichen Glaubenstradition. Literatur, bildende Kunst, Musik – bis hinein in die Motive der Popkultur – bleiben ohne Kenntnis der biblischen Geschichten weitgehend verschlossen. Auch heute noch gilt:

Wer die eigene Lebenswelt *verstehen* will, muss die christliche Religion kennen – auch ohne sich zu ihr bekennen zu wollen oder zu müssen. Kirchliche Bildungsarbeit, besonders aber auch der von den Kirchen mitverantwortete Religionsunterricht an den öffentlichen Schulen ist in diesem Sinne ein „gesellschaftsdiakonisches" Angebot zum besseren Selbstverständnis aller Menschen.

Gegenwärtig werden dem Religionsunterricht immer öfter besondere Aufgaben der „Wertevermittlung“ zugeschrieben, weil – worüber zu streiten wäre – von einem Schwinden der sozialen Bindekräfte ausgegangen wird. Gewiss erfolgen Bildung und Erziehung niemals außerhalb eines expliziten oder impliziten Wertekanons. In der christlichen Religion geht es aber im umfassenderen Sinne um das Gottesverhältnis und um eine daraus erwachsende Welt- und Selbstdeutung, also um mehr als um „Werte“. Diesem nicht auf Moral reduzierbarem Verständnis von Religion soll der Religionsunterricht dienen. Zugleich soll er nicht überfordert werden: Als könnten in zwei Wochenstunden Religionsunterricht erzieherische Defizite kompensiert werden und die Last der „Wertevermittlung“ geschultert werden! „Wertevermittlung“ ist zum einen eine Aufgabe der Schule insgesamt, und zwar eine Aufgabe der gesamten Gestaltung des Schul*lebens*, nicht nur des Unterrichts. Auch hierfür – z.B. bei der Förderung einer schulischen „Feierkultur“ – gewinnt übrigens das Verhältnis der Kirchengemeinden zu den Schulen wachsende Bedeutung. Zum anderen ist der öffentliche Wertekonsens im Religionsunterricht gerade auch kritisch zu reflektieren.

Der Religionsunterricht darf nicht, auch nicht vom Staat, als sozialmoralische Integrationsveranstaltung instrumentalisiert werden.

Der demokratische Staat beruht auf Grundlagen, über die er nicht verfügt und die er auch nicht erzeugen kann. Deshalb gibt es auch eine klare Grenze gegenüber dem Versuch, Religion(en) als staatstragende Ideologien zu beanspruchen. Die Kirchen wären gut beraten, diese Grenze nicht selbst zu verwischen, auch nicht aus Freude darüber, dass sie gegenwärtig verstärkt „gebraucht“ zu werden scheinen, um der sozialen und kulturellen Desintegration entgegenzuarbeiten.

Aus all dem folgt: Der Staat hat ein legitimes Interesse an religiöser Bildung. Er hat ein Interesse an mündigen Bürgern, die u.a. in der Lage sind, das Grundrecht auf Religionsfreiheit (Art. 4 des Grundgesetzes) aktiv in Gebrauch zu nehmen. Da religiöse Bildung aber mehr ist als der Erwerb von Wissen über Religion(en), also mehr als bloße „Religionskunde“ aus neutraler Perspektive, kann der weltanschaulich neutrale Staat religiöse Bildung nicht in eigene Regie nehmen. Das ist der bleibende Sinn von Art. 7.3 des Grundgesetztes, wonach der Religionsunterricht als ordentliches Lehrfach an staatlichen Schulen einzurichten ist (und also auch vom Bildungsauftrag der Schule her zu begründen und zu gestalten ist), aber – gleichsam im Sinne des Subsidiaritätsprinzips – der Mitwirkung der Religionsgemeinschaften unterliegt.

Christlicher Religionsunterricht ist nicht „Kirche in der Schule", vermittelt aber auch nicht „Religion ohne Kirche". Gleiches wäre auch von einem künftig einzurichtenden islamischen Religionsunterricht zu erwarten. Evangelischer Religionsunterricht versteht sich als freies Angebot an einer freien Schule, zu dem alle Schülerinnen und Schüler eingeladen sind, ohne ein kirchliches Indoktrinations- oder Rekrutierungsinteresse befürchten zu müssen.

Schule braucht Religion

CHRISTIAN GRETHLEIN

Schule ist eine der wenigen allgemein verpflichtenden Institutionen unserer Gesellschaft. Lange Zeit war sie wesentlich in kirchlicher Obhut. Ursprünglich hatte sie – in Form von Kloster- und Domschulen – vor allem die Aufgabe, die künftigen Priester auszubilden. Ansonsten genügte das in den Familien von Generation zu Generation Weitergegebene. Nicht zuletzt die Reformation führte aber zur Forderung, dass möglichst alle Menschen (auch die Mädchen!) eine Schule besuchen sollten. Denn die Befreiung von klerikaler Bevormundung bürdete zugleich jedem und jeder Einzelnen die Verantwortung für das eigene Leben auf. Auch kam zunehmend ins Bewusstsein, dass eine bessere Ausbildung der Kinder zu größerem Wohlstand führt. Dazu traten vielfältige neue Erkenntnisse auf den unterschiedlichsten Gebieten, z.B. der Buchdruck, die Entdeckung bis dahin unbekannter Länder, eine Ausdehnung des Handels, neue Techniken etwa im Hüttenwesen u.v.m., was das Wissen erweiterte und ein systematisches Lernen erforderte.

Beides, die Förderung der Persönlichkeit und ihrer Urteilsfähigkeit sowie die Vorbereitung auf den späteren Beruf, bezeichnet – angesichts ständig wachsenden Wissens – seitdem die wichtigsten Aufgaben von Schule. Zwar gab und gibt es immer wieder Versuche, allgemein bildende und berufsbezogene Inhalte gegeneinander auszuspielen. Gegenwärtig wird von manchen Seiten besonders die Notwendigkeit betont, von Wirtschaftsführern eingeklagte Defizite etwa hinsichtlich des Umgangs mit Computern zu beheben. Doch zeigt schon ein kurzer Blick in die Geschichte, dass wirtschaftliches Wohlergehen und eine freiheitliche Gesellschaftsstruktur einander gegenseitig bedingen. Recht verstanden muss deshalb auch aus wirtschaftlicher Sicht die Persönlichkeitsbildung gefördert werden. Denn nur ihrer selbst gewisse Menschen können auch kreativ und produktiv sein.

Genauer betrachtet erfordert das Leben als mündiger Mensch in einer Demokratie drei Voraussetzungen, die auch die Schule zu fördern hat:

- die Fähigkeit, die in der Verfassung genannten Grund- und Menschenrechte auszuüben;

- die Fähigkeit, in die bestehende Kultur einzutreten und diese menschenfreundlich weiterzuentwickeln;
- die Fähigkeit, auch mit Unvorhergesehenem im Leben fertig zu werden.

Zur Ausbildung dieser Fähigkeiten kann Religion Wesentliches beitragen, in Familie, Gemeinde und Schule.

Im Weiteren richte ich das Augenmerk auf die Schule und hier besonders den Religionsunterricht. Allerdings muss beachtet werden, um dieses Fach nicht zu überfordern: die Schülerinnen und Schüler begegnen nicht nur hier in der Schule der Religion und werden so in ihrer Persönlichkeitsbildung gefördert. Auch sonst, etwa im Gespräch mit christlichen Lehrerinnen und Lehrern, aber auch in außerunterrichtlichen Angeboten – von Schulandachten über interdisziplinäre Projekttage bis hin zu Einkehrtagen –, gibt es für sie vielfältige Möglichkeiten, Religion näher kennen zu lernen; ganz zu schweigen von der großen Bedeutung der Herkunftsfamilie und den besonderen Möglichkeiten der Kirchengemeinden, in ihren Kindergärten, Kinder- und Jugendgruppen sowie im Konfirmandenunterricht.

Schließlich ist der Religionsunterricht nicht nur auf allgemein persönlichkeitsbildende Lernprozesse zu reduzieren. Denn in diesem Fach werden – wie in anderen Fächern – Fakten gelernt, die im Berufsleben direkte Bedeutung haben.

So erhalten die Schülerinnen und Schüler hier Informationen über verschiedene Konfessionen und Religionen sowie deren jeweilige Formen der Lebensführung. Solche Kenntnisse sind im Geschäftsleben nicht nur dann wichtig, wenn etwa Handel mit Menschen anderer Religionszugehörigkeit getrieben wird, sondern auch wichtige Voraussetzungen für ein gutes Betriebsklima, wenn Menschen unterschiedlichen religiösen Bekenntnisses zusammenarbeiten. Dazu treten Kenntnisse in anthropologischer Hinsicht und ethischer Urteilsbildung, die angesichts des Fortschritts technisch-naturwissenschaftlicher Forschung und der damit aufgeworfenen Fragen zunehmend Bedeutung erhalten.

Doch liegt im Gesamtkonzert der Schulfächer das Schwergewicht des Religionsunterrichts zweifellos auf seinem Beitrag zur allgemeinen Persönlichkeitsbildung. Deshalb soll dieser Dimension im Folgenden das Augenmerk gelten.

Unsere Demokratie lebt davon, dass die in ihr lebenden Menschen die Grundrechte, die ihnen nach der Verfassung zustehen, auch tatsächlich ausüben. So ist das Recht auf freie Meinungsäußerung eine wichtige Grundlage für die politische Willensbildung. Hierzu notwendige Grundkenntnisse werden in der Schule gelernt. Auch deshalb müssen Kinder z.B. lesen und schreiben lernen, Grundkenntnisse über Geschichte und Politik erwerben, aber auch Einblick in die Grundlagen moderner Technik erhalten. Sonst wären sie nicht in der Lage, bei anstehenden politischen Entscheidungen sich begründet für eine Position zu entscheiden.

Ein wichtiges, in Artikel 4 des Grundgesetzes genanntes Grundrecht ist das Recht auf Religionsausübung.

Dieses grundlegende Menschenrecht wurde in Deutschland in den beiden Diktaturen des 20. Jahrhunderts rücksichtslos verletzt und ist nicht zuletzt auf Grund der Lehren aus dem gottlosen sog. Dritten Reich an sehr prominenter Stelle im Grundgesetz verankert.

Zugleich stellt das Grundrecht auf Religionsausübung den Staat in zumindest zweifacher Hinsicht vor ein schwieriges Problem. Er selbst kann auf Grund seiner weltanschaulichen Neutralität keinen direkten Beitrag dazu leisten, dass junge Menschen zu seiner konkreten Ausübung erzogen werden. Und dies ist notwendig, weil Religion mehr ist als ein begriffliches System der Wertorientierung. Sie ist die Gestaltung des Bezuges Gottes zum einzelnen Menschen und umgreift damit das Leben in umfassender Weise.

Der Staat kann in der Schule nur den organisatorischen Rahmen für einen entsprechenden Unterricht abgeben. Dass dieses Unterrichtsfach Religion gleichwohl sehr wichtig ist, zeigt sich schon darin, dass es in Artikel 7 des Grundgesetzes eigens genannt wird. Für die inhaltliche Füllung ist der Staat auf die Kooperation mit den „Religionsgemeinschaften“ angewiesen. Allerdings darf dabei kein uniformer Zwang entstehen. Denn es gibt nicht „die“ Religion, sondern selbst die christliche Religion existiert nur im Plural verschiedener Bekenntnisse. Deshalb ist das Fach Religion selbst plural konstituiert; es gibt zumindest evangelischen und katholischen Religionsunterricht. Dazu hat jede Religionsgemeinschaft unter gewissen praktisch erforderlichen Bedingungen grundsätzlich das Recht, für ihre Mitglieder mit entsprechend ausgebildeten Lehrkräften Religionsunterricht einzurichten. So gibt es vereinzelt z.B. auch jüdischen Religionsunterricht in Schulen.

Zudem besteht die Möglichkeit, seine Kinder vom Religionsunterricht zu befreien.

Weil im Religionsunterricht aber nicht nur die positive Wahrnehmung des Grundrechts auf Religionsausübung erlernt werden soll, sondern damit – wie angedeutet – andere „handfestere“ Inhalte verbunden sind, ist in den meisten deutschen Bundesländern für die vom Religionsunterricht Abgemeldeten ein Ersatzunterricht vorgesehen. Dort soll zumindest in anthropologischer, ethischer und religionskundlicher Hinsicht das gelernt werden, was – auch abgesehen von der positiven Religionsausübung – als für schulische Bildung unverzichtbar erscheint.

Rechtsphilosophisch hat Ernst-Wilhelm Böckenförde das hier im Hintergrund stehende Dilemma des weltanschaulich neutralen Staates trefflich so umschrieben: „Der freiheitliche, säkularisierte Staat lebt von Voraussetzungen, die er selbst nicht garantieren kann." Damit ist darauf hingewiesen, dass die christliche Religion – etwa in den durch sie wesentlich geprägten, die Grundlage des deutschen Grundgesetzes bildenden Grund- und Menschenrechten – wesentliche Voraussetzungen für das Bestehen unseres Staates bietet, ohne dass der Staat diese selbst produzieren könnte.

Eintreten in die und Weiterentwickeln der Kultur

Ein wesentlicher Grund, der historisch zum Einrichten von Schulen führte, war die zunehmende Kompliziertheit der Kultur. An ihr konnte man etwa nur noch dann teilnehmen, wenn man lesen und schreiben konnte. Schnell kam weiteres Wissen dazu, es bildeten sich die verschiedenen Schulfächer. Inzwischen sind Grundkenntnisse in verschiedener Hinsicht weithin eine selbstverständliche Grundlage des Lebens geworden. Wie schnell die Entwicklung dabei geht, merken Eltern manchmal, wenn sie ihren Kindern bei Hausaufgaben helfen möchten, aber selbst nicht mehr über das hierzu notwendige Wissen verfügen.

U.a. sind auch Kenntnisse in Religion notwendig, um sich kulturell orientieren zu können. Viele Werke der bildenden Kunst, ob Bilder von Dürer oder Chagall, wichtige Musikstücke, ob die Passionsmusik Bachs oder Händels „Messias", viele Werke der Literatur, ob Goethes „Faust" oder Bölls „Ansichten eines Clowns", setzen biblische und religiöse Kenntnisse voraus. Vieles in unserer Kultur ist nicht verständlich, wenn nicht gewisse Grundkenntnisse über das Christentum vorhanden sind. Durch die Zunahme von Menschen mit anderem religiösen Bekenntnis, vor allem dem Islam, ist es auch notwendig, sich sachgerecht hiermit auseinander zusetzen, eine neue Aufgabe für Schule, die in der Regel der Religionsunterricht übernimmt und damit u.a. auch einen Beitrag zum Dialog und zu einer friedlichen Koexistenz leistet.

Dabei handelt es sich aber nicht nur um kognitiv zu erwerbende Kenntnisse. Wie stark religiöses Wissen alltagspraktisch bedeutsam sein kann, zeigt anschaulich folgendes negatives Beispiel, das mir ein Organisator von Schülerreisen erzählte: Kurz nach der politischen Wende bekam ein in der DDR aufgewachsener älterer Schüler die Gelegenheit, einige Monate in eine Familie in den USA zu gehen. Eifrig bereitete er sich sprachlich auf die Reise vor, lernte Vokabeln, Idioms etc. Doch musste er seinen Besuch nach einigen Wochen wegen unüberbrückbarer Schwierigkeiten in der Gastfamilie abbrechen. Was war geschehen? Der junge Mann war in eine fromme amerikanische Familie gekommen, in der Tischgebet, Morgen- und Abendandacht sowie der sonntägliche Kirchgang zur Selbstverständlichkeit gehörten. Zwar hatten die Gastgeber ihren Gast nicht missionieren wollen, hatten aber doch erwartet, dass er sich zu den entsprechenden Gelegenheiten ruhig verhielte. Der in streng materialistischem Sinn erzogene Junge hatte sich in diese familiäre Praxis nicht einfügen können. Er hatte beim Tischgebet gelacht, sich im Sonntagsgottesdienst unangemessen verhalten und so seine Gasteltern tief verletzt. Nachgespräche mit dem wieder Zurückgekehrten zeigten, dass er keinerlei Sensorium für die religiösen Gefühle anderer Menschen hatte, schlichtweg alles „Religiöse“ für Unsinn hielt und dies auch direkt äußerte. Kurzum, ihm fehlte eine reflektierte Bekanntschaft mit Religion als einer die Personmitte des Menschen betreffenden und damit besonders verletzlichen Dimension des Menschseins.

Religionsunterricht will aber nicht nur unsere christlich-religiös geprägte Kultur und mancherlei damit zusammenhängende Lebenspraxis für die nachfolgende Generation verständlich machen. Er soll auch einen Beitrag dazu leisten, damit unsere Kultur weiterentwickelt wird, und zwar auf menschenfreundlichere Verhältnisse hin.

Hierzu ist es wichtig, die gegenwärtige Kultur an ihren eigenen Ursprüngen und deren Ansprüchen zu messen. Hinsichtlich der christlichen Prägung bedeutet dies konkret, die heutigen Verhältnisse kritisch von der Bibel her in den Blick zu nehmen, Missstände zu orten und Vorschläge für günstigere Entwicklungen zu erarbeiten.

Besondere, teilweise in der schulischen Praxis noch zu wenig beachtete Bedeutung kommt dabei der Tatsache zu, dass sich Menschen unterschiedlicher Kulturen zum christlichen Glauben bekennen und so das Christentum auch Elemente enthält, die die einzelne Kultur weit überschreiten und damit erhebliches Innovationspotenzial enthalten.

Am dichtesten in das Zentrum von Religion führt der dritte Bereich. Er kommt nur selten bei schultheoretischen Erwägungen in den Blick, hat aber große Bedeutung für die Persönlichkeitsbildung von Kindern und Jugendlichen.

Jeder Mensch wird im Laufe seines Lebens mit Ereignissen konfrontiert, die das Alltägliche sprengen und bisher für selbstverständlich und wichtig Gehaltenes in Frage stellen. Am schroffsten geschieht dies wohl beim Tod eines Menschen; aber auch Krankheit, Behinderung u.ä. sind hier zu nennen wie auf der anderen Seite unverhoffte Lebenserweiterungen, etwa durch das Finden eines geliebten Menschen oder die Geburt eines Kindes.

Keine Religion, auch nicht der christliche Glaube, gibt in solchen Situationen eindeutige Antworten oder Ratschläge. Aber sie verleiht Sprache, um in Klage oder Dank der jeweiligen Befindlichkeit Ausdruck zu verleihen und dann in einem zweiten Schritt sich mit anderen über das Erlebte auszutauschen. Grundlegend hierfür ist die Öffnung des Horizonts angesichts unbegreiflicher Begebenheiten auf Gott als den Grund und das Ziel allen Seins hin. Die Bibel – und dann auch die Religions- und Kirchengeschichte – ist voll von Zeugnissen hierfür.

Dies sei ebenfalls kurz an einem Beispiel aus der Praxis veranschaulicht, das ich selbst als Religionslehrer an einem Gymnasium erlebte: In einer 11. Klasse kam ein Schüler in den Weihnachtsferien bei einem Lawinenunglück ums Leben. Die Nachricht hiervon verbreitete sich schnell; die Schwester des Verstorbenen besuchte an derselben Schule eine 8. Klasse. Am ersten Schultag nach den Ferien blieb nicht nur in der 11. Klasse ein Platz frei; auch in anderen Klassen war eine zwischen Schock und Trauer anzusiedelnde Atmosphäre greifbar. In dieser Situation wäre es fatal, genauer inhuman gewesen, wenn einfach wie üblich unterrichtet worden wäre. Wie selbstverständlich bat der Direktor den *Religions*lehrer der 11. Klasse, an diesem Tag den „Unterricht“ zu übernehmen. Schülerinnen und Schüler saßen mit ihm zusammen; man schwieg, sprach gemeinsam Gebete, tauschte sich über Gefühle und Trauer aus. In anderen Klassen stellten sich Lehrerinnen und Lehrer anderer Fächer als Christen ebenfalls dieser Herausforderung und versuchten, der Anteilnahme Raum zu geben. Auch christliche Religion kann eine solche Tragödie nicht ungeschehen machen; die 11. Klasse war bis zum Abitur durch das Ereignis verändert. Doch kann in einer solchen Situation wohl nur religiöse Praxis für die Schülerinnen und Schüler einen Raum eröffnen – mit gemeinsamem Schweigen, Beten, Sprechen.

Das Ahnen um die Unwiederbringlichkeit des Menschen, darum, dass kein Mensch in den alltäglichen Funktionen und Beziehungen aufgeht, bedarf des Ausdrucks.

Gebundene Gebete verleihen in Sprachlosigkeit Sprache. Der Bezug auf Gott öffnet in mehrfacher Hinsicht auch sonst den Horizont. Vielleicht können sogar Worte der Hoffnung gefunden werden – Hoffnung auf die Treue Gottes jenseits alles Unbegreiflichen. Im Religionsunterricht, nicht nur der 11. Klasse, wurde das Thema geändert: Sterben, Tod und die Hoffnung auf ewiges Leben wurden behandelt. Die persönliche Betroffenheit ging in ein tiefes Interesse der Schülerinnen und Schüler, durchaus in intellektueller Hinsicht über. Bloße Informationen über Todes- und Auferstehungsvorstellungen reichten hier nicht aus; die Heranwachsenden wollten von ihrem Religionslehrer wissen, was dieser selbst für sein eigenes Leben hoffe.

Schule – ohne Religion?

Gewiss gibt es in vielen Ländern keinen Religionsunterricht; in manchen wird versucht jede religiöse Äußerung auszuschließen, in anderen kommt Religion nur in eher distanzierender religionswissenschaftlicher Perspektive in den Blick. Schule ist auch so möglich. Allerdings werden dabei – wie ich hoffentlich in den drei besprochenen Hinsichten zeigen konnte – Chancen für die Persönlichkeitsbildung vergeben. Gerade in Deutschland sollte angesichts der unheilvollen politischen Entwicklungen im 20. Jahrhundert, bei denen Menschen sich totalitär an die Stelle Gottes setzten, auch in der Schule ein Ort institutionell freigehalten werden, an dem die Frage nach Gott als dem Widerpart gegen menschlichen Totalitarismus sachgemäß thematisiert wird – zum Nutzen der Heranwachsenden und damit der Gesellschaft.

Eltern, Kinder und die Religion

ULRICH SCHWAB

Familie heute

Leon ist fünf Jahre alt und lebt mit seiner Mutter allein in einer süddeutschen Großstadt. Die Mutter war vom Land in die Stadt gezogen, um ein selbstständiges Leben führen zu können. Auf dem elterlichen Hof im nordbayerischen Mittelfranken hatte sie es nicht mehr ausgehalten. Vom Vater ihres Sohnes lebt sie schon Jahre getrennt. Nun erzieht sie den Buben allein, der tagsüber einen Kindergarten besucht. Religion und Kirche – so sieht es auf dem ersten Blick aus – spielen im Familienleben der beiden keine Rolle. Jedenfalls hat die Mutter keinen Kontakt zur Kirchengemeinde aufgebaut. Die lutherische Frömmigkeit, die sie noch in ihrem Heimatdorf in Nordbayern als Kind kennen gelernt hatte, ließ sich nicht so einfach in das neue Leben integrieren. Fromm sein, das gehört für sie zur Vergangenheit ihres Lebens auf dem Dorf. Eines Tages aber kommt der Bub zu ihr und sagt: „Du Mama, ich tu jeden Abend beten!". Darauf sie: „Was tust du? Ja weißt du denn überhaupt, wie das geht?" – „Ja freilich", sagt er stolz, „das weiß doch jedes Kind!" Die Mutter ist völlig verblüfft.

Diese kleine Geschichte verdeutlich einige wichtige Aspekte religiöser Sozialisation in der Familie. Da ist zuerst zu bedenken, dass in Deutschland derzeit etwa zwei Millionen Alleinerziehende leben. 2,8 Millionen Kinder, und damit 18,3% aller Kinder unter 18 Jahren, wachsen in Deutschland bei Alleinerziehenden auf. Das muss nicht bedeuten, dass damit automatisch ein Elternteil völlig ausfällt, ist aber doch häufig so. Für die meisten der Alleinerziehenden bedeutet die Trennung, dass sie für die Organisation des Familienalltags allein zuständig sind. Das ist dann schnell mit einer großen Überforderung verbunden.

Für die Kinder selbst ist die Familie dabei von hohem Wert.

Das zeigen viele Umfragen unter Kinder und Jugendlichen. Das muss nun nicht heißen, dass Kinder in der Regel ideale Familienverhältnisse erleben. Aber sie wünschen sich eine intakte, gut funktionierende Familie mit beiden Elternteilen. In dieser Beziehung sind Kinder ausgesprochen konservativ. Eine Familientherapeutin hat mir diese Wunschvorstellung der Kinder einmal so verdeutlicht: Mama rechts, Papa links, in der Mitte ein Teller Spaghetti. Die Stabilität in der Familie ist für Kinder also extrem wichtig. Eltern und Geschwister sind die absolut bevorzugten Gesprächspartner, wenn es einmal schwierig wird. Und auch der Wunsch, selbst einmal eine Familie gründen zu können, ist für die weit überwiegende Mehrheit der Jugendlichen zwischen 13 und 25 Jahren besonders wichtig. Kinder und Jugendliche wünschen sich Familien, in denen sie sich sicher und wohl fühlen können.

In dem Dialog zwischen Leon und seiner Mutter wurde zweitens über das Beten gesprochen. Die Mutter weiß nicht, dass der Junge betet. Darüber haben sie eigentlich nie gesprochen, geschweige denn, dass die Mutter ihm Beten beigebracht hätte.

Die explizite Vermittlung religiöser Fertigkeiten, zu denen früher einmal in vielen – nicht in allen – Familien solche Bräuche wie Morgen- und Abendgebet, Tischgebet oder Kirchgang gehörten, findet eben nicht mehr selbstverständlich statt. Glaube und Kirche sind eine Option, das heißt eine Möglichkeit für das Familienleben, aber sie sind keine Norm mehr.

Ob zum Beispiel eine Beziehung zur Kirchengemeinde aufgebaut wird, hängt stark vom jeweiligen Angebot ab. Viele Kirchengemeinden machen hier auch ermutigende Erfahrungen mit einem familienfreundlichen Programm. Aber wie gesagt: es liegt am jeweiligen Angebot und wird davon abhängig gemacht.

Und schließlich zeigt uns die Geschichte von Leon, dass Aufwachsen heute nicht nur im abgezirkelten Bereich der Familie geschieht.

Kindheit ist orientiert an Institutionen: Kinderkrippe, Kindergarten, Schule, Tagesheim etc. prägen das heutige Kinderleben.

Das hat auch damit zu tun, dass Eltern entweder gerne beide arbeiten wollen oder beide arbeiten müssen, weil sonst das Geld nicht reicht. Die Gleichzeitigkeit von Kinder und Beruf will aber organisiert sein, und dies geht ohne Institutionen kaum mehr, allzumal nicht alle Familien darauf bauen können, dass stützende Verwandtschaftssysteme sich am Wohnort der Familie befinden. Wenn die Oma aber nicht mehr auf die Kinder aufpassen kann, dann müssen Tagesmütter und andere Einrichtungen gesucht werden. Erziehung unterliegt damit schon früh dem Einfluss professioneller Helferinnen und Helfer sowie dem Einfluss von Gleichaltrigen, die die Kinder in solchen Einrichtungen treffen. Deutlich wird somit, dass Aufwachsen ein sozialer Prozess ist, der sich nicht nur aus den Familienstrukturen erklärt. Das Zusammenleben von Kindern und Eltern wird vielmehr zugleich begleitet von einer Vielfalt von Institutionen.

Religiöser Einfluss der Familien?

Bedeutet das nun, dass die Religiosität der Eltern und Familienangehörigen kaum noch eine Rolle spielt, wie es manchmal zu hören ist? Sicher nicht in dem Sinne, als ob die Eltern den Kindern eine fest gefügte kirchliche Bindung vermitteln, die sie häufig selbst nicht mehr haben. Aber es ist doch zugleich so, dass wir in der Familie mit dem, was unseren Eltern, Großeltern und Geschwistern wichtig und heilig ist, ständig konfrontiert werden. Dieser Einfluss – so diffus er auch sein mag – prägt uns, und mit diesem Einfluss beschäftigen wir uns vor allem dann besonders intensiv, wenn wir später eventuell versuchen, uns davon zu distanzieren. Wie auch immer dies im Einzelfall gelagert sein mag, die Familie als „intimes Beziehungsystem" (K. Schneewind) gibt doch wichtige Rahmenbedingungen für die weiteren Entwicklungen eines jeden Menschen vor. Allerdings hat sich dieser Einfluss von Eltern und Großeltern auf die religiöse Entwicklung der nachfolgenden Generationen in den letzten Jahrzehnten deutlich verändert. Man kann sich das gut an den folgenden zwei Beispielen verdeutlichen. Das erste stammt von einem etwa 80jährigen Bauern aus Mittelfranken in Nordbayern:

> „Man ist halt dann mitgegangen, man hat halt geglaubt, was uns gesagt worden ist, ja, man ist in die Kirche gegangen, und hat man, alle Jahr ist man zum Abend- gegangen, ah, Abendmahl gegangen, zweimal, Herbst und Frühjahr. Hat man eine schwarze Krawatte getragen, das ist nicht anders gewesen. Ja. Ja."
>
> (alle Zitate bei Schwab, a.a.O.)

Ganz selbstverständlich ist der Glaube hier eingebunden in die Lebensgewohnheiten der dörflichen Gemeinschaft. Dazu gehörte natürlich auch der Kirchgang. Die Familie gibt also den Bezug zur Kirche an die Kinder weiter durch die Hereinnahme der Kinder in diese Gewohnheiten. Die Kinder leben es einfach mit. Diese Prägung ist für den alten Bauern in seinem Dorf bis heute handlungsleitend geblieben:

> „Wie ich grad gesagt hab, so wie man getauft ist, so glaubt man heute noch, nicht, und die, die Abendglocken läuten, und dann, dann faltet man die Hände zusammen, dann betet man, und so weiter. Wieso – kann man nicht sagen."

Hier wird deutlich, dass die Vollzüge der Glaubenspraxis auch aus Elementen des Brauchtums bestehen, welche bei diesem Bauern nicht eigens reflektiert wurden. Er kann dafür keine eigene Begründung angeben und braucht eine solche auch nicht: das ist eben so, das war für ihn nie anders – das genügt ihm so. Weil alles geregelt und vorgegeben ist, braucht es hier keine weitere Reflexion.

Werfen wir einen Blick auf ein weiteres Beispiel. Eine junge Mutter aus einer Großstadt sagt über die Ziele einer religiöse Erziehung ihres einjährigen Kindes:

> „Ja, dass er den Unterschied äh zwischen Gott und Religion und der Institution Kirche also schon auch äh checkt. Dass er das jetzt nicht von vornherein rigoros ablehnt, weil er von mir aus die Kirche ablehnt, sondern dass er das strikte trennt."

Auch ihr ist die Weitergabe von Religiosität durchaus bedeutsam. Getreu ihrer eigenen Glaubensvorstellungen meint sie aber, dazu nicht von vornherein auf eine Institution wie die Kirche verwiesen zu sein. Und genau diese Einstellung will sie auch vermitteln. Anders als bei der Herkunftsfamilie des Bauern ist hier also nicht mehr davon auszugehen, dass die Familie in ihrer Weitergabe von Religiosität zugleich den Bezug zur Kirche selbstverständlich mit tradiert. Das tut der Tatsache aber keinen Abbruch, dass auch sie religiöse Vorgaben macht und diese an die Kinder weiter vermitteln will.

Religion als Lebensstil

Woher kommen diese unterschiedlichen Einstellungen? Dies hängt in besonderem Maße mit dem Eingebundensein der jeweiligen Familie in einen weiteren sozialen Kontext zusammen. Für die Familie des mittelfränkischen Bauern war das Dorf deckungsgleich mit der Kirchengemeinde. Das soziale Milieu, in dem die Familie lebte, war kirchlich-konfessionell bestimmt. Genau an dieser Stelle hat sich aber ein gesellschaftlicher Wandel vollzogen, der zu einer Auflösung der geprägten Sozialmilieus geführt hat.

Wir leben heute nicht mehr im Sozialmilieu der protestantisch geprägten Landbevölkerung, der protestantisch-städtischen Beamtenschicht, der katholisch geprägten Arbeiterschaft etc. Diese durch traditionale Vorgaben geprägten sozialen Kontexte haben sich durch den gesellschaftlichen Wandel verändert, sind abgeschmolzen. An ihre Stelle treten *Lebensstile*, die durchaus noch Elemente der ehedem festgefügten Sozialmilieus in sich aufgenommen haben, diese aber in ganz anderen Kontexten zur Entfaltung bringen.

So hat vielleicht eine katholische Arbeitertochter inzwischen ihr Hochschulstudium abgeschlossen und eine akademische Karriere eingeschlagen. Keineswegs bedeutet dies aber zugleich, dass damit auch ihr Lebensstil vollauf vom neuen sozialen Kontext bestimmt wird. Das ist aber auch nicht mehr nötig, denn durch das Abschmelzen der Sozialmilieus ist auch der Erwartungshorizont vorgegebener Konventionen offener geworden.

Auch die Familien haben einen solchen Lebensstil und entwickeln damit zugleich eine eigene *Familienreligiosität.*

Und auch hier gilt, dass sich dieser religiöse Familienstil von den ehedem strikten Konventionen der Kirchen löst. Dies wird besonders im Bereich der konfessionsverschiedenen Ehen deutlich. Als Evangelischer eine katholische Frau zu heiraten, konnte noch vor ein bis zwei Generationen schlicht als Katastrophe gelten und wurde auch kirchenrechtlich geahndet. Hierzu noch einmal unser mittelfränkischer Bauer, der zunächst davon erzählt, wie er seine Tochter vor einer solchen Verbindung zu einem katholischen Partner bewahren wollte. Und dann erzählt er auch von eigenen heiklen Erfahrungen auf diesem Gebiet:

> „Also da habe ich, man kann es nicht vermeiden, aber ich habe von vornherein ihr klar gemacht, zwei Glauben in einem Bett, die passen nicht. Das geht schön, so lang wie jetzt die Absichten da sind, ist das alles in Butter. Aber wenn es jetzt weitergeht, wir sind da ein bisschen Randgebiet, 700 Meter weg ist es katholisch, ich hätte auch mal, hätte ich ein paar Mädchen gern gesehen, die katholisch gewesen sind, aber da darf man nichts Ernstes anfangen. ... Meine Mutter hätte das nicht gelitten, außer sie wäre evangelisch geworden."

Die Konfessionsverschiedenheit wächst sich hier aus zur Bedrohung für die ganze Familie. Unterschiedliche Lehrauffassungen oder eine besondere innere Verbundenheit mit Kirche sind dabei sekundär. Vielmehr ist die schroffe Ablehnung der konfessionell-gemischten Ehe hier eine Folge aus der engen Bindung zwischen Lebenswelt und Kirche. Ein Angehöriger einer anderen Glaubensgemeinschaft ist damit automatisch auch dem eigenen lebensweltlichen Kontext entzogen. So etwas war übrigens keineswegs aufs Land beschränkt und natürlich immer auch ein idealer Nährboden für soziale und politische Diskriminierungen. In Nordirland ist die politische Tragik, die mit einer solchen konfessionellen Stigmatisierung verbunden sein kann, ja bis heute spürbar.

Religiöse Toleranz als innerchristliche Toleranz?

Allerdings öffnen sich auch auf den Dörfern diese abgeschlossenen Sozialmilieus allein schon durch den allgemeinen Verstädterungsprozess in zunehmendem Maße. Die Angehörigen der heutigen jungen Generation sind weit überwiegend davon überzeugt, dass konfessionelle Unterschiede bei der Heirat zweitrangig sind. In den Städten, wo dieser Prozess schon früher eingesetzt hat, lässt sich dann aber auch zeigen, dass damit durchaus nicht alle trennenden Konventionen aufgehoben sind. Während man davon ausgehen kann, dass die Konfessionsfrage in den Städten oft erst kurz vor dem Traugespräch beim Pfarrer relevant wird – wobei die Zahl von konfessionshomogenen Ehen nach wie vor hoch ist – zeigt sich schnell ein anderes Bild, wenn es nicht mehr um *Konfessionen*, sondern um *Religionen* geht. Auf die Frage, ob sie etwas dagegen hätte, wenn ihre Tochter zum Islam übertritt, antwortet eine Mutter aus der Stadt fast wie ehedem der Bauer auf dem Dorf:

> „Hm ja, zumindest hätte ich also äh das nicht ohne äh, ohne jegliche äh, irgendwelche, es hätte bestimmt sehr heftige Debatten gegeben. Von mir sowohl auch wie von meinem Mann, das werden Sie nachher hören, ganz sicher, also das wäre bestimmt nicht so äh ohne gegangen."

Auch wenn viele Eltern sagen, sie könnten es ja doch nicht verbieten, ist deutlich zu spüren, dass es auch heute in dieser Frage soziale Grenzen gibt, die nur schwer zu überschreiten sind. Die *absolute* religiöse Toleranz, wie sie von vielen Familien vorgegeben wird, ist weithin eben doch nur eine innerchristliche Toleranz.

Familienreligiosität und Kirche

Hinsichtlich des Verhältnisses zur Kirche fällt im Generationenvergleich weniger die zunehmende Distanz zur Kirche auf, als vielmehr die unterschiedliche Beantwortung der Frage, wie man selbst mit dieser Distanz umgeht. Denn es ist an vielen Familien in ganz unterschiedlichen sozialen Kontexten festzustellen, dass Distanz zur Kirche schon lange eine, über die Generationen vermittelte, familieneigene Tradition darstellt. So berichten zum Beispiel in einer Familie der Großvater und die Enkelin von zwar unterschiedlich ausgeprägten, aber doch gemeinsam vorhandenen Distanzgefühlen zur Kirche. Für den Großvater ist dies allerdings bis heute Anlass, seine Unabhängigkeit von kirchlichen Konventionen zu legitimieren:

„Bin ich eigentlich zu der Überzeugung gekommen, dass es nicht darauf ankommt an, an etwas zu glauben und dass der liebe Gott einem nicht übel nehmen würde, oder auch nicht von einem erwartet, dass man ihn lobpreist oder so, dass es also darauf ankommt, sich doch richtig zu verhalten."

In seiner Argumentation setzt ihn Gott selbst ins Recht gegenüber den von ihm wahrgenommenen Erwartungen der Kirche an seine Religiosität. Ganz anders dagegen die Enkelin, die zwar ganz ähnlich distanziert der Kirche gegenüber steht, dabei aber keinerlei Bedürfnis verspürt, ihr Verhalten zu legitimieren, sondern genau umgekehrt von der Kirche erwartet, dass diese sich durch ein adäquates Angebot ihr gegenüber als relevant ausweist. Ein Kirchenaustritt ist für sie – anders als beim Großvater – in eine mögliche Option, weil damit nicht mehr der Austritt aus ihrem fest gefügten Sozialmilieu verbunden wäre. Was für den Großvater unter Umständen noch den Verlust seiner sozialen Bezugsgruppe bedeutet hätte, hat für sie keine einschneidende soziale Konsequenz.

Dabei erweist sich für das gegenwärtige Teilnahmeverhalten die Beziehung zu den hauptberuflichen Repräsentanten der Kirche – dazu zählen bei den Leuten auch die Religionslehrerinnen und -lehrer! – als entscheidend. Wer hier gute Erfahrungen macht, betrachtet sich selbst eher als zur Kirchengemeinde gehörig; wer hier von verletzenden, enttäuschenden oder brüskierenden Erfahrungen erzählt, bleibt dagegen auf Distanz.

Die nachlassende Kraft der ehedem bindenden Sozialmilieus wird also weithin durch die Qualität der Beziehung zu den Mitarbeiterinnen und Mitarbeitern in Kirche und Schule ersetzt. Für die berufliche Ausbildung bedeutet dies mehr denn je, dass das Arbeiten mit der eigenen Person eingeübt werden muss. Denn in die Rolle eines professionellen Sympathieträgers zu schlüpfen, ist ebenso verführerisch wie verfänglich. Wer hier nicht gelernt hat, mit den eigenen persönlichen Anteilen kritisch und konstruktiv im Hinblick auf sich selbst und auf andere umzugehen, wird diesen neu entstandenen, hohen beruflichen Ansprüchen nur schwerlich gerecht werden können.

Aufgabe kirchlichen Handelns bleibt es, die religiöse Praxis der Menschen in vielfältigen Bezügen wahr- und ernst zu nehmen. Das darf nicht anhand schablonenhafter Defizit-Modelle geschehen, die im Grunde nur darauf angelegt sind, die Kirchlichkeit der alten Sozialmilieus wiedergewinnen zu wollen. Jenseits dieser festgefügten Sozialmilieus erweist sich die individuelle Religiosität aber doch auch eingebunden und beeinflusst durch diverse soziale Kontexte, von denen die hier vorgestellten Bezüge der Familie m.E. einen wesentlichen Ausschnitt darstellen. Dies wäre besonders im Hinblick auf die Kasualien zu bedenken, in denen der Einfluss von Familienreligiosität geradezu mit Händen zu greifen ist.

Religiöse Erziehung in den Familien

Unter solchen veränderten Bedingungen findet natürlich auch explizit religiöse Erziehung zu neuen Formen. Grundlegend dürfte dabei sein, dass Eltern lernen, ihre eigenen Glaubensvorstellungen sichtbar und damit für Kinder nachvollziehbar werden zu lassen. Der erlebbaren Gestaltung des eigenen Glaubens in der Familie kommt damit also für die religiöse Erziehung eine wichtige Rolle zu. Kinder sind sehr sensibel dafür, ob es sich um authentische Formen der Gestaltung handelt, oder ob man den Kindern religiöse Inhalte vorsetzt, weil man sie bestenfalls für die Kinder, nicht aber für sich selbst als relevant einstuft.

Man kann mit Kindern nicht überzeugend beten, wenn man selbst keinen Zugang zum Gebet mehr hat. Eigentlich ist somit die Frage nach der religiösen Erziehung heute mehr denn je eine Frage danach, wie man selbst seinem Glauben eine sichtbare Gestalt verleihen will. Wenn dies gelingt, werden die Kinder gleichsam wie von selbst in solche Gestaltformen mit hineingenommen.

Das kann das Anzünden einer Kerze am sonntäglichen Frühstückstisch sein, das kann das gemeinsame Musizieren geistlichen Liedguts sein, das kann ein Gespräch der Eltern über Fragen des Glaubens sein, an dem Kinder beteiligt werden. Das können natürlich auch die klassischen Formen wie Abend- und Tischgebet oder der gemeinsame Besuch von Veranstaltungen der Kirchengemeinde sein. Es ist nicht so entscheidend, welche Form man dabei wählt, als vielmehr, dass man a) überhaupt eine Form findet, zu der man b) wirklich stehen kann. Gerade im sensiblen Bereich der Sinn- und Wertfragen ist es für Kinder besonders wichtig, eine Strukturhilfe am Beispiel der Erwachsenen zu haben.

Natürlich sind auch die Erwachsenen in vielen Dingen auf der Suche. Aber in diesen Suchprozessen gibt es doch auch feste Ankerpunkte, auf die keiner von uns verzichten kann und will. Genau dies den Kindern zu verdeutlichen, kann eine unschätzbare Hilfe für sie sein.

Von daher ist es eine wichtige Aufgabe religiöser Erziehung, den Kindern eine stützende Ordnung anzubieten.

Kinder sollten wissen, was uns selbst im Leben wichtig ist, damit sie eigene Erfahrungen damit machen können. Sie sollten unseren gestalteten Rhythmus von Alltag und Festtag erleben können, um ihren eigenen Rhythmus daran zu erproben.

Religiöse Erziehung heute kann nicht einfach überkommene Glaubensformen setzen. Aber sie kann auch nicht darauf verzichten, gelungene Formen einer Glaubens- und Lebensgestaltung vorzustellen.

Dabei ist zu bedenken, dass all dies im Bereich des Glaubens niemals nur eine Sache der Rationalität sein kann. Religiöse Erziehung verweist uns vielmehr darauf, unserer eigenen emotionalen Phantasie neue Ausdrucksformen zu geben. Der Glaube ist etwas sehr Lebendiges, und wer davon andere etwas spüren lassen möchte, muss dies auch in Wärme und körperlicher Nähe zum Ausdruck bringen. Und das kann sicherlich nicht nur die Aufgabe der Mütter sein…

Religiöse Erziehung heute greift nicht mehr auf die bloße Vermittlung von Traditionen zurück. Dafür sind die Familien und dafür ist die Gesellschaft viel zu sehr im Fluss. Religiöse Erziehung heute bedarf für ihre Gestaltung der Reflexion und der eigenen Positionierung. Insofern ist religiöse Erziehung heute immer auch subjektorientiert. Dabei gilt nach wie vor, was der Theologe Friedrich Schleiermacher schon vor 200 Jahren im Vorgriff auf die Moderne formuliert hat: „Wer durch die Äußerungen seiner eignen Religion sie in andern aufgeregt hat, der hat nun diese nicht mehr in seiner Gewalt, sie bei sich festzuhalten: frei ist auch ihre Religion, sobald sie lebt, und geht ihres eignen Weges." Denn „Subjekt" sind sie beide, die da in einer Familie im Kontext der Religion zusammenkommen: Eltern wie Kinder. Von daher gilt es, auch den Glauben der Kinder als eigenständige Form ihrer Religiosität zu achten.

Christlicher Glaube freilich wird darauf hinweisen, dass Gott selbst es ist, der den Grund für dieses Subjekt-Sein gelegt hat. Religiöse Erziehung kann darauf auch heute bauen.

Literatur

U. Beck/E. Beck-Gernsheim (Hg.): Riskante Freiheiten. Individualisierung in modernen Gesellschaften, Frankfurt/M. 1994

F.D.E. Schleiermacher: Über die Religion. Reden an die Gebildeten unter ihren Verächtern. Hg. von Rudolf Otto, Göttingen ^{6}1967

K.A. Schneewind: Familienpsychologie, Stuttgart u.a. 1991

U. Schwab: Familienreligiosität. Religiöse Traditionen im Prozess der Generationen, Stuttgart 1995

F. Schweitzer: Das Recht des Kindes auf Religion. Ermutigungen für Eltern und Erzieher, Gütersloh 2000

Kinder und Jugendliche und der Glaube an Gott

Karl Ernst Nipkow

Bei der Konzeption dieses Bandes fällt ein Umstand auf. Von allen möglichen und notwendigen Unterrichtsinhalten wird in den Artikelüberschriften der vier Teile nur das Thema „Gott" ausdrücklich vorgegeben und damit herausgehoben, als „Glaube an Gott" hier in Teil A, mit der Wendung „Gott ist eine Tür" in B, unter der Perspektive „Kinder fragen nach Gott" in C und indirekt mit dem Hinweis auf den „Gottesdienst" im letzten Teil. Das könnte mehrere Gründe haben; ich würde zwei nennen.

Gott im Religionsunterricht

Schon Mitte der 80er Jahre schob sich mir ein empirischer Befund herausfordernd in den Vordergrund. Bei der Interpretation von über 1200 Texten von Berufsschul-Jugendlichen im Alter von 16 bis über 20 aus Württemberg (1987) wurde sichtbar: Selbst wenn die Kirche und ihre Lehrtradition – was ist die Kirche, was bedeuten Jesu Kreuzestod und Auferstehung, was meinen Sünde und Gnade? – die Jugendlichen längst nicht mehr erreichen, bleibt die Frage nach Gott ein Thema. Als ein kleiner Rest? Vielleicht, man kann aber nach den Befunden auch sagen, als der Kern von allem anderen.

„Gott" ist ein Name für jemanden, den man im Gebet anrufen kann, ein „Du" sondergleichen.

Junge Menschen beten mehr, als wir denken; sie haben Probleme, und als Kind ist ihnen Gott als „der liebe Gott" nahegebracht worden: Ist er vielleicht doch der große Helfer? Dies bleibt die unausgesprochene Erwartung, Gott als große, geheime Vermutung, wobei Jungen weniger ihre Gefühle zeigen als Mädchen.

Wenn Gott in den Äußerungen selten mit christlichen Glaubenslehren assoziiert wird, womit aber dann? Es ließen sich seinerzeit besonders drei existenzielle Fragenkreise identifizieren, die auch in neueren Untersuchungen wiederkehren und sich zu dem empirisch gut abgesicherten Gesamtbefund fügen, dass es trotz der Abnahme kirchlicher Bindungen nicht zu einem Schwund religiöser Sinnsuche gekommen ist. Die Probleme haben mit dem zu tun, was auf der Zeitachse des eigenen Lebens und insgesamt hinsichtlich der Geschichte von Menschheit und Sein als Rätsel irritiert und belastet:

- Was war am *Anfang*? Ist die Welt *von Gott* geschaffen? Ist damit dem Weltprozess ein Sinn eingestiftet?
- Was wird am *Ende* sein? Gibt es ein Weiterleben nach dem Tod *bei Gott*? Oder kommen wir aus dem Nichts und fallen ins Nichts?
- Warum gibt es so viel unverschuldetes Leid in der Welt *zwischen Anfang und Ende*? Warum lässt Gott es zu? Darf und kann ich glauben, das mein Leben auch im Leiden ein Leben *mit Gott* ist?

Gott ist zu Recht als Schlüsselthema des Religionsunterrichts zu bezeichnen, weil er auch heute noch aus der Erwartung von Schülern und Schülerinnen der Schlüssel für die Sinnhaftigkeit des Lebens sein könnte und ein Helfer in der Not, Gott als „*die* Tür".

Diese Position im Lehrplan kommt der Gottesthematik auch darum zu, weil jene drei Grundfragen geradewegs zur gründlichen Behandlung der drei entsprechenden Hauptkomplexe des christlichen Glaubens veranlassen, des Sinns der Rede

- von einer „Schöpfung“: Ist sie die Antwort auf das letzte Geheimnis des Anfangs?
- von der „Auferstehung der Toten“ und dem „ewigen Leben“: Umschreiben sie das Mysterium des Endes?
- und vom „Leiden und Sterben Jesu“: Trägt Gott am Kreuz unser Leiden mit?

Die *Lebens*schwere lässt nach *Glaubens*antworten Ausschau halten. M. a. W.: Mit dem Thema „Gott" befindet sich der christliche Religionsunterricht nicht nur bei den jungen Menschen, sondern auch ganz in der Mitte seiner Sache. Alle Unterrichtsinhalte sind auf diese Mitte zu beziehen.

Durch das Gottesthema wird das Fach eindeutig als *Religions*unterricht *profiliert*. Ich bin in den letzten Jahren nicht müde geworden, zu unterstreichen und zu erläutern, warum der Religionsunterricht keine Dublette des Ethikunterrichts ist. Er ist nicht nur (wenngleich selbstverständlich auch) ein Unterricht über „Werte und Normen“, sondern primär über Religion. Und wenn er von moralisch-ethischen Themen handelt, dann eben im Lichte des Willens des biblischen Gottes im Zeichen der Zehn Gebote, der Botschaft der Propheten von Gerechtigkeit und Frieden, des Doppelgebots der Gottes- und Nächstenliebe sowie der Feindesliebe.

Im Religionsunterricht wird gezeigt, dass das Leben und Handeln von Christen in ein umfassendes Ganzes eingebettet ist, in die im Glauben erschlossene *Deutung der Wirklichkeit insgesamt* und in *eine letzte tragende Beziehung*, eben in den Glauben an Gott, wie er in Jesus Christus erfahren worden ist und erfahren wird.

Weder sollte der Ethikunterricht, der seinerseits ebenfalls nicht flach sein darf, sondern philosophisch-ethisch zu fundieren ist, gegen den Religionsunterricht, noch dieser gegen jenen ausgespielt werden. Evangelischer und katholischer Religionsunterricht, wo vorhanden auch ein jüdischer und in Zukunft ein islamischer, gehören zusammen mit dem Ethikunterricht bzw. Philosophieunterricht als eigene „Fächergruppe“ zum Kern der allgemeinen menschlichen Bildung (vgl. EKD 1994). *„Allgemeine menschliche Bildung“* ist qualitativ etwas anderes als eine „Allgemeinbildung“, wenn diese – wie meist der Fall – nur als großes Wissen verstanden wird. Ein Religionsunterricht, der die *conditio humana*, die Verfassung des Menschen, in letzten Hinsichten bedenkt, vertieft durch die Auslegung biblischer, kirchengeschichtlicher und gegenwärtiger Glaubenszeugnisse und durch eine offene Reflexion im Kontext von konkurrierenden Lebensdeutungen in den Kindern und Jugendlichen die Haltung der *Nachdenklichkeit*. Wer spürt nicht, wie sehr wir in unserer Weltgesellschaft über das Wohl und Wehe besorgt nachzudenken haben und hierbei Grundfragen letzter Vergewisserung aufbrechen! In einer Fächergruppe von miteinander kooperierenden Unterrichtsfächern vermag ein solcher Religionsunterricht zugleich seine mehrseitige Verständigungsfähigkeit zu bewähren. Unter dieser Perspektive erhält er eine neue wichtige Funktion in einer pluralen Welt.

Gott in der Öffentlichkeit und privatissime

Dem Staat ist gleichgültig, ob und wie seine Bürger an Gott glauben, solange es nicht den öffentlichen Frieden stört. Positiv formuliert, hat er Interesse an dem gesellschaftlichen Nutzen von Religion. Die religiösen Bindungen lassen erstens Gefühle der Verpflichtung wachsen, die helfen können, auch staatliche Vorschriften und Gesetze eher zu befolgen und die Lebens- und Berufsmotivationen zu vertiefen Die Religion verleiht ferner weltlichen Institutionen und Unternehmungen (bis hin zu Kriegen!) eine höhere Weihe. Drittens kann einem Gemeinwesen aber auch daran gelegen sein, durch die Anrufung Gottes zu verhindern, dass sich die eigene Staatsmoral absolut setzt.

Unter dem ersten Gesichtspunkt des Integrationsinteresses konstruierte schon Jean Jacques Rousseau im „Gesellschaftsvertrag" seine „staatsbürgerliche Religion". Bei Staatsakten Kirchenglocken läuten zu lassen, ist ein Beispiel für den zweiten Zweck. Die *invocatio Dei* (Anrufung Gottes) in der Präambel des Grundgesetzes verfolgt ausdrücklich den dritten Zweck. Nie soll sich wiederholen, wie sich im sog. „Dritten Reich" eine menschenverachtende staatliche Ideologie Köpfe, Herzen und Gewissen gefügig gemacht hat. Für den gesellschaftlichen Gebrauch hat der amerikanische Soziologe Robert N. Bellah den Begriff der „civil religion" geprägt, der *„Zivilreligion"*, nicht zu verwechseln mit der „Zivil- bzw. Bürgergesellschaft".

Es ist legitim, wenn sich Schulpolitiker in einem zivilreligiösen Sinn vom Religionsunterricht in der „Werteerziehung" Unterstützung erhoffen.

Die Kirchen vertreten Werte, die wie der Schutz allen Lebens, das Wohl der Familie, das Recht der Kinder, das Eintreten für Gerechtigkeit, Frieden und die natürlichen Lebensgrundlagen der Gesellschaft zugute kommen. Wenn der Religionsunterricht in dieser Hinsicht den Glauben an Gott zum Thema macht, gerät er allerdings in eine Spannung. Er hat mit den Schülerinnen und Schülern Gottes Forderungen und Verheißungen so zu bedenken, wie es theologisch sachgemäß und nicht wie es gesellschaftlich gefällig ist.

In der Neuzeit hat sich der Glaube an Gott schrittweise individualisiert; die Menschen glauben in unterschiedlicher Weise. Die christliche Botschaft eröffnet Spielräume für eigene Auslegungen der Bibel und eigene Wege des Christseins. Welche Aufgabe hat der Religionsunterricht nach dieser Richtung?

Aus evangelischer Sicht wird er diese Entwicklung hin zu einer *„Privatreligion"* nicht sofort als individualistische Auflösung denunzieren, da der Protestantismus grundsätzlich die Selbständigkeit des Glaubens fordert. Allerdings ist auch jetzt wieder prüfend zu vergleichen, was christlich genannt werden kann und was nicht.

Der Religionsunterricht bezieht seine Aufgabe der prüfenden Vergewisserung auch auf die *kirchliche Religion*. Er hat den Schülerinnen und Schülern darzustellen, was bei einer Glaubens- oder Lebensfrage der gegebene kirchliche Konsens, was strittig und was im Wandel begriffen ist.

Für den evangelischen Religionsunterricht erwachsen die Kriterien aus der biblischen Botschaft, ihrer Wirkungsgeschichte, den Bekenntnissen der Kirche und der wissenschaftlichen Theologie als der fachwissenschaftlichen Bezugsdisziplin des Faches. Die Unterrichtenden werden nicht dogmatisch genötigt, ebenso wenig die Kinder und Jugendlichen.

Zusammengefasst umreißen die drei Zugänge, nämlich

- die kirchlichen Glaubensüberlieferungen
- die persönlichen Formen des Glaubens von Kindern, Jugendlichen und Erwachsenen
- und die gesellschaftlichen Erwartungen und Interessen

ein wichtiges Lernfeld für die *religiöse und ethische Urteilsbildung*.

Der Religionsunterricht hat eine unersetzbare Funktion, weil er sachverständig Rede und Antwort steht. Gegenüber einem wie immer beschaffenen Gebrauch und Missbrauch der Rede von Gott hat er konsequent nach den Kriterien zu fragen, die den biblischen Gott Gott sein lassen und nicht zum Spielball von Menschen herabwürdigen.

Gott im Verständnis der Kinder

Seit den 80er Jahren ist das Verhältnis von Kindern und Jugendlichen zur sog. Gottesfrage – so die allgemeinste Fassung unseres Themas – intensiver erforscht worden. Dies hat auch mit einem *Perspektivenwechsel* zu tun, der wachsenden Erkenntnis, „Kinder als Theologen zu sehen – als Menschen, die fähig sind, mit ihren Denkmöglichkeiten eigene Antworten auf Glaubensfragen zu finden“, so Friedrich Schweitzer in seinem Vorwort zu John Hulls (1997) Gesprächen mit seinen eigenen kleinen Kindern über Gott, die in aufschlussreicher Weise diese These belegen. „Jedes einzelne Kind wird zu einem Sachverständigen“ (Coles 1992) und gibt „nicht zuletzt auch uns Erwachsenen neu zu denken“ (Schweitzer).

Vielfach lassen Unterrichtende die Kinder Gott malen, um das *Gottesbild* genauer zu erkennen und zu verstehen (Fischer/Schöll 2000). Anhand der äußeren Bilder lassen sich die *Gottesvorstellungen* als innere Bilder erkunden, die einen Einblick in das *Gottesverständnis* geben: Was verstehen sie, was noch nicht? Wie erleben sie Gott? Welche Züge seines Wesens finden sie schön, merkwürdig oder auch angsterregend? Andere Religionspädagogen finden den Zugang über Zeichnungen „unangemessen“ (Szagun 2000), weil die Gottesvorstellung von Kindern in hohem Maße von konventionellen Einflüssen abhängig sei und die „mystische Dimension der Frage“ nach Gott mit einem „verständnisarmen Realismus“

beantwortet werde (Oelkers 1994; Szagun). Sie wählen wie Anna-Katharina Szagun den Weg über Metaphern und lassen die Kinder Satzanfänge wie „Gott ist für mich wie …“ bildhaft zu Ende führen. Ob in Bildern oder Metaphern: In jedem Fall ist es richtig, die persönliche *Gottesbeziehung* zu erkunden.

Viviane (10) malt auf meine Bitte hin Gott nur als zwei Hände, die vom oberen Bildrand sich über eine bunte Landschaft mit Tieren erstrecken, darin eingetragen auch zwei Brote und zwei Fische, wodurch unversehens („gar nicht so absichtlich“ – und doch unbewusst-bewusst), wie das Gespräch im Anschluss ergab, Gott mit Jesus und seinem helfenden Wirken verbunden wird. Die Komposition ihres Bildes ist ihr ganz eigenständig gelungen.

Der Weg zu symbolhafter Darstellung wird von Kindern selbst eingeschlagen, und der Religionsunterricht kann ihn unterstützen; Gott wird nicht begrifflich, sondern in Symbolen angemessen ‚angedeutet'.

Bettina (10) (zit. n. Arnold/Hanisch/Orth 1997) malt Gott als eine Kerze, denn er ist „wie eine Kerze“, weil „er Licht in die Welt“ bringt“. Gefragt nach Vorstellungen von Gott im früheren Alter, antwortet sie: „Na ja, da war ich fünf Jahre alt, und da dachte ich immer, der schwebt auf einer Wolke oder so.“

Dies Beispiel zeigt als nächstes, dass Kinder relativ bald die *Entwicklung* ihrer Gottesvorstellungen und damit ihres Gottesverständnisses an sich selbst wahrnehmen. Stephanie Klein (2000) legt gemalte Bilder ein Jahr später wieder vor, um die Weiterentwicklung zu begleiten.
Eine zentrale Herausforderung des Religionsunterrichts ist sodann, dass die Kinder darauf bestehen, es genau *begreifen* zu wollen. Lea (11):

> „...das ist mir sehr wichtig. Wenn ich nichts verstehe, dann kann ich auch nichts damit anfangen ... Also erst begreife ich was und dann kann ich auch richtig daran glauben. Also, die gehören schon zusammen, denke ich, Glauben und Begreifen, die gehören zueinander. ... Ich kann einfach nicht glauben, wenn ich nichts begreife und nichts begreifen, wenn ich nicht glaube." (zit. n. Arnold u. a. 1997)

„Schon die überwältigende Mehrheit der 10jährigen beansprucht, jede/r solle selber glauben, was er/sie für richtig halte (80%) … Bis zu den 18jährigen steigen die Quoten um gut 17% auf 98%.“ (Bucher 1996, S. 159)

Heute zählt nur der wirklich selbst gewählte Glaube an Gott. Wenn aber dann im Unterricht ein solcher persönlicher *Gottesglaube* in Äußerungen aufblitzt, werden entweder alle vor gespannter Aufmerksamkeit ganz still oder es bricht auch aus anderen hervor, was für sie Gott bedeutet, weil sie ihn erlebt haben und darum etwas von ihm erhoffen oder aber auch, weil er sie enttäuscht hat.

Der Religionsunterricht ist folglich gerade in jenen späteren Jahren unersetzbar, wenn die Auseinandersetzung einen existenziellen, ernsten Charakter annimmt, und es ist unverantwortlich, wenn er in einer Schule anderen Prioritäten oder – schlimmer – rein organisatorischen Umständen geopfert wird. Der Staat hat jetzt besonders gewissenhaft die Unterrichtsversorgung zu sichern. Das Alter von 16 bis 20 ist für die Persönlichkeitsentwicklung hochbedeutsam.
In alledem setzen sich Religionspädagogen *realitätsgerechte Ziele*. Schon 1974 hielt es der Beschluss der Gemeinsamen Synode der Bistümer in der Bundesrepublik Deutschland in Würzburg für einen maximalen Gewinn, „wenn die Schüler, je nach Möglichkeit, angestoßen von diesem Unterricht, zu einer engagierten Begegnung mit der Wirklichkeit des Glaubens, einschließlich der konkreten Kirche, bereit und fähig sind".

Auf dem anderen Pol heißt es: Es ist schon ein Gewinn, „wenn die Schüler beim Verlassen der Schule Religion und Glaube zumindest nicht für überflüssig oder gar unsinnig halten" (ebd.).

Der Ausdruck *„Glaube an Gott"* ist im Verhältnis zu den Ausdrücken „Gottesbild", „Gottesvorstellung", „Gottesverständnis" und erst recht „Gottesfrage" der anspruchsvollste. Für die evangelische Religionspädagogik ist er kein direktes Bildungsziel.

Die Absicht, im Kind oder Jugendlichen den Glauben erzeugen zu wollen, indem man nur etwas „anbildet", überschätzt erstens die pädagogische Reichweite des eigenen Handelns und verletzt zweitens die ethische Achtung vor der Würde der Person. Hinzu tritt eigenständig die theologische Erkenntnis, wonach der Glaube an Gott, der sich in dem gekreuzigten und auferstandenen Jesus von Nazareth geoffenbart hat und mein Gott ist, auf den ich mich im Leben und Sterben verlassen darf, in der Tat nur ein Geschenk sein kann. Aus der menschlichen Vernunft folgt dieser Glaube nicht.

Dennoch ist die Art und Weise, wie in den Elternhäusern, in Gemeinden und eben auch im christlichen Religionsunterricht der Glaube an Gott gelebt, über ihn gesprochen und hierbei in gemeinsamer, entdeckender Suche auf die Kinder und Jugendlichen eingegangen wird, ein bedeutsamer Faktor im Blick auf das, über das wir nicht verfügen können und auch nicht disponieren dürfen.

Der Religionsunterricht zielt den Glauben nicht unmittelbar an, nimmt aber diese letzte Dimension der Gottesfrage sehr ernst. „Gott" ist ein Name und keine Idee oder gar ein Ding. Darum hantiert man nicht mit Gott, wie man es vielleicht mit anderem noch gerade darf. Das Thema Gott bewahrt den Religionsunterricht vor einer Betriebsamkeit und Verflachung, die für seine Aufgabe tödlich ist. Es benennt sein Herzstück, an dem Ehrfurcht und Verantwortung gelernt werden können wie sonst nirgendwo.

Literatur

U. Arnold/H. Hanisch/G. Orth (Hg.): Was Kinder glauben. 24 Gespräche über Gott und die Welt, Stuttgart 1997

A. A. Bucher: Bedingt kirchlich – massiv sinkend: Alterstrend in der Einstellung zu Religion und Christentum bei 2700 österreichischen Schülerinnen und Schülern, in: Fritz Oser/K. Helmut Reicht (Hg.), Eingebettet ins Menschsein. Aktuelle psychologische Studien zur Entwicklung von Religiosität. Lengerich, S. 147–172, 1996

R. Coles: Wird Gott nass, wenn es regnet? Die religiöse Bilderwelt der Kinder, (am.: The Spiritual Life of Children, 1990), Hamburg 1992

D. Fischer/A. Schöll (Hg.): Religiöse Vorstellungen bilden. Erkundungen zur Religion von Kindern über Bilder, Münster 2000

S. Klein: Gottesbilder von Mädchen als Zugang zu ihrer religiösen Vorstellungswelt, in: Fischer/Schöll, aaO., S. 97–128

J. M. Hull: Wie Kinder über Gott reden. Ein Ratgeber für Eltern und Erziehende, Gütersloh 1997

K.E. Nipkow: Erwachsenwerden ohne Gott? Gotteserfahrung im Lebenslauf, Gütersloh 2000 (5. Aufl.)

Ders.: Bildung in einer pluralen Weld, Bd. 1: Moralpädagogik im Pluralismus, Bd. 2: Religionspädagogik im Pluralismus, Gütersloh 1998

J. Oelkers: Die Frage nach Gott. Über die natürliche Religion von Kindern, in: Vreni Merz (Hg.), Alter Gott für neue Kinder? Freiburg/Schweiz, 1994, S. 13–22

A.-K. Szagun, Zugänge zur Gottesfrage. Anspruch – Wirklichkeit – Möglichkeiten, in: Schulfach Religion, 19. Jg., Nr. 1–2, hg. u.a. vom Institut für Religionspädagogik an der Theol. Fakultät der Universität Wien, 2000

Religion wahrnehmen lernen

Zur Kultur der Religion (nicht nur) in Jugendwelten

Andreas Mertin

Ein Lehrstück in Religions- und Kunstgeschichte zugleich bietet der Videoclip zum Lied „Until it sleeps“ der Heavy-Metal-Band *Metallica*, denn er schlägt eine Brücke von der Gegenwart in das ausgehende Mittelalter. Aufgegriffen wird dazu die Bilderwelt des niederländischen Malers Hieronymus Bosch (1450–1516) und zwar mit nahezu detailgetreuen Re-Inszenierungen. Der Text des Liedes – entstanden aus Anlass des Krebstodes eines nahen Verwandten eines Bandmitgliedes – fragt nach den Ängsten, die im Menschen lauern und die er wohl verspürt, jedoch nicht zu bändigen weiß.

Das knüpft gut an die Bilderwelt Boschs an, denn auch er spiegelte ja die Phantasmagorien und Erfahrungswelten der mittelalterlichen Menschen. Wie geht man mit „negativen Erwartungsaffekten“ (Ernst Bloch) um, wie mit aufsteigender Furcht, mit wütender Verzweiflung? Im ausgehenden Mittelalter hat Hieronymus Bosch diesen Fragen in seinen Werken einen beeindruckend-drastischen Ausdruck gegeben. Sie sind gefüllt mit symbolisch zu deutenden Monstren und Teufeln, Hexen und Nachtmahren, aber sie sind auch Widerschein mittelalterlicher Frömmigkeit, denn sie zeigen christliche Heilsgeschichte in der Perspektive der damaligen Menschen.

Der Videoclip von Metallica zeigt uns auf seine Weise religions- wie kunstgeschichtlich vermittelte Bilder vom Sündenfall bis zur Kreuzigung in einer spannenden Neuinterpretation. Wie aber kann man diesen Videoclip lesen? Für viele Schülerinnen und Schüler ist allein die Tatsache, dass eine Heavy-Metal-Band hier mittelalterliche Tafelmalerei umsetzt, schon eine Überraschung. Um den Videoclip aber verstehen und ihn deuten zu können, muss man mehr wissen, als nur ein paar kunstgeschichtliche Fakten.

Man muss um die Verbindung von Sündenfall und Kreuzigung ebenso wissen (Römer 5,18: Wie nun durch die Sünde des Einen die Verdammnis über alle Menschen gekommen ist, so ist auch durch die Gerechtigkeit des Einen für alle Menschen die Rechtfertigung gekommen, die zum Leben führt.), wie um das Ringen Jesu im Garten Gethsemane (Matthäus 26, 38f.: Da sprach Jesus zu ihnen: Meine Seele ist betrübt bis an den Tod; bleibt hier und wacht mit mir! Und er ging ein wenig weiter, fiel nieder auf sein Angesicht und betete und sprach: Mein Vater, ist's möglich, so gehe dieser Kelch an mir vorüber; doch nicht wie ich will, sondern wie du willst!), um zu erkennen, dass die Gruppe *Metallica* das Ringen eines Krebskranken mit seinem Schicksal mit der Verzweiflung Jesu in Gethsemane parallelisiert.

Religion macht Kultur verständlich

In der letzten Zeit mehren sich die Stimmen besorgter Politiker, die darauf verweisen, dass wesentliche Teile der abendländischen Kultur ohne elementare Kenntnisse der jüdisch-christlichen Erzählwelt und ihrer Geschichte nicht verstanden werden können. Wer die Erzählung vom Paradies, das Geschehen um das Kreuz nicht kennt, der kann auch einen großen Teil der Kulturgeschichte nicht lesen, denn diese besteht häufig aus direkten Auseinandersetzungen mit oder zumindest Anspielungen auf diese Geschehnisse. *Religion macht Kultur verständlich.*

Natürlich ist dies zunächst nur eine funktionale Bestimmung von Religion. Religion leistet anderes und mehr, als heutigen Jugendlichen die abendländische Kultur zu erschließen. Sie bearbeitet die Sinnfrage, leistet einen Beitrag zur Lebensdeutung der Jugendlichen, thematisiert m.a.W. die grundlegenden Fragen: „Wer bin ich? – Wo komme ich her? – Was ist der Sinn meines/des Lebens?"

Dennoch ist auch die dem gegenüber zunächst sekundäre Frage nach dem Beitrag der Religion und des Religionsunterrichts für die Erschließung der kulturellen Ressourcen der heutigen Gesellschaft nicht zu vernachlässigen.

Denn noch der Religionsfernste benötigt die elementaren Überlieferungen der christlich-jüdischen Erzählwelt zum Verstehen der abendländischen Kultur. Weiterhin ist die Mehrzahl aller kulturellen Äußerungen in der ein oder anderen Weise unmittelbar mit diesem Erzählstrom verknüpft.

Wer die Werbeanzeigen der Illustrierten studiert, kann sich davon sofort überzeugen: sowohl was die Wortwahl, wie auch, was die Bildkomposition, und immer noch sehr häufig, was die Bildinhalte betrifft, baut heutige Werbung auf den Text- und Bildwelten des Christentums bzw. anderer Religionen auf. So glaube ich nicht, dass man heute z.B. Werbegrafiker werden kann, ohne sich mit christlicher Ikonografie auseinander gesetzt zu haben. Auch die Lektüre von Texten der deutschen Literaturgeschichte, das Lesen und Entschlüsseln von Bildern in den Museen funktioniert nur mit einer grundlegenden Kenntnis der Texte und Überlieferungen der biblischen Texte.

Dabei muss man gar nicht in die historische Ferne schweifen, schon der Blick auf die populär-kulturellen Produkte der Gegenwart reicht aus, um zu zeigen, wie produktiv die Auseinandersetzung mit den religiösen Erzählstoffen für die Deutung der Gegenwartskultur und damit auch der Gegenwart selber ist. *Wer sie kennt, versteht die Welt besser!*

„Das hat nichts mit Religion zu tun" – Jugendlicher Widerspruch

Auf der anderen Seite gilt es, das nicht zu leugnende Phänomen der Nicht-Wahrnehmung bzw. der Bestreitung religiöser Zeichenwelten durch die Jugendlichen zu bedenken. „Das hat nichts mit Religion zu tun" gehört zu den Standardsätzen heutiger Jugendlicher, wenn man mit ihnen über religiöse Zeichen in ihrer Alltagswelt sprechen möchte. Da mögen auf einem Plakat des Roten Kreuzes die Einsetzungsworte des Abendmahles „Mein Blut – Für Dich" (Das ist *mein Blut* des Bundes, das vergossen wird *für viele* zur Vergebung der Sünden.) wiederholt werden, da mag sich ein Systemoperator in einer Anzeige im Stil der Ikonen des Hl. Nikolaus und im Tonfall der Bibel („Und es begab sich, dass Kabel New Media neue Mitarbeiter suchte, denn man war an die Börse gegangen. Und siehe, die Aktien waren gestiegen. Und siehe, das Unternehmen war gewachsen. Und so suchte eines der führenden E-Business-Unternehmen neue Kollegen für den Bereich IT, und die Standorte waren Hamburg, Berlin, Köln, München und Wien.") an künftige Mitarbeiter wenden, für viele Jugendliche hat das mit Religion nichts oder doch nur wenig zu tun. Religion kann, soll, darf nicht in der eigenen Alltagskultur vorkommen, denn Religion ist eine Teil einer verkrusteten, dogmatisierten, lebensfernen Erwachsenenwelt, auf jeden Fall etwas von Gestern und nicht Gegenstand heutiger kultureller Prozesse.

Und selbst dort, wo die Jugendlichen akzeptieren, dass sie es mit religiösen Elementen zu tun haben, lesen sie sie nur als ironische Kommentierung oder als Recycling kultureller Abfallstoffe. Und das unbestritten oft zu Recht. Denn tatsächlich kommt Religion in der Gegenwartskultur auch als frei schwebendes und nicht mehr eindeutig einem Religionssystem zuzuordnendes Symbolgut vor.

Aber was bedeutet das? Es bedeutet zumindest so viel, dass man diese Zeichen und Symbole zum Verstehen der Werbebotschaft, der Liedtexte, der Videoclips oder der Kinofilme kennen muss oder man bleibt von einem Teil ihrer Botschaften und Gehalte ausgeschlossen.

Und so erweist sich in einer zunehmend intertextuell strukturierten Welt die elementare Kenntnis religiöser Überlieferungen als unverzichtbar. Diese Entwicklung wird zunehmen: der von den Jugendlichen besonders geschätzte Kino-Kult-Film *Matrix* besteht zum Beispiel fast ausschließlich aus Zitaten und Anspielungen auf philosophische und literarische, vor allem aber auf religiöse Texte.

Im Folgenden möchte ich auf einige Beispiele (nicht nur) aus der populär-kulturellen Lebenswelt der Jugendlichen hinweisen, die sich in die skizzierte Religionskultur in der Alltagskultur einzeichnen lassen.

Religionskultur in der Alltagskultur

Videoclips. Im Lied „C U when you get there“ des populären Rappers Coolio werden einige konflikthafte Zuspitzungen im Leben ganz normaler Menschen beschrieben: die scheinbare Ausweglosigkeit, die zum Selbstmord führen könnte, der Konflikt zwischen Vater und Sohn, der in einer handfesten Auseinandersetzen enden könnte usw. Jedes Mal stellt sich die Frage: Wie kommt man aus dieser Zwickmühle heraus? Im Videoclip wird das so bearbeitet, dass an den entscheidenden Stellen das Bild eingefroren wird und der Betrachter sich fragt, wie es nun wohl weiter geht. Coolio singt dazu: „As we walk down the road of our destiny and the time comes to choose which is gonna be the wide and crooked, or the straight and narrow…“ und greift damit direkt die biblische Überlieferung auf (Matthäus 7, 13f.: Geht hinein durch die enge Pforte. Denn die Pforte ist weit und der Weg ist breit, der zur Verdammnis führt, und viele sind's, die auf ihm hineingehen. Wie eng ist die Pforte und wie schmal der Weg, der zum Leben führt, und wenige sind's, die ihn finden!). Der Sinn des Liedes erschließt sich letztlich nur im Rekurs auf die biblische Bezugsstelle.

Ein anderes Beispiel ist das Lied „One of us“ der amerikanischen Sängerin Joan Osborne. Sie stellt die Frage, was wäre, wenn Gott aussähe wie einer von uns: „What if God was one of us / Just a slob like one of us / Just a stranger on the bus / Tryin' to make his way home?“ Neben dem im Liedtext unverkennbaren Bezug auf die Sätze zur Gottesebenbildlichkeit des Menschen aus der Schöpfungsgeschichte (1. Mose 1, 26: Und Gott sprach: Lasset uns Menschen machen, ein Bild, das uns gleich sei.) verwendet der dazugehörige Videoclip Michelangelos Darstellung der Schöpfungsgeschichte in der Sixtinischen Kapelle. Die Produzenten des Clips übernehmen Michelangelos Werk als Vorlage, lassen das Antlitz Gottes aber frei, so dass jeder einmal für einen Augenblick Gott (gottesebenbildlich) sein kann, indem er sein Angesicht in die Darstellung Michelangelos einfügt. Man kann den Videoclip zum Lied und seine Aussage nahezu überhaupt nicht verstehen, wenn man nicht diesem Verweis nachgehen kann.

Es gibt eine Fülle weiterer Videoclips, die sich auf der Folie der biblischen Erzählwelt erschließen lassen. Nun sind die genannten Beispiele nicht zufällig aus der amerikanischen Popkultur, die noch ein nahezu ungebrochenes Verhältnis zur Religion hat. Aber auch in Deutschland gewinnt das Thema „Religion" in der Popkultur zunehmend an Aktualität, wie die Beispiele Nana oder Xavier Nadoo zeigen.

Werbung. Über das Auftauchen von Religion in der Werbung ist schon viel geschrieben und diskutiert worden. Immer wieder gibt es Proteste gegen die Ingebrauchnahme religiöser Elemente für Reklamezwecke (etwa beim Abendmahl-Motiv der Modefirma Otto Kern oder dem Beichtstuhl-Motiv der Tabakmarke West). Unbestreitbar scheint zunächst einmal die religiöse Grundierung der Werbung, auf die der amerikanische Medienkritiker Neil Postman schon vor Jahrzehnten hingewiesen hat. Nahezu jede Werbung funktioniert nämlich nach dem Schema von Sünde, Reue, Heilsweg und Heilszustand, fast jede Werbeanzeige ist eine direkte Ansprache im Stil einer Predigt. Hinzu kommt die angesprochene direkte Verwendung religiöser Motive in heutiger Werbung. Eine Werbeanzeige der Tabakfirma Samson kann so zum Beispiel zu einer komplexen Textur von Anspielungen auf die biblische Schöpfungsgeschichte und auf die Geschichte von Samson und dem Löwen werden. Freilich wollen auch diese kulturellen Produkte „gelesen" werden, nicht zuletzt, um sich überhaupt ein Urteil bilden zu können.

Computerspiele und Internet. Die bei Jugendlichen beliebten Computerspiele haben gar nicht so selten eine religiös-mythische Grundstruktur. Das gilt nicht nur für Spiele, die explizit religiöses Material verwenden wie etwa Diablo (bei dem es darum geht, den Teufel zu vernichten) oder Populous (wo man als Schamanin sein Volk gegen andere Völker und Schamaninnen führt). Die Struktur von Gut und Böse ist Grundlage unzähliger Spiele, der Aufbruch des jugendlichen Helden aus der Heimat ins Ungewisse mit vielen zu bestehenden Abenteuern das (mythische) Standardschema schlechthin.

Die Unentbehrlichkeit der religionspädagogischen Bearbeitung aktueller Medienkultur wird nicht zuletzt angesichts des Internets deutlich. Keinesfalls kann dieses ja als ein informierendes und Wissen vermittelndes Medium begriffen werden. Seine Herausforderung besteht zunehmend darin, die Fülle der Informationen daraufhin zu befragen, was sie an sachlichem Gehalt zu vermitteln haben. Wer also im Internet etwas über Religion, konkret: etwas über Buddhismus wissen will, kann die

Kriterien der Beurteilung nicht dem Internet selbst entnehmen, er muss in der Schule schon etwas über Buddhismus gelernt haben, um überhaupt entscheiden zu können, ob das, worauf er nach der Eingabe des Wortes „Buddhismus" in eine Suchmaschine stößt, überhaupt eine sinnvolle und den Buddhismus korrekt beschreibende Information ist.

Kirchenraum. Und nicht zuletzt in den so genannten hochkulturellen Bereichen ist das, was der Religionsunterricht vermittelt, unentbehrlich. Wer – spätestens im Urlaub als Tourist – Kirchen besucht, ist ebenfalls auf wenigstens elementare Kenntnisse der jüdisch-christlichen Erzählwelt angewiesen. Niemand kann ohne diese Kenntnisse den religiösen Kosmos einer romanischen, gotischen, barocken, aber auch postmodernen Kirche entziffern. Die sich zunehmend in Deutschland ausbreitende Kirchenpädagogik verweist ja gerade auf dieses Defizit. Der Religionsunterricht kann hier die notwendigen Grundlagen zum Verstehen religiöser Räume legen. Was zeichnet einen religiösen Raum aus und was verbindet ihn mit den religiösen Vorstellungen seiner Erbauer? Was sagen die „Gebrauchsspuren" einer Kirche über ihre heutige Bedeutung und Wahrnehmung aus? Inwiefern sind die ästhetisch ausgezeichneten Räume der Kirche über ihre ästhetische Funktion hinaus, religiös bedeutungsvoll? Wie verbindet sich der umbaute Raum mit dem darin gefeierten Ritual? Das sind Fragen, deren Beantwortung auch für die Erschließung fremder religiöser Räume hilfreich ist.

Die Künste. Was für religiöse Räume und Kirchenräume gilt, trifft auch auf den allgemeinen Bereich der Künste zu. Es hieße Eulen nach Athen zu tragen, wollte man darauf verweisen, dass der Besuch eines normalen Museums mit historischer, aber auch mit zeitgenössischer bildender Kunst ohne das Wissen um das in den Werken Dargestellte nur wenig Sinn macht. Auch wenn figurative Malerei und Skulptur heute eher abstrakten Darstellungen gewichen sind, beziehen sich doch auch diese häufig noch in der Form auf traditionelle Gestaltungen, etwa als Tafelbild oder als Triptychon. Aber auch im Sinne des kunsthistorischen Zitats finden wir viele Verweise auf die Religionsgeschichte. Spätestens in der Konfrontation mit Werken der Kunstgeschichte bedarf es für das Verstehen der Werke genauerer Kenntnisse des erzählerischen Materials, auf dem sie basieren. Dazu gehören auch die funktionalen Kontexte, denen viele Werke, die wir heute in Museen antreffen, ursprünglich angehörten.

Ähnliche Beobachtungen und Schlussfolgerungen lassen sich ohne größere Umstände auch für andere hochkulturelle Bereiche ziehen, wie etwa die Literatur (vgl. etwa Patrick Roths Novellen), das Theater, die Oper oder die Musik. Das religiöse Sprachgut bildet auch hier weiterhin einen wichtigen Bezugspunkt für das kulturelle Schaffen in der Gegenwart.

Was leistet nun der schulische Religionsunterricht im Blick auf die vorstehend beschriebenen populär- und hochkulturellen Phänomene? Er kann zum einen – wie in der Beschreibung ja schon erkennbar wurde – das notwendige Material bereitstellen, um aktuelle wie historische kulturelle Produkte überhaupt erst „lesen" und damit auch verstehen zu können.

Indem er in die Erzählwelt des Neuen und Alten Testaments, aber auch in die Geschichte der christlichen Religion und der Kirche einführt, vermittelt er jene Sprach-Bilder, die in den verschiedenen kulturellen Lebenswelten der Jugendlichen - natürlich in abgewandelter Form - weiterhin vorkommen und der Entschlüsselung und Realisierung harren.

Zum zweiten übt der Religionsunterricht die Wahrnehmung von Religion in der Kultur der Gegenwart ein. Religion fällt nicht einfach so in den Blick, ihre konkrete Wahr-Nehmung muss gelernt und eingeübt werden. Dass ein Text wie „Mein Blut – Für Dich" nicht allein etwas mit Blutspenden zu tun hat, sondern auf den großen Blutkreislauf verweist, den wir gewöhnlich unter dem Stichwort „Abendmahl" kennen und feiern, muss entdeckt und gelernt werden. In diesem Sinne stellt der Religionsunterricht Entdeckungszusammenhänge her, die dem ersten Blick der Jugendlichen vielleicht entgangen sind und die ihnen neue Lektüren ihrer Umwelt ermöglichen.

Die Welt unter einem anderen Blickwinkel betrachten zu lehren, ist dem entsprechend eine der zentralen Aufgaben des Religionsunterrichts. Und zu dieser Welt gehören eben auch die unseren Alltag durchdringenden, oftmals sogar bestimmenden kulturellen Produkte der Musik-, der Werbe-, der Medienindustrie.

Nach einem Unterrichtsversuch mit Michael Jacksons „Earthsong" notiert Johannes Kubik zu den Resultaten seiner religionspädagogischen Bemühungen: „Obwohl den Schülerinnen und Schülern das Medium Videoclip sehr vertraut ist und sie keine Schwierigkeiten mit der Rezeption haben, ist den meisten von ihnen nicht bewusst, dass Clips religiöse Botschaften transportieren. Aufgrund ihrer Fähigkeiten im Umgang mit dem Medium können sie aber, wenn es im Unterricht gefordert wird, religiöse Elemente erkennen und benennen. Über die so entdeckten religiösen Botschaften in Videoclips sind sie selber erstaunt. Insgesamt sind Schülerinnen und Schüler durch Clips überdurchschnittlich motiviert, sich mit religiösen und christlichen Themen zu beschäftigen, und tun es auf recht selbstbestimmte Weise, was darin gipfeln kann, dass sie sogar selber Themen ansteuern, die nicht geplant sind." (www.rpi-loccum.de)

Kubik verweist schließlich auf den religiösen Lernprozess der Schülerinnen und Schüler: „Sie fühlen sich durch Clips auch dazu angeregt, ihre eigene Religiosität auszudrücken, und durch die produktive Umsetzung sehen einige Schülerinnen und Schüler die Bibel plötzlich in einem anderen Licht: Eine Schülerin sagte, durch die Unterrichtseinheit habe sie eine völlig neue Sichtweise der Bibel gewonnen, indem sie gemerkt habe, dass sie 'eine Quelle der Kreativität sein' könne". Letzteres verweist aber auch schon auf den dabei parallel stattfindenden kulturellen Lernprozess.

Dass die Bibel eine „Quelle der Kreativität" ist bzw. für die Schülerinnen und Schüler zu einer solchen werden kann, ist der durch einen kulturhermeneutischen, das heißt zum Verstehen der Gegenwart wie der Gegenwartskultur anleitenden Religionsunterricht angestrebte Lerneffekt. Religionsunterricht erschließt und vertieft Jugendlichen einen Teil der von ihnen täglich genutzten Medienwelt – und damit einen wichtigen Teil der Kultur.

Der Beitrag des Religionsunterrichts zum Verstehen wie zum Gestalten der Welt kann daher im Sinne der Erschließung kultureller Ressourcen kaum unterschätzt werden. Bereits 1997 schrieb die Evangelische Kirche in Deutschland zur Aufgabe religiöser Bildung in der Schule: „Die Kultur, die unsere Lebenssituation prägt, verdankt sich mit ihren freiheitlichen Überzeugungen wie ihrem sozialen, diakonischen Verantwortungsbewusstsein gerade auch christlich begründeten Überzeugungen. Nur in intensiver Auseinandersetzung mit diesen Wurzeln, mit dem breiten Strom erzählter und gestalteter Lebens- und Glaubenserfahrung, lassen sich die Geschichte verstehen, heutige Erfahrungen und Problemzusammenhänge deuten und überzeugende Zukunftsperspektiven entwickeln. Auch in einer pluralen Gesellschaft ist deswegen religiöse Bildung in der Schule ein unverzichtbarer Faktor allgemeiner und individueller Bildung. Das gilt insbesondere in einer Situation, in der interkulturelle Erziehung zum Auftrag der Schule gehört." Wie sich gezeigt hat, gilt das in einem vielleicht überraschenden Maße auch für die populärkulturellen Lebensbereiche der Jugendlichen.

„Religion wahrnehmen lernen" heißt daher auch, das eigene Leben, die eigene Umwelt, die Kultur der Mitmenschen durch den Religionsunterricht besser kennen zu lernen.

Literatur

A. Mertin: Videoclips im Religionsunterricht. Eine praktische Anleitung zur Arbeit mit Musikvideos, Göttingen 1999

Ders.: Internet im Religionsunterricht, Göttingen 2000 (2. Aufl.)

Ders., H. Futterlieb: Werbung als Thema des Religionsunterrichts, Göttingen 2001

I. Kirsner/M. Wermke: Religion im Kino, Göttingen 2000

Gestaltungsräume im christlicher Religionsunterricht

CHRISTOPH BIZER

Zumal im Protestantismus ist eine Tradition wirksam, die Religion in die Innerlichkeit des Menschen verlegt. Religion ist sozusagen das Privateste, das es gibt. Ich umschreibe: Da sind Gefühle; auch Erinnerungen; da ist eine gewisse Art, sich die „Welt" zurecht zu legen, sich von Lebenskraft tragen zu lassen und im umfassend Ganzen den eigenen Lebensraum einzunehmen; da sind die von der Person nicht abzulösenden Denk- und Verhaltensweisen, die einen bestimmten Menschen in seiner Individualität ausmachen ... Das alles wird von einem nicht greifbaren, unverfügbaren zarten Geflecht im Innern des Menschen in einer nur diesem Menschen eigenen Weise und doch, den sozialen und biographischen Situationen entsprechend, fließend-gestaltend hervorgebracht. Dieser körperlich-psychische produktive „Grund" im Menschen wird in christlich-religiöser Sprache „Seele" genannt.

Ohne die Kultur der Innerlichkeit ist bei uns heute Religion nicht vorstellbar.

Der unverrechenbare Wert jeder einzelnen Person, die „Würde des Menschen", ist geschichtlich von solchen Voraussetzungen her postuliert und erkämpft worden. Die freie Gewissensentscheidung der einzelnen Person ist nicht normierbar und steht in Konkurrenz zu jeder anderen Norm. Ein Gewissen zu bedrängen und zu verletzen, „Seele" nach festen Vorstellungen von außen zu „formen", gar fremdem Willen zu unterwerfen und zu manipulieren, ist ein schlimmes Vergehen gegen das Leben, weil der einzelne Mensch dadurch von der Quelle seiner Lebenskraft abgedrängt, möglicherweise sogar abgeschnitten wird. Die Gemeinschaft, ja die Welt im Ganzen, wird dadurch um das betrogen, was nur diese *eine* Person für sie ausformen kann. Die Seele des einzelnen Menschen ist in hohem Maß verletzbar. In der christlichen Religion ist der einzelne Mensch mit seinem Seelengrund als „Gabe" des „lebendigen Gottes" (also des Gottes, der Leben will) geschützt. Wer sich daran vergreift, vergreift sich an der Heiligkeit des Lebens.

Innerlichkeit ist nicht einfach angeboren da, sondern sie wird wirklich, indem sie sich entfaltet. Innerlichkeit ist immer gefährdet. Beispielsweise die Überflutung der Wahrnehmung durch die von elektronischen Massenmedien erzwungenen Sehweisen, etwa beim stundenlangen „Reinziehen" von Computerspielen, vernichten Raum für die Entfaltung von Seelenkräften. Auch Erziehung und Unterricht haben an der Gefährdung von Kindern und Heranwachsenden Anteil. Sie arbeiten nach Programmen und „bilden" den jungen Menschen. „Bilden" heißt in seinem Ursprungssinn: formen, prägen. Im modernen Jargon: „fit machen für..." – für vorab festgesetzte Ziele.

Unausweichlich prägen Erziehung und Unterricht den Menschen, verhelfen ihm durch Einübung von Kulturtechniken zu den Möglichkeiten, am öffentlichen Leben teil zu nehmen, z. B. am Straßenverkehr. Der junge Mensch wird notwendigerweise den gesellschaftlichen Institutionen zum „Funktionieren" eingepasst; er wird nach den implizit oder explizit herrschenden Menschenbildern „geformt". Aber es ist die vornehmste Aufgaben der *Pädagogik*, in der Erziehungs- und Unterrichtspraxis Wege zu zeigen, auf denen der heranwachsende Mensch vor allem zu sich selber findet und lernt, aus seinen Seelenkräften zu schöpfen und seine Individualität zu entfalten. Die Sachverhalte und Techniken der gesellschaftlichen Welt, in die sich die heranwachsende Jugend einfinden muss, sind pädagogisch gesehen in erster Linie geschichtlich-kulturelle *Vorgaben* der Gesellschaft, das „Woran", an dem sich Individualität erproben und entfalten kann. Zur Individualität gehört der Kontakt mit der eigenen Innerlichkeit.

Religionsunterricht als Kontaktaufnahme mit gelebter Religion

Das Zusammenspiel und zugleich die Gegensätzlichkeit von „Anpassung" und „Selbstfindung" in Erziehung und Unterricht betrifft einen *Unterricht in Sachen Religion* in besonderer Weise. Die christliche Religion war bis weit in das vorige Jahrhundert hinein eine wichtige Sozialisationsinstanz. Sie hat für ihre Institutionen einen Auftrag Gottes reklamiert. Durch feste, dogmatisch-verbindliche Gebäude und ethische Normen, durch eingeübte rituelle Verhaltensweisen und traditionelle Figuren von Weltanschauung hat sie die jungen Menschen in ihren Innerlichkeiten und Äußerlichkeiten zum Teil rigide geprägt. Dadurch hat sie freilich auch Verhaltenssicherheit, ja Beheimatung im Weltganzen geschaffen.

Die christliche Religion hat in unserer gesellschaftlichen Ordnung, gottlob, weithin die Funktion verloren, die Heranwachsenden autoritativ zu formen. Die Kehrseite ist, dass in der gegenwärtigen Lebenswelt Religion für viele Jungendliche und Erwachsene in gestalteten Formen kaum mehr erkennbar ist. Ein Unterricht in Sachen Religion kann deshalb bei den zu Unterrichtenden keine aktive Zugehörigkeit zu einer religiösen Gemeinschaft oder eine explizite eigene religiöse Praxis vorausssetzen, auch keine ausgebildete Innerlichkeit.

Aufgabe eines Unterrichts in Sachen Religion ist vielmehr die *Erschließung* von Religion: Lernende, die im Normalfall mit Religion bisher keine Berührung hatten, kommen im Unterricht so weit an sie heran, dass sie dabei erfahren und sich damit auseinander setzen können, worum es bei Religion geht.

Religionspädagogisch liegt es nahe, unter diesen Bedingungen „Religion" für den Unterricht in der außerschulischen Lebenswelt der Schüler und Schülerinnen aufzuspüren und zu identifizieren. Faustformel: Überall wo Kommunikation eröffnet wird, die Vertrauen im Sinn von einem Sich-Anvertrauen hervorlockt, das den Menschen wiederum prägt – Beispiele: Karriereverheißungen, Werbung – liegt letztlich auch Religion vor, weil Vertrauen in jedem Einzelfall einen Sprung ins Ungewisse impliziert, mag dieser Umstand auch verschleiert oder funktionalisiert sein. Indem der Springende sich wagt, setzt er für sich einen unverfügbaren, transzendenten und verlässlichen Garanten heilvollen Lebens.

Es liegt auf der Hand, dass ein evangelischer Religionsunterricht das Gebot unterrichtlicher Transparenz für die Schüler verletzen würde, machte der weitere Zusammenhang nicht deutlich, dass es von vornherein die Formen expliziter christlicher Vertrauens- mithin Glaubensangebote sind, die z.B. „Werbung" zum religiösen Thema machen. Wenn der Unterricht Religion in der Lebenswelt der Schülerinnen und Schüler thematisiert, setzt er voraus, dass der implizit gesetzte christliche Ausgangspunkt, der Vertrauen zu einem umfassenden Gott ermöglicht, auch ausdrücklich in die unterrichtliche Erörterung einbezogen wird.

Wenn Lernende, die mit ausdrücklich erkennbarer Religion keine Vorerfahrungen haben, durch Unterricht mit Religion in Berührung kommen können sollen, ist religionspädagogisch der Weg nur bedingt gangbar, Religion als distanzierte „Information über…" oder über theoretische Sätze in den Unterricht einzubringen. Erkenntnisse wie: „Die christliche Religion geht auf Jesus von Nazareth zurück" oder: „Explizite Religion ist in der kultische Verehrung eines Gottes körperlich-konkret!" ermöglichen unterrichtlich keinen Kontakt mit *lebendiger* Religion. Gewiss, der Religionsunterricht informiert und erarbeitet auch theoretische

Sätze. Aber der Weg zur gedanklichen Abstraktion geht für die Lernenden grundsätzlich von Erfahrung aus, in diesem Fall von religiöser Erfahrung.

Nur *gedachte* Religion ist keine Religion! Wie die Dinge liegen, kommt der Religionsunterricht, um seiner eigenen Seriosität willen, nicht umhin, selber religiöse Erfahrung zu ermöglichen (wie der Kunst- und Musikunterricht ästhetische). Gleichwohl bleibt der Religionsunterricht dabei schulisch. Aus pädagogischen Gründen legt er junge Menschen nicht auf bestimmte Religion fest: Unterricht verwickelt in seinen Gegenstand und schafft durch Distanzierung auch wieder Ausgänge.

Die religionspädagogische Aufgabe gleicht dem sprichwörtlichen Versuch, den Pelz (des Schülers, mit Religion) zu waschen – ihn gleichwohl nicht nass zu machen.

Die Lösung: Religion wird in ihrer Konkretion aufgesucht, in ihren *Formen*, in denen sie sich handhabbar macht und *gestalten* lässt. In ihren Formen ist Religion Kultur, die laufend schöpferisch weiter entwickelt wird. Die Formen sind die *Vorgaben*, das *Woran*, das bearbeitet sein will, um an Religion heranzukommen. In der Bearbeitung der religiösen Formen entsteht Religion und ermöglicht freie Auseinandersetzung mit ihr. Was entsteht, ist wiederum Form. Formen wollen nicht innerliche Übereinstimmung, Überzeugungen. Vielmehr wollen sie „Befassung" und dabei den Blick auf die Möglichkeit, eine eigene, dem bestimmten Lernenden angemessene Religiosität auszubilden. Die Formen einer Religion sind für heutige Menschen etwas Fremdes. Niemand wird von sich aus auf die Idee kommen, einen schlechterdings das gesamte Universum, Materie, Energie und Leben umfassenden, aus sich heraus gewährenden und wieder an sich nehmenden Gott um den Erhalt des Friedens zu bitten. Es braucht eine Form dafür, die aufgenommen und ausgeübt ist.

Eine Form ist ein schöpferischer, in sich konsistenter, greifbarer medialer Ausdruck körperlich-geistigen Lebens für bestimmte Verwendung. Er ist auf Mitteilung und Nachvollzug im Raum angelegt, auf Rezeption. Ein Text hat eine Form, die das gelebte Leben zum Zeitpunkt seiner Entstehung spiegelt. Sein Nachvollzug will wieder räumlich werden, im (bis ins 19. Jh. hinein murmelnden) Lesen und Hören. Die *Begehung* eines Festes ist eine Form. Das Festformular oder eine Festlegende (die Weihnachtsgeschichte) ist eine Vorgabe für die Gestaltung des Festes. Nicht auf die Vorgabe, sondern auf das gestaltete Fest selbst kommt es für uns jetzt an. Weihnachten ist deshalb oft so unerträglich, weil der zu begehende Ritus nicht lebendig entworfen und für die Lebensumstände der Beteiligten stimmig gemacht ist, sondern zwanghaft, wie geerbt, wiederholt wird.

Ein biblischer Text ist ein literarischer Niederschlag von christlicher Religion, eine Form, die sich im Gebrauch durch lebendige Menschen ihrer gegenwärtigen Religion aus-formt, eine neue Form gewinnt: in einer Erzählung oder in einer Andacht oder im Nachspielen...

Gestaltendes Lernen ist körperliches Lernen von konkreten Menschen; es findet immer im Raum statt und entwirft wiederum Räume. In der Rezitation findet ein *Gedicht* seine gegenwärtige Gestalt. Die Rezitation spürt dem vorgegebenen gedruckten Text als Vorgabe ab, wie es für die Beteiligten in der Gegenwart wiederum Raum werden will, in den sie sich aufnehmen lassen und der sie umfängt. Raum verstanden als atmosphärisch gestaltetes gemeinschaftliches und individuelles Feld, das von spürbaren Energien durchzogen die Beteiligten trägt und seine Gestalt, jeweils in spezifisch geprägter Eigenart im Innern jedes Einzelnen abbildet. Innen und Außen korrespondieren miteinander.

Die Gestalt des äußeren Raumes, in Stimmigkeit mit dem körperlich-seelischen Empfinden entworfen, schafft wiederum seelischen Innenraum, „Innerlichkeit". Innerlichkeit entsteht durch die Aktivität räumlicher Gestaltung.

Die nachfolgenden Skizzen zu räumlichem Wahrnehmen sind vielleicht dazu angetan, die rätselhafte Dunkelheit meiner Schreibe etwas aufzuhellen.

Erste Skizze: Ein Bibelspruch schafft sich Raum

„Joseph eilete, denn sein Hertze entbrannte ihm gegen seine Brüder"
(1. Mos.43.v.30)

Das ist eine Vorgabe aus der Bibel – zur, ich sage: „Religionserzeugung". Die Form, in der der Spruch zur Vorgabe (in unserem Sinn) wurde, ist „die Losung", eine Sammlung von Bibelsprüchen, jeweils ein Spruch (oder mehrere) für jeden Tag. Noch heute erscheint das Losungsbüchlein der Herrnhuter Brüdergemeine für jedes Jahr. Ich habe die Losung der ersten Auflage für den ersten Tag des Jahres 1731 herausgesucht, vom Grafen Zinzendorf, dem damaligen Bischof dieser Kirche, selbst herausgegeben. Wie soll aus diesem Spruch Religion werden?

Zinzendorf schreibt, sie hätten es der „Vorsehung" überlassen, „den auf jeglichen Tag gehörigen Zuruf selbst aus zu wehlen", weil sie ja nicht im Voraus wissen konnten, was jeder Tag für „Umstände haben würde." Mit „Vorsehung" ist niemand anders als Gottes Geist gemeint. Der muss ja in dieser Hinsicht Bescheid wissen. Dass der Heilige Geist aus der Bibel spricht, ist eine Grundvoraussetzung der christlichen Religion, gleichsam die Spielregel, die ihr von Anfang an vorgegeben ist. Zinzendorf hatte unter Gebet das *Los* entscheiden lassen. Ich weiß nicht, ob damals schon die Nadel, in das Buch gestochen, mit ihrer Spitze den gefragten Spruch ausgesucht hat. Zinzendorf bemerkt noch, es sei erstaunlich, wie sich bei diesem Verfahren „die Nähe des unendlichen Liebe-Wesens", eben des Geistes, bei ihnen erwiesen habe. Aber bei jedem „Gnaden-Zeichen" versteifen sich Missgünstige auf Einwendungen. Deshalb rede er nicht weiter davon. Immer ist das Zustandekommen der Vorgaben für die Religion mit einem Schleier des Geheimnisses umhüllt.

„Zuruf" nennt der Graf die Losung für den einzelnen Tag, Zuruf des Heiligen Geistes. Bevor es zum Zuruf ruft, geht eine vorbereitende Handlung vonstatten. Das Büchlein der Losungen wird zur Hand genommen und zum heutigen Datum erwartungsvoll aufgeschlagen. Sind zwei oder mehr Personen beteiligt, überfliegt der Vorlesende schnell seinen Text. Dann fängt er zu lesen an. Der Zuruf tönt kraft der Bibel, kraft der Heiligen Schrift, durch die Stimme des Vorlesers von einem heiligen *Dort* in das *Hier*. Das Gelesene durchmisst Unendlichkeiten, wird aber im Hier mit menschlichen Augen gelesen und mit menschlicher Stimme gesprochen. Der Schall baut, wo er hallt, jetzt einen besonderen Raum um die Beteiligten auf, religiösen Raum, in dem sie der Welt entnommen sind und doch ganz harmlos-irdisch einen gewohnten kurzen Ritus begehen.

Es passiert Merkwürdiges. Ein Mann namens *Joseph* durcheilt den Raum, wahrscheinlich geradewegs auf die Hörenden zu. „Eilen" – kennen Sie den charakteristischen Gang? Vornehm und doch nicht aufzuhalten. Jetzt im religionspädagogischen Zusammenhang kommt es darauf an, dass jeder bei sich genau hinschaut. Jeder sieht anderes und keine Wahrnehmung soll verloren gehen. Joseph eilt „mit entbranntem Herzen". Er kommt immerzu auf mich zu, bleibt direkt vor mir stehen; und noch im Innehalten vor mir eilt er weiter mir entgegen. Er macht uns im Entgegenkommen zu seinen „Brüdern". Können wir diese Bewegung im Kneten einer Tonfigur einfangen? Versuchsweise selber körperlich eine solche Stellung einnehmen?

Nur dieses eine unscheinbare Sätzchen! Im sorgfältigen Wahrnehmen seiner Bewegtheit breitet es sich aus und baut einen ganzen Joseph-Raum um mich herum auf, der mich den ganzen Tag ätherisch-unauffällig umgeben wird. Ich muss gar nicht wissen, wer Joseph ist. Ich habe seine Bewegung gespürt und zu der meinen gemacht; *ich* selbst bin Joseph, so weit. Das Losungsbüchlein ist längst wieder zugeklappt, der religiöse Raum ist verlassen, in der Geschäftigkeit des Tages habe ich Joseph vergessen, aber er ist um mich.

Im Religionsunterricht sehen wir uns die Sache genauer an. Die Bibelstelle ist ja angegeben. Der reiche, geschmeidige Vertraute des Pharao in Ägypten: wir sehen ihn in dieser Szene fast die Fassung verlieren und weinen. Die Geschichte muss erzählt werden. Joseph, unerkannt von seinen Halbbrüdern, die ihm einst nach dem Leben getrachtet hatten, haben in der Hungersnot, um am Hof des Pharao Lebensmittel zu erbitten, endlich auch seinen leiblichen Bruder Benjamin mitgebracht. Nun sieht er nach langer, langer Zeit seinen geliebten Bruder von weitem wieder. Er eilt ihm entgegen, aber noch hat er sich ja nicht zu erkennen gegeben. Rührung übermannt ihn (das entbrannte Herz), er geht schnell wieder hinaus und sucht einen Ort, wo er den Tränen ihren Lauf lassen kann. Der gefürchtete, mächtige Mann – nun ganz weich!

Wir machen Erfahrungen mit dem Raum des Erzählens, als Zuhörer und als Erzählende. Der Raum des Erzählens fühlt sich ganz anders an. *Ich* bin beim Erzählen ein anderer. Das religiöse Moment kommt in der entspannten Hingabe an den Erzählfluss unauffälliger an mich heran als im Ritus der Losungen. Ich habe viel Spielraum und kann auch meinen eigenen Gedanken nachhängen. Ich lasse mich in eine fremde märchenhafte Welt versetzen und sie spiegelt sich in meinem Innern, mit den von mir beigegebenen Tönungen und Gesten. Für mich ist Joseph von Jugendzeit her ein Stückchen Ich ...

Die den Unterricht vorbereitende Lehrerin hat sich weitere Gedanken gemacht. Sie ist in ihrer Religion erfahren, auch im methodischen Nachdenken: In der Bibel eilt Joseph seinem Bruder Benjamin entgegen; bei Zinzendorf sind es die Brüder insgesamt. *Er* denkt an die Brüder – Gemeinde, für die das Losungsbuch bestimmt ist. Die Brüder sollen bei der „Ausgabe" der Tageslosung mit inneren Augen Joseph auf *sich* zukommen sehen. Das ist nicht nur Joseph, der dabei zu ihnen kommt. Die Brüdergemeine ist Gemeinde von Jesus Christus, der sie in ihrem Alltag begleitet: auch *er* immer im Entgegenkommen, mit entbranntem Herzen. Der Joseph der Losung nimmt Züge des Heilands an und Jesus zeichnet sich in Joseph ab. Diesen historischen Zusammenhang müssen die Schüler nicht erkennen; sie arbeiten an dem Spruch für ihre Gegenwart. Die Methode, überall den Heiland herausspringen zu lassen, hat ja auch etwas Penetrantes, denkt die Lehrerin. Die traditionelle historische Kritik hat zurecht jede Aussage erst einmal im Zusammenhang ihrer Entstehung ernst genommen. Gleichwohl kann Religion nicht vergangenheitlich, sondern nur als gegenwärtig gestaltete verstanden werden...

Sehen will gerade im Religionsunterricht nicht nur auf eine *Bedeutung* des Gesehenen hinaus: Bedeutungen machen das Gesehene abstrakt, raumlos. Erst einmal kommt es auf den bewussten Mitvollzug des Gesehenen an: Das gemeinsame Hinschauen und Austauschen ist die Arbeitsweise, die zugleich einen Raum der konzentrierten Aufmerksamkeit aufeinander schafft. Was macht das, was gesehen wird, mit mir, möglicherweise? Sehen hat viel mit religiösem Vollzug zu tun. Ich denke an das Meditieren eines Mandalas oder an das stille Gebet vor einem Andachtsbild. Dieses Sehen ist eine Kunst, die erprobt und gelernt werden kann. Wenn es sich um ein (flächiges) Bild handelt, darf es sich im Hinschauen für mich räumlich machen, Atmosphäre verbreiten, mich einsteigen lassen. Es wird in meiner individuellen Wahrnehmung zu meinem Bild.

Ein berühmtes Bild von Hieronymus Bosch ist der nachträglich so genannte „Garten der Lüste". Das Triptychon zeigt in der Mitteltafel ein paradiesisches Tummeln nackter Menschen, Männer und Frauen. In einem großen Triumphzug, ringsum um ein Wasser, feiern sie das Fest des Lebens. In vielen kleinen Gruppen, über das Bild verteilt, geben sie sich miteinander ab, teils in lebhafter Konversation, aber auch in kaum verhülltem sexuellem Treiben. Aus einer Ecke des Bildes schaut ein junger Mann, im Gegensatz zu den anderen Menschen bekleidet, mit schelmischem Blick zum Betrachter und zeigt auf eine gelassen daliegende Eva, die ihren Kopf auf dem angewinkelten Arm ruhen lässt. Neben ihr angebissene Äpfel. Will der Mann sagen: „Das alles, was hier zu sehen ist, verdankt ihr dieser Frau"? Das Bild ist derzeit in verschiedenen Ausschnitten auf vielen *Covern* von Büchern zu sehen.

Nur eine kleine Szene will ich mit meinen Worten wiedergeben, so wie ich sie nach meinem Hinschauen in Erinnerung habe. Die leere Hülse einer großen exotischen Frucht liegt auf der Erde, vielleicht einem großen, ausgehöhlten Kürbis vergleichbar. Die breite kreisrunde Öffnung ist zur Erde geneigt. Dunkelheit herrscht darin. Umstehend Männer und Frauen in gefasster Haltung, in natürlicher Nacktheit. Auf der einen Seite der Hülse zwei menschliche Wesen, deren Körper fast in Vogelleiber übergegangen sind. Die Beine werden zu Schwanzfedern; noch balancieren sie auf ihren Händen; oder ist der Leib des einen geschuppt wie ein Fisch? In die schwarze Öffnung ist ein Mann gestiegen, die Beine sind schon im Dunkeln verschwunden. Der Oberkörper des Mannes, aufgerichtet, und der erhobene Kopf verharren für einen Moment im Eingang der Öffnung, genau auf der Ebene, auf der sich Nacht und Tag voneinander scheiden. Ein großer Rabenvogel ist hinzugeflogen. Er hat eine Beere im Schnabel und reicht sie dem in das Dunkel einsteigenden Mann in den gereckten Mund. Seinen Gesichtsausdruck möchte ich

„gläubig-vertrauend" nennen. Gleich wird er sich endgültig in das Dunkel gleiten lassen. Um die Szene herum werden weitere Beeren gereicht: von einer Frau ihrem Mann, von einem Enkel einer alten Frau. Neben einem zugewandten Jüngling nimmt sich eine auf dem Boden sitzende junge Frau ein Samenkorn selbst aus der Kapsel einer Frucht.

Joseph eilt mit brennendem Herzen seinem Bruder entgegen. Hier lässt sich ein Mann unbeeilt in die Arme des Todes gleiten. Wieder ist es eine Bewegung, die einen Raum aufmacht; diesmal den Raum des Sterbens: Sich so loslassend gleiten lassen, von hier nach dort! Der Innenraum des Kürbis' tut sich von der Seite her auch dem Betrachter auf. Es geht kein Sog von ihm aus. In seiner natürlichen unergründlichen Dunkelheit steht er bereit und wird auch mich nach meinem Wollen zu gegebener Zeit aufnehmen. Der Innenraum der Frucht weitet sich, undenkbar, in eine andre Welt, in eine andere Zuständlichkeit.

Bosch hat das Bild in etwa derselben Zeit gemalt wie Matthias Grünewald den Altar in Isenheim. Es lässt sich trefflich streiten, ob der „Garten der Lüste" ein christliches, ein christlich-häretisches oder einfach ein lebensfrohes Bild der Renaissance ist. Unsere Szene wird in der Kunstgeschichte unter *ars moriendi* eingeordnet: die Kunst zu sterben. Lehrt es eine Wiederverkörperung der Seele nach dem Tod, etwa in einem Tier? Ein Stirb und Werde?

Manches spricht dafür. Vögel, Schmetterlinge sind im Bild so groß wie Menschen gemalt. Aber im Akt des Sehens sind Grenzziehungen und Einordnuungen fast gleichgültig. Die Natürlichkeit, in der die Menschen ernst und gelasssen ihren Tod frei wählen, ergreift durch die dargestellten Gesten und Haltungen. Die Kunst des Sterbens wird hier im Sehen geradezu körperlich eingeübt: Sich hinein gleiten lassen in unbekannten dunklen Raum….

Dritte Skizze: Religion und Kultur vermitteln sich wechselseitig

Der Religionsunterricht ist es nicht allein, der Religion und Kultur vermittelt, etwa hier kirchliche Frömmigkeit, dort die Religion des unbeschwerten Konsums. Vielmehr hat Religion, auch christlich-kirchliche Religion, auf vielen Ebenen an der Kultur Anteil und bildet selbst Kultur aus. Und Kultur lebt ihrerseits in Religion, auch in christlicher, und gestaltet sie. Religion und Kultur vermitteln sich wechselseitig aneinander. Ich wähle deshalb als letztes Beispiel aus Literatur ein Gedicht von Paul Celan.

KERMORVAN

Du Tausendgüldenkraut-Sternchen,
du Erle, du Buche, du Farn:
mit euch Nahen geh ich ins Ferne. -
Wir gehen dir, Heimat, ins Garn.

Schwarz hängt die Kirschlorbeertraube
beim bärtigen Palmenschaft.
Ich liebe, ich hoffe, ich glaube, –
die kleine Steindattel klafft.

Ein Spruch spricht – zu wem? Zu sich selber:
Servir Dieu est régner, – ich kann
ihn lesen, ich kann, es wird heller,
fort aus Kannitverstan.

Mit dem Hören des rezitierten Gedichts befinden wir uns in der Heimat Celans in der Bukowina – bevor sie und (nicht nur) ihre *jüdischen* Bewohner von den Nazis vernichtet worden sind. Die verlorene Heimat – sie ist verloren, die Welt ist seither Fremde. Aber da ist das Tausendgüldenkraut, das „uns" mit seinem Sternchen vom Boden der Erinnerung zuzwinkert. Erle, Buche und Farn, die unauffälligen Begeiter von damals, jetzt mit Du angeredet, werden mächtig und listig, spinnen „uns" mit ihren Fäden ein und halten darin fest. Und „Wir" schauen dem zu und lassen es geschehen, holen nun die Heimat als ganze im vertrauten Du heran. Ich kenne das, ich trage ja auch meine Heimat mit mir herum und bin gern in der Fremde in ihr gehalten.

Im Klangraum des Gedichts umgibt mich die Heimat Celans und bringt meine eigene Heimat in mir zum Klingen. Wissentlich habe ich in der Natur noch nie einen Kirschlorbeer, geschweige denn seine Traube gesehen. Brauch' ich auch nicht; ich sehe ihn ja, in intensivem Sonnenlicht, und den brummigen „bärtigen Palmenschaft" als Kontrast dazu: Mann und Frau? Dieses Paar sehen – und die Anrede mit Du geht jetzt in Aussagen über: von mir über mich. Die Heimat speist die Kraft, ich selber zu sein im Lieben, Hoffen und Glauben. Ich spreche mir das Gedicht vor und spüre eigenes Lieben.

Zu einer Stelle des Gedichts habe ich im Brockhaus nachgeschlagen. Ich wollte das *Klaffen* vor das innere Auge bekommen. Die Steindattel ist gar keine Dattel: *Litophaga lithophaga* gehört zur Familie der Miesmuscheln. Sie ist fast fingerlang und „lebt in Löchern, die sie mit Hilfe der von ihr abgesonderten Kohlensäure im Gestein bildet." An den Säulen des Serapistempels von Pozzuoli habe sie sich, wohl durch gefährliche Löcher, geradezu klassisch verewigt. Soweit der Große Brockhaus von 1955.

Jetzt sehe ich das Klaffen vor mir: Die Muschel ist abgestorben und hat sich aus ihrer Höhle gelöst. Ihre Schalen haben sich geöffnet, die „Steindattel klafft". Ich assoziiere die Jakobsmuschel, deren beide Schalen klaffend, als Kreuzessymbol an den Rock geheftet, in ganz Europa zum Zeichen der Pilgerschaft zum heiligen Jakob von Compostella geworden ist. Die „Steindattel klafft", tot, gestorben wie die Heimat. Aus ihrem Tod zeitigt sich Leben: *„ich liebe, ich hoffe, ich glaube"*. Im Neuen Testament, im 1. Korintherbrief des Apostels Paulus, im „Hohenlied der Liebe" (1.Kor. 13,13), ist die ursprüngliche Reihenfolge andersherum: Glaube – Liebe – Hoffnung. Schon Paulus sagt: „Am größten aber unter diesen ist die Liebe". Vielleicht aber ist die Umstellung im Gedicht charakteristisch: Trete ich in den Raum der Heimat ein, kommt der Lebensmut, Hoffnung und Glauben, aus der Liebe. Spricht mich eine Gottesverheißung an, hängt alles Folgende davon ab, dass ich mir die Zusage gesagt sein lasse, glaube. Es sind jeweils verschiedene Raumstrukturen. Die Heimat umgibt mich ruhend, das Gotteswort kommt gerichtet von Jenseits auf mich zu...

Die Steindattel und das Pauluswort. Für mich verweisen sie im Raum des Hörens wechselseitig aufeinander. Am Fuß des felsigen Hanges liegen die offenen Muscheln, die Kreuze. Es knirscht, wenn ich auf sie trete. Der Boden der Heimat ist der Boden, auf dem Christus gestorben ist: „Die kleine Steindattel klafft".

„Ein Spruch spricht" ja natürlich, der Spruch muss gesprochen sein und damit erfüllt er die Welt. Indem er absichtslos nur tönt, „zu sich selber spricht", setzt er Wirklichkeit. Da gibt es kein Argumentieren und kein Deuteln. Es ist ein harter Satz: *„Servir Dieu est régner"*, Gott dienen ist herrschen: Wer anders herrscht, herrscht nicht, wehe den Herrschenden! Oder: Keine Machtausübung, im Machtverzicht liegt Gottesdienst. Oder? Nein, nicht so, kein Raisonnement. Der Spruch wird nicht auf „Bedeutung" gehört, sondern er sorgt selbst für seine Evidenz. Genug, ihm lesen zu können. Es wird nicht gleich hell, sondern es wird heller. Und schon das Lesen ist der Aufbruch aus „Kannitverstan".

Paul Celan, so scheint es mir, hat mit seinem Gedicht Religionsunterricht veranstaltet. Die ganze Spannweite dieses Faches ist in diesen drei Strophen eingefangen: Sehen, hören, lesen; beobachten, zitieren, erinnern; anreden per Du und sprechen per Ich; das Buch der Natur aus der Kindheit und das Neue Testament der alten Christen. Und dann ist noch Johann Peter Hebel mit von der Partie. Lieber Leser, kennen Sie die Geschichte von Kannitverstan? Nein, ich erzähle sie Ihnen nicht. Suchen Sie sie selber im Schatzkästlein des Rheinischen Hausfreunds. Oder noch besser, fragen Sie südlich von Freiburg im Breisgau am Rand des Hochschwarzwaldes in einer *Winstub* bei einem guten Spätburgunder nach dieser Geschichte. Man wird sie Ihnen dort auf allemannisch erzählen. Und Sie werden damit ein für allemal Kannitverstan verlassen haben.

Quellen

Paul Celan, Kermorvan, in: Ders., Die Niemandsrose, © S. Fischer Verlag GmbH, Frankfurt am Main 1963

Wilhelm Fraenger, Hieronymus Bosch, Dresden 1975, Abbildung 23

Johann Peter Hebel, Schatzkästlein des Rheinischen Hausfreundes, etwa in: Poetische Werke (E. Winkler Dünndruckausgabe) München o.J. Die Erzählung Kannitverstan (1809), S. 134-136

Nikolaus Ludwig von Zintzendorff u. Pottersdorf: Das Losungsbüchlein, erster Jahrgang 1731, faksimilierter Reprint, Stuttgart 1979

Wie stehen die Kirchen – in Ost und West – zum schulischen Religionsunterricht?

Jürgen Frank, Hannover /
Eckart Schwerin, Schwerin

Die Bildungsverantwortung der Kirche für den Religionsunterricht

Aktuelle bundesweite Befragungen von Schülern und Schülerinnen zum katholischen Religionsunterricht (Anton Bucher: Religionsunterricht zwischen Lernfach und Lebenshilfe, Stuttgart 2000), deren Ergebnisse sich mit guten Gründen auf den evangelischen Religionsunterricht übertragen lassen, zeigen – entgegen weit verbreiteter Vorurteile – den hohen Beliebtheitsgrad dieses Faches. In der Zeit der Pubertät sinkt aus einsichtigen entwicklungspsychologischen Gründen das Interesse, aber am Ende der Schulzeit ist es wieder da.

Für viele eines der Lieblingsfächer in der Grundschulzeit, ist der Religionsunterricht für die Mehrzahl der Jugendlichen ein willkommener Ort, im Dialog mit ihren Lehrerinnen und Lehrern und Mitschülerinnen und Mitschülern Orientierungswissen zu erwerben und seine Bedeutung für die eigene Existenz zu überprüfen. In dieser Rolle hat der Religionsunterricht teil am Bildungsauftrag der Schule.

Nicht zuletzt aufgrund von Erfahrungen mit totalitären Übergriffen des Staates auf die geistige Prägung der Schülerinnen und Schüler zur Zeit der Nazidiktatur und des weltanschaulichen Zentralismus der DDR-Schulpolitik ist der Religionsunterricht in Übereinstimmung mit den Grundsätzen der Religionsgemeinschaften zu erteilen. Gleichwohl hat er sich von den Zielen der Schule her zu begründen. Der weltanschaulich neutrale Staat nimmt die Kirche in die Pflicht, profiliert und positionell – nämlich in Übereinstimmung mit ihren Grundsätzen – einen Beitrag zur religiösen Bildung im öffentlichen Schulwesen zu leisten.

Und die Kirche lässt sich in die Pflicht nehmen für einen „freien Dienst an einer freien Schule" (Generalsynode der Evangelischen Kirche im April 1958 in Berlin-Weißensee). Sie wirkt mit bei der Entwicklung von Lehrplänen, Schulbüchern und Unterrichtsmaterial. Mit ihren religionspädagogischen Instituten unterhalten die Kirchen ein – bezogen auf ein spezielles Unterrichtsfach – qualitativ und quantitativ einmaliges

Unterstützungssystem für die Religionslehrerinnen und Religionslehrer. Insbesondere durch ihre Institute erfüllen die Kirchen ihrerseits eine Verpflichtung, die sich aus dem Vertrauensverhältnis ergibt, das in vielen Landeskirchen durch eine förmliche Beauftragung der Lehrerinnen und Lehrer zur Erteilung von Religionsunterricht begründet wird.

Als „ordentliches Lehrfach" unterliegt der Religionsunterricht den gleichen Qualitätsansprüchen, die für jeden guten Unterricht gelten. Seine Akzeptanz hängt nicht zuletzt davon ab, ob es gelingt, den Schülerinnen und Schülern den Wert dieses Faches für ihren Bildungsgang plausibel zu machen. Gelingt dies nicht, riskiert der Religionsunterricht, zur Disposition gestellt zu werden. Zwar ist er als einziges Unterrichtsfach grundgesetzlich abgesichert. Das ist seine Stärke. Ebenso grundgesetzlich abgesichert ist aber auch die Freiheit, das Fach abzuwählen. Das ist seine formale Schwäche. Wo an der Stelle von Religion nicht Ethik, Philosophie, Werte und Normen – wie auch immer das Fach heißen mag – auf dem Stundenplan steht, tritt der Religionsunterricht in Konkurrenz zur Freizeit. Kein anderes Unterrichtsfach muss sich so auf den Prüfstand stellen lassen. Das ist seine Chance.

Die von Nicht-Experten selten wahrgenommenen Entwicklungen der Religionspädagogik in den vergangenen fünfzig Jahren zeigen, in wie hohem Maße die Unterrichtenden Zeitgenossenschaft und Traditionsverbundenheit innovativ und kreativ in schülerorientierten Konzepten verwirklichen.

Im Bewusstsein zahlreicher Eltern, Lehrerinnen und Lehrer ist allerdings die Erfahrung eines Religionsunterrichts nicht spurenlos geblieben, der sich als „Kirche in der Schule" verstand und sich vom Verkündigungsauftrag der Kirche her legitimierte. Ungeachtet einer inzwischen überwiegend gewandelten Praxis sehen viele den Religionsunterricht nach wie vor in einer Sonderrolle im Fächerkanon – und die verbinden sie aufgrund eigener Schülererfahrungen selten mit Erwartungen, die sie an ein fortschrittliches Schulkonzept knüpfen. Hinzu kommt, dass sich Religionslehrer*innen* der bildungspolitischen Potenziale ihres Faches für Schulprogramm und Schulprofil viel zu wenig bewusst sind.

Die ja nicht nur die Kirchen treffende und erst recht nicht durch die Kirchen verursachte nachlassende Bindekraft von Institutionen überhaupt in unserer Gesellschaft verstellt offenbar den Blick für die nach wie vor vorhandene oder doch zu belebende kulturprägende Kraft des Christentums in der Gegenwart. Und auf sie vor allem haben sich Schule und Unterricht zu beziehen, wenn sie Schülerinnen und Schüler zur selbstständigen Teilhabe am kulturellen und politischen Leben befähigen wollen.

Es gibt eine häufig anzutreffende Unsicherheit über die Bedeutung des Religionsunterrichts für die Schule. Bleibt es bei dieser Unsicherheit, verlieren beide etwas, die Schule und der Religionsunterricht. Die Schule, die Lernort und Lebensraum sein will und dennoch Religion als Bestandteil ihrer Schulkultur und ihrer Unterrichtsgegenstände ausblendet, verabschiedet sich vom Reichtum nicht nur des kulturellen Erbes des Christentums, sondern auch von seiner gegenwärtigen kulturellen Gestaltungskraft. – Wobei mit kultureller Gestaltungskraft im Kontext der Schule mehr gemeint ist als die Ausrichtung von Weihnachtsfeiern. Gemeint ist auch die entschiedene und selbstbewusste Kritik aller Lebensbedingungen, die entsolidarisierend und lernhemmend wirken.

Bleibt der Religionsunterricht in einer „exotischen Nische", dann lässt er die von ihm thematisierten zentralen Orientierungen für menschliches Zusammenleben, wie z. B. „Gerechtigkeit, Frieden und Bewahrung der Schöpfung" im unverbindlich Theoretischen verschweben – so als läge die Aufgabe der Konkretisierung dieser Themen im Schulalltag nicht auf der Hand.

Der oft beklagte Realitätsverlust des Religionsunterrichts und die Belanglosigkeit von Religion im Alltag ist nicht zuletzt eine Folge der Ausblendung der praktischen Konsequenzen christlicher Grundhaltungen für das Handeln hier und jetzt.

Christlich inspirierte Weltgestaltung hat ihr Erprobungsfeld bereits im Raum der Schule selbst. Es gehört allerdings zur Bildungsverantwortung der Kirchen, dass sie darüber hinaus den Schulen pädagogisch erschlossene außerschulische Lernorte anbietet. Praktika in diakonischen Einrichtungen und gelungene Formen einer professionellen Kirchenpädagogik sind Schritte in diese Richtung.

Der Anspruch zeitgemäßer Didaktik, erfahrungsnah zu sein und sich im Denken in Zusammenhängen einzuüben, treibt einen Religionsunterricht, der bei seiner Sache ist, über die Grenzen des unterrichtlichen Diskurses hinaus.

Das kulturelle Selbstverständnis eines Menschen liegt seinem persönlichen Glauben voraus. Einerseits: Es gibt Kultur – politische, wirtschaftliche usw. – ohne Christentum. Andererseits: Es gibt kein Christentum ohne „Inkulturation". Und als solches ist es wirksam in den verschiedenen Sphären gesellschaftlichen Lebens. Der Verlust des christlichen Deutungsmonopols und die Schwächung der Institution Kirche heißt nicht, dass das Christentum keine kulturprägende Kraft war oder als kulturprägende Kraft erledigt ist. Es ist die *weltliche* Sicht des Religionspädagogen und der Religionspädagogin, die die Schüler*innen* zunächst als solche betrachtet, die sich in ihrer Kultur zurechtfinden sollen.

Die immer wieder in unterschiedlichen Varianten auftauchende Frage nach den Merkmalen einer „Leitkultur“ zeigt zumindest dies: Gerade wenn die kulturelle Identität unsicher ist, muss sie geklärt werden. Die Begegnung mit anderen Kulturen zwingt dazu. Im Zuge der Globalisierung von Märkten und Kommunikation muss man auf einen Zusammenstoß gerade religiös geprägter Kulturen und Gesellschaften vorbereitet sein – im eigenen Land und in der Welt. Unsichere Menschen werden leicht zu radikalen und leidenschaftlichen Vereinfachern. Sich selbst und den anderen verstehen – Identität und Verständigung sind die Voraussetzungen für ein gemeinsames Handeln – dazu gibt es keine Alternative.

Religionsunterricht hat in diesem Zusammenhang in hervorgehobener Weise die Aufgabe einer religiösen Alphabetisierung.

Unsere gesamte Kultur ist von christlichem Gedankengut geprägt. So liegt es nahe, Religion exemplarisch am Christentum und durch die authentische Darstellung christlicher Religionslehrer*innen* zu verstehen. Verstehen meint ein *selbstverantwortetes Einverständnis*, das eine eigene Position einschließt, zumindest zu einer eigenen Position herausfordert. Hier liegt der Unterschied zu einer bekenntnisneutralen, von religiös nicht interessierten Lehrkräften vorgetragenen Religionskunde.

Durch Religionskunde wird schwerlich eine Begegnung mit Religion zu vermitteln sein. Es liegt in der Sache des Unterrichtsgegenstandes, dass er zur Stellungnahme herausfordert. Und es gehört zum besonderen Profil derjenigen, die dieses Fach unterrichten, dass sie sich dieser Herausforderung stellen.

Wenn z.B. am Ursprung des Christentums das zentrale Zeugnis von der Auferstehung Jesu steht, und zwar als Grund der Hoffnung für die eigene Hoffnung über den Tod hinaus, dann gehört es zu den Spielregeln des Religionsunterrichts, dass Lehrer oder Lehrerinnen sich auf ihre eigene Hoffnung hin befragen lassen müssen. Der Interpretationsspielraum für diese und andere zentrale Aussagen des christlichen Glaubens mag groß sein. Die Unterrichtenden erleben an sich selbst – oft verunsichert – die Wandlungen und Entwicklungen ihrer Auffassungen. Aber sie entziehen sich nicht der Auseinandersetzung mit ihren Schülerinnen und Schülern. Darin liegt die Spannung und der Reiz dieses Faches:

In zentralen Fragen des Lebens ist die Begegnung mit signifikanten Personen unumgehbar – mögen es Glaubenszeugen der Vergangenheit oder authentisch sich den Fragen ihrer Schülerinnen und Schüler stellenden Lehrerinnen und Lehrer sein.

Der Weg zum eigenen Glauben ist unterrichtlich jedoch nicht verfügbar. Hier hat grundsätzlich religiöser Takt zu walten! Aber neben und mit dem Weg zum eigenen Glauben ist zu lernen, was Religion alles sein kann – auf welchen Komplex von anthropologischen Grundfragen sie antwortet – und wie verschieden es die Religionen tun – und was passiert, wenn diese Antworten in Konkurrenz miteinander treten. Das Ziel des Religionsunterrichts ist religiöse Kompetenz. Was sich auf diesem Felde als aufgeklärter und positioneller Unglaube oder als tolerantes, freundlich schwebendes Desinteresse darstellt, ist meistens schlicht Unbildung – und die können wir uns nicht erlauben – um der Gesellschaft und der Kultur willen nicht.

Es geht bei den Themen des Religionsunterrichtes nicht nur um die Klärung individueller existenzieller Fragen. Es geht um eine verstehende, mit historischer Tiefendimension gewonnene Toleranz.

Will man z.B. von Europa in einer Weise reden und für ein Zusammenwachsen im gemeinsamen Haus werben, die sich nicht nur an den Zielen des Binnenmarktes ausrichtet, muss auch von dem geredet werden, was diesen Kontinent historisch geprägt hat. Das ist nicht allein durch Sprach- und Geschichtsunterricht zu vermitteln, nicht durch den Euro und nicht durch den offenen Arbeitsmarkt zu erreichen. Über das Aufdecken lokaler Spuren stoßen wir auf vielfältige europäische Pfade im eigenen Land. Wer waren die Hugenotten? Als Asylanten stehen sie auch als Beispiel für den Zusammenhang von Religion und Politik. Wie sähe er aus, ein religionspädagogischer Atlas Deutschlands, der Orte und Schauplätze europäisch vernetzt wirkenden Christentums benennt? Literatur und Architektur, Medien und Musik, bildende und darstellende Kunst – die Begegnungsfelder von Kultur und Christentum im europäischen Haus bleiben unübersichtlich oder verborgen ohne die fachliche Qualifizierung der Schülerinnen und Schüler durch ein eigenes Fach im Fächerkanon.

Und gibt es etwa keine Lehren aus der Geschichte zu ziehen? Seit Beginn des Dreißigjährigen Krieges haben wir viele blutige, oft religiös motivierte innereuropäische Kriege erlebt. Wer angesichts dieser Vorgeschichte und angesichts der weiter zunehmenden Ballung religiös unterschiedlich geprägter Menschen in Europa ein friedliches Zusammenleben der Europäer für selbstverständlich hält, ist ein realitätsfremder Optimist.

Die Gefahr von Zusammenstößen zwischen religiös inspirierten Fundamentalisten ist nicht von der Hand zu weisen.

Der Friede zwischen den Anhängern unterschiedlichen Glaubens muss immer wieder neu gestiftet und immer wieder gepflegt werden. So wird also der Friede in hohem Maße auch von der kulturellen und religiösen Toleranz abhängen, die die Nationen in Zukunft aufbringen. Religionsunterricht, der einübt in das Verstehen des Anderen im Horizont europäischer Gemeinsamkeiten, leistet einen unverzichtbaren Beitrag zur Friedensfähigkeit zwischen den Religionen.

Im gesellschaftlichen Spiel der Kräfte fordert der Entschiedene auch den Unschlüssigen zur Entscheidung. Er soll sich positionieren – oder die Kommunikation ist beendet. Das mag bei privaten Angelegenheiten noch angehen – da beenden wir bisweilen Beziehungen, die uns unbequem sind. Das geht nicht, wo Entscheidungen das gesellschaftliche Zusammenleben betreffen und wo Menschenbilder und Werthaltungen einander gegenüberstehen. Unsere Kultur ist nun einmal in ihren Wertvorstellungen in besonderer Weise christlich geprägt. Will ich mich in diese Tradition stellen – oder nicht?

Wie steht es in diesem Zusammenhang mit der Glaubensfreiheit junger Menschen, wenn ich sie nicht befähige, mit kritischen Maßstäben zu urteilen. Fragen des Jenseits und Fragen der Diesseitsbewältigung, Sekten und Kulte, die breite Palette all dessen, was mit New Age und Psychoboom zusammenhängt – woher sollen Schülerinnen und Schüler die Orientierung und die Dialogfähigkeit gewinnen?

Der Religionsunterricht ist für viele Schülerinnen und Schüler oft die erste Gelegenheit, sich „sachgemäß“ und systematisch mit den hierher gehörenden Fragen und Themen zu beschäftigen. Es geht nicht darum, den Religionsunterricht zum Lernort des Glaubens zu machen – im Sinne einer Einweisung in Riten und religiöse Praxis. Das ist die Aufgabe der Lernorte, die die Kirchengemeinden zu gestalten und anzubieten haben. Es geht vielmehr darum, zur kritischen Teilnahme an der kulturellen Entwicklung zu befähigen. Die Aufgabe ist unabweisbar, Lebensförderndes von Lebensschädigendem zu unterscheiden. Das schließt die Kenntnis religiöser Motivationen für menschliches Handeln ein. Der Religionsunterricht ruft nicht in die Entscheidung, aber er hilft zur Erkenntnis, dass ich – ob ich will oder nicht – Entscheidungen treffe. „Wie hältst du's mit der Religion?“ Man kann nicht unbehelligt von der Gretchenfrage durch unsere Gesellschaft kommen. Das fordert Religionslehrerinnen und Religionslehrer heraus – es fördert aber auch ihre religiöse „Kompetenz", fördert ihren unverzichtbaren Beitrag für einen Religionsunterricht für eine Schule von morgen zutage.

Jürgen Frank

Die Bedeutung der pädagogischen Tradition der Kirche für eine geschichtslos gewordene Schule

Die Frage nach der Stellung der Kirche zum schulischen Religionsunterricht wird sicherlich im Süden Ostdeutschlands, in der thüringischen und sächsischen Landeskirche, anders aufgenommen und anders, möglicherweise sogar teilweise gegensätzlich, beantwortet werden als weiter im Norden, etwa in Berlin-Brandenburg, in der pommerschen Kirche oder in der mecklenburgischen Landeskirche. Das hat seine Ursache nicht in jeweiligen Eigenwilligkeiten und Eitelkeiten, die auf identitätsbezogene Unterschiede zielen. Jede der acht ostdeutschen Landeskirchen hat eine eigene, von den anderen unterschiedene Tradition mit in ihrer Geschichte entstandenen und gewachsenen Prägungen. Wer Kirchgemeinden im Erzgebirge mit ihrer eindrücklichen und offensichtlich krisenfesten Frömmigkeit kennen lernt, findet kaum Vergleichbares in Neubrandenburg in einem traditionell „unkirchlichen" Landstrich, wiewohl es natürlich auch zwischen Süd und Nord Gemeinsamkeiten gibt, die auch begründet sind in der gemeinsamen DDR-Geschichte. Aber die lokale Situation, die in ihr tätigen Mitarbeiterinnen und Mitarbeiter, deren Erfahrungen, Vorstellungen und Absichten zeichnen ein vielfarbiges Bild, das von Verallgemeinerungen eher abrät, jedoch einlädt, das jeweils erkennbar Typische daraufhin zu prüfen, inwieweit es beispielhaft und beispielgebend sein kann.

Wenn von der „Kirche" eine Antwort erwartet wird, ist ganz sicher die Kirchenleitung als Adressat gemeint. Aber welche Antwort wird erwartet und welche soll gegeben werden, damit „die" Kirche antwortet? Gesetzliche Regelungen geben nur eine vage Auskunft über inhaltliche Hintergründe, über Wahrnehmungen, Einschätzungen und Zielvorstellungen. Auf den Religionsunterricht bezogen bedeutet das:

Wichtig ist doch, welcher Wert eine/die Kirchenleitung dem Religionsunterricht beimisst, weshalb sie ihn für wichtig hält, welche Aufgaben sie ihm zuordnet und an welchen Regelungen deshalb ihr gelegen ist.

Die Antworten auf solche Fragen berühren ein sehr breites Spektrum. Sie lassen erkennen, wie sich die Kirche in der Gesellschaft positionieren will, worin sie ihren originären Beitrag sieht, wozu sie bereit ist, aber auch aus welchen Gründen und in welchen Zusammenhängen sie sich verweigert.

Nach Artikel 7 (3) des Grundgesetzes der „alten“ Bundesrepublik ist der Religionsunterricht „ordentliches Lehrfach“. Mit der Vereinigung im Oktober 1990 gilt dieses selbstverständlich für die gesamte Bundesrepublik. Somit gehört der Religionsunterricht auch in Ostdeutschland in die Stundentafel jeder staatlichen Schule, auch wenn z. B. die seit Jahren anhaltende und nach wie vor offene Diskussion zu der im Land Brandenburg angestrebten Lösung mit dem Fach Lebensgestaltung/Ethik/Religionen (LER) dem entgegengesetzte Tendenzen zeigt. So viel sei vorausgeschickt: Der Religionsunterricht als ordentliches Lehrfach ist in Ostdeutschland nicht unumstritten. In bestimmten parteipolitischen Kreisen und besonders in freidenkerischen Gruppierungen wird er nachgiebig hart attackiert.

Um zu verstehen, was die Anwendung der grundgesetzlichen Regelung des schulischen Religionsunterrichts für die östlichen Bundesländer bedeutet, bedarf es eines *Exkurses* in die – bildungspolitische – Geschichte der DDR.

1945 wurde der schulische Religionsunterricht aus den Schulen ausgegliedert und den Kirchen zugeschoben. Seither wurde Religion nicht mehr an den Schulen unterrichtet.

Die evangelischen Kirchen haben innerhalb weniger Jahre unter Aufnahme konzeptioneller Überlegungen, die während des Dritten Reiches in der Bekennenden Kirche angestellt worden waren, in den Kirchgemeinden die *Christenlehre* aufgebaut, etwa dreißig Seminare für die Ausbildung von Katechetinnen und Katecheten eingerichtet und Lehrpläne für die wöchentliche Unterweisung der schulpflichtigen Kinder in den Kirchgemeinden entwickelt. Die Geschichte der Christenlehre ist anregend interessant und zeigt eine Entwicklung, die auf die gesellschaftlichen und auch auf die kirchlichen Veränderungen in den nachfolgenden Jahrzehnten reagierte und die Auskunft gibt über die zunehmend restriktiver werdende Kirchenpolitik des DDR-Staates. Sie war für die Kirchgemeinden und für die Kirchen ein Arbeitsbereich mit vielfältigen verändernden Einflüssen auf das Leben und Geschehen in den Kirchgemeinden aufgrund ihrer innovativen Potenz. Trotz der militant ideologischen Funktionalisierung der Schule, die unnachgiebig versucht hat, besonders die kirchliche Arbeit mit Kindern und Jugendlichen zu behindern und zu verhindern, blieb die Christenlehre eine für viele auch nicht getaufte und nicht mehr der Kirche angehörenden Familien eine wichtige Veranstaltung.

Immer wieder wurde gerade durch die Schule versucht, Kinder und Familien von der Teilnahme an der Christenlehre abzuraten und auch auf sie Druck auszuüben. Der christliche Glaube wurde diskreditiert, an der Christenlehre Teilnehmende wurden bloßgestellt und häufig in ihrer schulischen und Ausbildungsentwicklung behindert. Die Schule als Ganze hatte zum Ziel die Erziehung zur „sozialistischen“ bzw. „kommunistischen“ Persönlichkeit. Eines ihrer Wesensmerkmale war eine atheistische Grundüberzeugung.

Diese komplexe Geschichte der Christenlehre steht wesentlich im Hintergrund der Einführung und des Aufbaus des Religionsunterrichtes in Ostdeutschland. In der Perspektive der „alten“ Bundesrepublik war es trotz langjähriger regelmäßiger Kontakte über die Berliner Mauer hinweg unverständlich, dass 1989/90 in den ostdeutschen Landeskirchen mit unterschiedlicher Intensität darüber nachgedacht und diskutiert wurde, ob die rechtlich abgesicherte Einführung des Religionsunterrichtes betrieben werden sollte oder nicht.

Den evangelischen Kirchen des Ostens lag zunächst an einer Entideologisierung, an einer Demokratisierung, an einer grundsätzlichen Erneuerung der Schule. Darauf hatten sie sich schon seit längerem konzeptionell vorbereitet. Sie konzentrierten ihren Blick nicht auf das Fach Religion und wollten auch nicht die Gunst der Stunde nutzen, einen Zugang zu der ihnen durch Jahrzehnte verschlossenen Schule zu gewinnen.

Sie wollten sich an dem umfassenden Transformationsprozess der Schule beteiligen. Mit dieser Absicht wurden sie auch zu vielen Arbeitsgängen hinzugezogen, deren Thema die Entwicklung einer „neuen“ Schule war. In diesem Zusammenhang ordneten sie das Fach evangelische Religion als einen wichtigen Bestandteil schulischer Erziehung und Bildung ein und sorgten dafür, dass es mit Bezugnahme auf das Grundgesetz in den jeweiligen Landesverfassungen und Schulgesetzen entsprechend fixiert wurde.

In der öffentlichen Diskussion wurde den Kirchen entgegengehalten, dass angesichts der hohen Säkularisation – etwa 65% der Bevölkerung gehörten am Ende des DDR-Staates nicht mehr einer Kirche an – ein Fach Religion nicht gerechtfertigt sei. Die durch die DDR-Politik erzeugte Situation sah man damit als gegeben an und zog nicht in Erwägung, ob und in welcher Weise sie zu verändern sei. Die Kirchen erinnerten demgegenüber daran, dass – aller Entkirchlichung zum Trotz – die Geschichte und Kultur Deutschlands und Europas bis in die Gegenwart hinein durch das Christentum geprägt seien. Daher komme es darauf an, christliche Traditionen bewusst zu machen und zu revitalisieren – im Interesse der Orientierung in der Gegenwart und auf die Zukunft hin.

Bundestagspräsident Thierse hob unlängst in einem Vortrag über die Ursachen des Rechtsextremismus und der erschreckenden Gewaltbereitschaft hervor, dass beides – was Ostdeutschland betreffe – im Zusammenhang mit der zu DDR-Zeiten produzierten Geschichtslosigkeit stehe.

Damit Geschichtslosigkeit nicht Gesichtslosigkeit nach sich zieht, bedarf der Status quo einer grundlegenden Veränderung. Zu verhindern ist, dass er normative Kraft gewinnt. In diesem Zusammenhang hat Religionsunterricht die Aufgabe, die „religiösen Fragen" der Schülerinnen und Schüler, also die Grundfragen des Lebens und der Welt, vor dem verloren gegangenen Hintergrund der Wirkungsgeschichte des Evangeliums zu thematisieren und zu reflektieren. Er hat Erfahrungen und Einsichten zu vermitteln und spürbar zu machen, dass der christliche Glaube, die Kirche und die Geschichte des Christentums eine lebensgestaltende Kraft sind, ein Orientierungsangebot für alle Menschen.

Die Wirklichkeit des Religionsunterrichtes, seine Akzeptanz in den Landesparlamenten, bei Lehrer*innen* und besonders auch bei Schüler*innen* kann beinahe seismografisch abgelesen werden daran, welche Schwierigkeiten die ihn erteilenden, dafür qualifizierten Lehrkräfte zu schultern haben. Oft sind es subtile „Machenschaften", denen sie ausgesetzt sind und die sie deutlich an vergangen gehoffte Zeiten erinnern. Sie verdeutlichen auch, in wie starkem Maße die religionsfeindliche DDR in Personen nachwirkt. Der Religionsunterricht steht auch einer jegliche Religion scheinbar erübrigenden positivistischen Grundhaltung und Grundüberzeugung gegenüber, die ebenfalls in der DDR-Ideologie wurzelt. In der Regel sind aber die Schüler*innen* wenig voreingenommen und vorurteilsbesetzt und am Religionsunterricht und seinen Themen überraschend interessiert. Letztlich akzeptieren etwa 50–60% der Schüler den Religionsunterricht, wo er angeboten wird – auch beispielsweise im Bereich Mecklenburg-Vorpommern, wo von 100 Schülerinnen und Schülern etwa 95 nicht getauft sind und keinen Kontakt zur Kirche haben.

Mit den angedeuteten vergangenheitsverhafteten Hintergründen sind „handfeste" anthropologische und pädagogische Implikationen verbunden. Sie verweisen auf einen dringend erforderlichen Perspektivenwechsel:

Gesellschaftliche Erziehung und Bildung, damit auch vor allem die Schule, sind in der Blickrichtung der Heranwachsenden zu denken, zu konzipieren und zu gestalten. Die Schüler*innen* haben einen Anspruch auf Schule als Lebens- und Lernraum mit dialogischer Grundstruktur. Die Erwachsenen sind ihnen Partner auf ihrem Weg in die Zukunft, für die sie zu befähigen sind.

Pädagogische Visionäre wie die klassischen Reformpädagogen und Hartmut von Hentig dürfen nicht bevorzugte Patrone in pädagogischen

Sonderprovinzen sein, sondern ihr Denken in der Perspektive der Heranwachsenden, mit ihnen und damit auch für sie sollte und müsste zum schulischen Grundparadigma werden.

In diesem Zusammenhang ist gerade die Kirche in Ostdeutschland ein wichtiger Partner mit einer von ihr bewusst wahrzunehmenden Aufgabe. Sie selber verfügt über eine reiche pädagogische Tradition und wird durch das Evangelium gedrängt, zu fordern und dafür einzustehen, dass den Kindern und Jugendlichen besonders in Ostdeutschland der ihnen zustehende Lebens- und Lernraum eingeräumt, gestaltet und gesichert wird.

Der Religionsunterricht als ordentliches „Lehrfach" und nicht als ein fakultatives Zusatzprogramm im Gesamtzusammenhang von Schule bietet die Möglichkeit, dieser originären Aufgabe einen überzeugenden konkreten Ausdruck zu geben. Er kann eine dynamische und explosive innovative Kraft gewinnen, wenn er so gesehen wird und in dieser Richtung Gestalt gewinnt. Dazu bedarf es jedoch bestimmte begleitende Voraussetzungen:

- Die Kirche muss als die größte gesellschaftliche Gruppe und als eine wesentliche gesellschaftstragende Kraft Anwalt der Heranwachsenden und einer ihnen und ihrer Zukunft gerecht werdenden Erziehung und Bildung sein.
- Die Kirche muss für eine am Bedarf der Heranwachsenden orientierte Ausbildung der Religionslehrerinnen und -lehrer eintreten und ihrerseits die Religionsunterricht Erteilenden für ihre wichtige Aufgabe unterstützen und selbstverständlich kontinuierlich in ihrer Praxis begleiten. Neben einer differenzieren fachlichen Kompetenz bedürfen die Lehrerinnen und Lehrer einer erfahrbaren inneren Übereinstimmung mit den Aufgaben und Zielen des Religionsunterrichtes.
- Die Kirche sollte den Religionslehrerinnen und -lehrern Heimat sein, die sie aufnimmt, birgt und ermutigt, an deren Leben sie sich auch gerne aktiv beteiligen.
- Die Kirche sollte Vertrauen und Hoffnung in die bildende Kraft des Religionsunterrichts setzen und ihre gemeindepädagogische Verantwortung gegenüber den getauften und nichtgetauften Kindern und Jugendlichen als weiterführende Ergänzung attraktiv einladend weiterentwickeln.

Eckart Schwerin

B Was passiert im Religionsunterricht?

Gott ist eine Tür

Hans Freudenberg

„Reli" in einem 3. Schuljahr: In der Mitte eines Stuhlkreises liegen Postkarten mit unterschiedlichen (offenen und geschlossenen) Türen und Toren (Bauernhaus, Schule, Schloss, Garten, Kirche...). – Die Kinder wählen einzelne Motive aus, sprechen dazu, sehen sich selbst als Tür, berichten von eigenen ambivalenten Erlebnissen mit einladenden und abweisenden Türen, schreiben kleine Beiträge zu einem „Tür-Buch".

Die Lehrerin führt das Lied ein „Sein Haus hat offne Türen, er ruft uns in Geduld, will alle zu sich führen, auch die mit Not und Schuld" (EG 225). – Im Gespräch versuchen die Kinder zu klären: Wem könnte so ein Haus gehören? Wie fühlt es sich an, vor so einer Tür zu stehen? Was erwartet mich...?

Am Beispiel der Zachäusgeschichte erfahren die Kinder, wie Gott durch Jesus Türen öffnet (die Tür zum Haus und zum Herzen des Zöllners), aber auch Türen zu Kranken und Kindern. Unter Bezug auf ihre eigenen Lebenssituationen lernen sie: Gott ist wie so eine Tür, die immer und für alle offen steht.

Die Mädchen und Jungen dieser Lerngruppe erfahren in der religiösen Metaphorik der geöffneten Tür: Eine offene Tür ist wie eine Einladung, wie Arme, die sich mir entgegenstrecken, wie ein aufmunternder Blick, wie ein tröstendes Wort, wie der Anfang einer Freundschaft. Eine offene Tür verbindet Menschen und Räume, bietet Zuflucht und Schutz. Türen öffnen Mauern, auch solche der Vorurteile und der Angst, Türen ermöglichen Begegnungen. *Jesus ist die Tür zu Gott, in ihm wird Gott selbst zur Tür!*

Sodann überlegen die Mädchen und Jungen in Anlehnung an das o.a. Lied: Wer kann durch diese Tür gehen? Sie malen Bilder dieser Menschen (z.B. Kranke, Einsame, Alte), Tiere, sich selbst, schneiden diese Bilder aus und kleben sie auf die Tür-Innenflügel eines vorbereiteten Kartons. – Die Kinder überlegen auch, welche Erfahrungen, Gefühle, Ängste und Hoffnungen sie persönlich durch die offene Tür Gottes in dessen „Haus" tragen möchten. Beispiele auf Wortkärtchen werden auf das Innere der Tür geklebt. Im Halbkreis vor der Tür erzählen die Kinder (freiwillig): Wann habe ich diese Gefühle, Ängste ... erlebt? Wie fühlt es sich an, damit zu Gott kommen zu dürfen?

Noch für längere Zeit wird die „Tür“ die Klassenwand schmücken und für ganz individuelle und persönliche Anliegen wie eine Gebetswand aufnahmebereit sein.

Von außen nach innen die Dinge betrachten

Biblische Sprache ist im wesentlichen bildhaft-symbolische Sprache. Sie weist über sich hinaus auf eine tiefere, hintergründige Wirklichkeit, die die Welt des Faktisch-Konkreten und Zweckrationalen transzendiert. Im Beispiel: Vordergründig gesehen ist ein Haus die Summe architektonischer und baumeisterlicher Aktivitäten. Im bildhaft-hintergründigen Sinn steht es für Geborgenheit und Heimat. Als Symbol ist „Haus“ mehrdeutig: Es verweist auf Bedürfnisse und Lebensgründe, die wir nicht gelegt haben, die unverfügbar sind. – In gleicher Weise steht „Weg“ für Aufbruch und Wagnis, für Sich-Bewegen und Sehnsucht, ist „Brunnen“ Chiffre für (Lebens-)Durst, Reinigung, Quelle, Tiefe, Verwandlung, spiegelt sich im Sternenhimmel von 1. Mose 15 nicht nur das Bild kommender Generationen aus Abrahams Samen, sondern auch die Weite und Unend-lichkeit Gottes.

Symbole gleichen Schlüsseln zu den Tiefenschichten, zu den Gründen des Lebens und des Glaubens. Sie speichern und vermitteln Jahrtausende alte Erfahrungen und wollen wieder in aktuellen Erfahrungen wirksam und (mit-)teilbar werden. Beispiel: Das „lebendige Wasser“ aus Joh 4 trägt in sich die Frage, aus welchen Quellen sich unser Lebensdurst speist, was für uns sinnhaftes Leben, Erfüllung und Lebensglück ist, welche (vielleicht verschütteten) Ressourcen vielleicht in uns aufgedeckt werden wollen.

Symbole kann man nicht erfinden und nicht erklären; sie müssen sich einem über eigenes Erleben und Erfahren, über Gefühle erschließen. Sie wirken, indem man sich auf sie und die in ihnen eingelagerten Erfahrungen und Sichtweisen einlässt, so wie sich im Eingangsbeispiel die Schülerinnen und Schüler auf die „Tür“ als Symbol eingelassen und mit diesem Symbol kommuniziert haben.

In Aufnahme von Gedanken Fulbert Steffenskys lässt sich Religionsunterricht in einer Zeit vergehender Träume als Erinnerungs- und Zukunftswerkstatt begreifen. RU ist Mittler von verlässlichen „Bildern der Lebensrettung“: „Dass das Leben kostbar ist; dass Gott es liebt; dass einmal alle Tränen abgewischt werden sollen; dass wir zur Freiheit berufen sind und dass die Armen die ersten Adressaten des Evangeliums sind ... Dass das Recht siegen kann und dass man hoffen kann ...“

Die Bilder und Symbole des Glaubens halten die Zusage wach, dass Menschen ihren Wert weder durch Leistung gewinnen noch durch Versagen oder vermeintliche gesellschaftliche „Nutzlosig-keit“ verlieren.

Wenn Symbole unverzichtbare Wegbegleiter der Reise von außen nach innen sind, ist es verständlich, wenn z.B. die Grundschulrichtlinien NRW (Ev. Religionslehre) die Einführung in die Bild- und Symbolsprache der Bibel als grundlegende Aufgabe religiöser Bildung sehen. Der Anbahnung eines sachgerechten Symbolverständnisses widmen sie einen eigenen Lernbereich „Bildrede“ durch alle vier Schuljahre hindurch, in der grundlegende Lebenssituationen und biblische Traditionen aufbauend aufeinander bezogen sind (1. Schuljahr: Auge – 2. Schuljahr: Wege – 3. Schuljahr: Haus/Türe... – 4. Schuljahr: Leben. Auch fast alle neueren Religionsbücher für die Grundschule nehmen diesen Ansatz auf.

Religionsunterricht im „Haus des Lernens“ – Symboldidaktik als ganzheitlicher Prozess

Symbolerziehung in der Grundschule setzt sich als ganzheitlicher Prozess aus vielen „Bausteinen“ zusammen, die in unterschiedlicher Intensität und situationsbezogen zum Tragen kommen: Alles, was geeignet ist, Türen und „Fenster zum Geheimnis der Welt“, wie der katholische Symboldidaktiker Hubertus Halbfas formuliert, zu öffnen und den Symbolsinn zu alphabetisieren, hat hier Raum:

Handelnder Umgang mit symbolhaltigen Dingen. Viele Dinge des Alltags, nicht nur Türen, sind symbolträchtig und können Verborgenes offenbar machen: Steine und Blüten, Federn und Muscheln, Baumscheiben und Baumrinde, Holzreste und Samenkörner, Tonscherben und Salz, Sand und Blätter, Brot und Erde...

> Nehmen wir als Beispiel die *Steine*: Steine eignen sich besonders gut, um von der ambivalenten Wirklichkeits- zur Symbolebene durchzudringen. Auf der *Wirklichkeitsebene* sind Steine sind hart und kalt, kommen aus der Tiefe der Zeit, drücken Dauerhaftigkeit, Unendlichkeit und Festigkeit aus; auf der *Symbolebene* bergen Steine vielleicht Urlaubserinnerungen und Geheimnisse, haben eine Geschichte, regen die Fantasie an („Welcher Stein möchte ich sein?" – „Wo/Wann bin ich manchmal selbst wie (ein) Stein?" – Steine in Sprichwörtern und Redensarten, z.B. „Mir fällt ein Stein vom Herzen"), in biblischen Geschichten (z.B. Wasser aus dem Felsen, Ex 17), in Liedern (z.B. „Ins Wasser fällt ein Stein ...") – Steine nützen und schützen: Aus Steinen kann man Brücken und Häuser bauen. – Taufsteine und Grabsteine erzählen Lebensgeschichten.

Zur Stille finden – Aus der Stille leben. Der Weg von außen nach innen wird erschwert durch Stress und Hektik, Lärm und Gefühlsarmut, durch Erleben der Wirklichkeit aus „zweiter Hand“. Er wird begünstigt durch

Zur-Ruhe-Kommen und Sensibilität, durch Schweigen-Können und Sich-Öffnen für das Leise, durch Entdecken der Langsamkeit, und eine Kultur der Wertschätzung. Gute Erfahrungen machen Lehrerinnen und Lehrer mit *Phantasiereisen und Stilleübungen, meditativem Tanz und Arbeit mit Mandalas* („Zur Mitte finden" – „Meine Mitte finden").

Für H.Halbfas stehen Übungen der Stille am Anfang des Weges zur „heilsamen Mitte", zum Ursprung, d.h. zu Gott; in der „Mitte" verschränken sich Selbsterfahrung und Gotteserfahrung: Nicht im (Sturm-) Wind begegnet Elia Gott (1. Könige 19), auch nicht im Erdbeben oder im Feuer, sondern im stillen, sanften Sausen. „Nur im Schweigen gelangt der Mensch vor Gott" (Romano Guardini).

> Als Beispiel kann eine *Imaginationsübung* in Verbindung mit dem Wort aus Johannes 10 „Ich bin die Tür" dienen; nach entsprechenden Vorbereitungen im Blick auf Sitz und Atmung werde folgende Impulse gegeben:
> „Stell dir eine Tür vor ... Sie führt zu einem (paradiesischen) Garten ... Die Tür öffnet sich ... Schau den Garten ... Schau, was wächst und gedeiht ... Schau auch, was vergeht ... – Weiterführender Impuls: Eine Stimme spricht zu dir: „Ich bin die Tür zum Leben ..." (vgl. G. und R. Maschwitz, Stille-Übungen mit Kindern).

Feste und Feiern. Im RU eines 2. Schuljahres ist die Josefs-Geschichte erarbeitet worden. Gestalterisch und mit Rollenspielen, erzählend und musizierend haben die Kinder Josefs Weg begleitet. Die abschließende Feier-(Doppel-)Stunde lässt noch einmal Rückschau halten. Der Raum ist festlich geschmückt, Sets mit Motiven aus Gen 37ff liegen aus, kleine Köstlichkeiten für das Wiedersehens- und Versöhnungsfest (Fladenbrot – altägyptischer Salat – Pfefferminztee) sind vorbereitet. Ein Spiellied vergegenwärtigt noch einmal Höhe- und Tiefpunkte der Erzählung. In einer Symbolhandlung teilt Josef sein buntes Kleid in viele Streifen und macht so die Versöhnung und Geschwisterlichkeit erlebbar und auf eigene Erfahrungen und Träume hin transparent.

Feste sind nicht nur „Höhepunkte gemeinsamen Lebens und Lernens" (aus dem Lehrplan des Landes Nordrhein-Westfalen), sondern sie stiften ihrerseits Gemeinschaft und machen Religion „sinnlich erfahrbar". Handelnd werden so im gemeinsamen Feiern zentrale Inhalte christlichen Glaubens anschaulich und leibhaftig. Wenn ein Fest gelingt, verhilft es zu einer vertieften und erweiterten Sicht der Dinge. Vieles kann unter Bezug auf Feste des Kirchenjahres, auf Gegenstände des Lehrplans oder in Verbindung mit dem Schuljahr ein kleines oder aufwändigeres Fest begründen: Die Heimkehr des verlorenen Sohnes (Lukas 15) ebenso wie ein „Bibel-Fest" nach einer Unterrichtseinheit „Bibel: Die gute Nachricht weitersagen" oder ein Fest, das die Wunder der Schöpfung bestaunt oder die Kinder Gäste „bei den Völkern der Erde" sein lässt.

Feste vergegenwärtigen in Symbolen und Symbolhandlungen den Festanlass und bringen in spezifischen Symbolen und Ritualen das Geheimnis des zu Feiernden zum Leuchten, unterbrechen produktiv den (Schul-)Alltag.

Erlaubnisraum Kirche (Kirchenraumerkundung). Der Anspruch, gelebte Religion außerhalb der Schule zu entdecken, lässt sich – je nach örtlichen Gegebenheiten – besonders gut im Rahmen von Kirchgängen einlösen. Steine sollen zum Reden gebracht, eine eigene Beziehung bei den Schülern zu einem Ort aufgebaut werden, der vielen fremd ist.

> Beispiel: Kinder eines 4. Schuljahres erkunden zunächst die Außenfassade einer Kirche, danach den Innenraum: Jede(r) sucht einen Platz, der ihr/ihm besonders gut gefällt – Ich schließe die Augen. Ich lasse den Raum auf mich wirken ... Was empfinde ich? Welches Gefühl vermitteln mir die dicken Mauern? – Was interessiert mich besonders? Ich trete näher heran, untersuche es, versuche, nähere Informationen darüber zu erhalten.

Kirchen sind nicht nur Raum, Stein, Holz, Bronze gewordene Religion, sondern symbolische Verdichtungen, die es zu entschlüsseln und zu erschließen gilt: Das Gebäude als Arche und bergender Ort, die Kerzen auf dem Altar, das Taufbecken, die Glocken, die Bilder, der Altar, die Turmuhr. Die Auseinandersetzung mit diesen symbolhaltigen Ausstattungsgegenständen kann viel zur religiösen Bewusstseinserweiterung durch sinnliche Wahrnehmung beitragen.

Räumliche und sächliche Ausstattung. Eigentlich jeder Unterricht, insbesondere aber ein einem ganzheitlich-symbolischen Ansatz verpflichteter Religionsunterricht verlangt nach einer anregungsreichen, einladenden Lernumgebung. Dies bedeutet etwa die Einrichtung einer kleinen „Oase“, also einer *Stilleecke*. Hierhin können sich einzelne Kinder auf Zeit zurückziehen und sich individuell und in eigenem Tempo beschäftigen.

Beispiel eines Arbeitsateliers

Ein solcher Raum kann enthalten: Tücher – Kissen/Decken – Kerze – Krug/Schale mit Wasser – Symbolbilder – frische Blumen – ausgewählte Bilderbücher.

Es bedeutet auch die Einrichtung eines *Arbeitsateliers*, z.B. mit Regalen – Arbeitsflächen – Materialecke (Schreibmaterialien – (Bild-) Karteien – ausgewählte Psalmworte und Bibelverse – Knete – Bethelpuppen – Korken – Steine – Kassetten mit meditativer Musik/Erzählkassetten – Klangschalen – Düfte (sparsam) – Mandalas – Gegenstände aus der Natur – Holzreste etc.).

Religionsunterricht in einer sich verändernden (Grund-) Schul- und Lernlandschaft

Die Vielfalt der Lernwege in der Primarstufe nimmt z.T. reformpädagogische Ansätze aus der ersten Hälfte des 20. Jahrhunderts auf (Maria Montessori, Peter Petersen, Célestin Freinet). Die Grundschule hat in diesen Veränderungsprozessen ein Innovationspotenzial entwickelt, das für das gesamte Bildungswesen beispielhaft ist. Nie zuvor war Religionsunterricht – besonders in der Primarstufe – so farbig, so methodenreich, so handlungs- und schülerorientiert wie heute. Selten zuvor war seine Akzeptanz so hoch.

Der Religionsunterricht versteht seinen Beitrag zum „Haus des Lebens und Lernens" so, dass er alle Ansätze unterstützt, die Leben und Lernen vielfältiger, hoffnungsvoller, tiefer, reicher, widerstandsfähiger machen.

Tendenzen zur Vereinseitigung und Instrumentalisierung des Lernens (Effizienz und Nützlichkeit als Leitwährungen) wird er ein ganzheitliches, mehrdimensionales Konzept entgegenstellen, das in Bildern und Symbolen wichtige Sinnzeichen des Glaubens und in biblischen Geschichten Angebote hoffnungsvoller Lebensdeutung sieht.

Auch religiöses Lernen muss „Sachen klären" (H. von Hentig), muss dialog- und auskunftsfähig machen, muss Lernfortschritte belegen können. Jedoch stiftet allein die Belehrung z.B. über Hoffnungen der Religion noch keine existenziellen Hoffnungsperspektiven zur Gestaltung des eigenen Lebenshauses. Darum stellt von Hentig der Zielperspektive „Sachen klären" die andere zur Seite: „Personen stärken!" Der Erschließung von biblischen Symbolen und Bildern, der Beheimatung in wohl-tuenden Erfahrungen der Menschen kommt dabei eine wichtige Rolle zu.

Noch einmal im Bild der Tür: Religionsunterricht, der in der beschriebenen Weise begabt, öffnet Türen (zu Geheimnissen und Hoffnungen, zum Nächsten, zu Träumen, die nicht zerplatzen dürfen, – zu

Gott). Er bahnt Grenzüberschreitung an, nimmt den aufmerksamen Gastgeber in den Blick, der selbst zur Tür wird und freundlich einlädt: „Kommt her zu mir alle, die ihr mühselig und beladen seid; ich will euch erquicken!"

Literatur

H. Freudenberg: Feste feiern mit RU praktisch (Kl. 1–4), Göttingen 1996

H. Freudenberg/A.Pfeifer: Biblische Symbole erschließen mit RU praktisch (Kl. 1–4), Göttingen 2000

H.Halbfas: Das dritte Auge. Religionspädagogische Anstöße, Düsseldorf 1982

G. u. R. Maschwitz: Stille-Übungen mit Kindern. Ein Praxisbuch, München 1993

Mit Kopf, Herz, Hand und Fuß

Elisabeth Buck

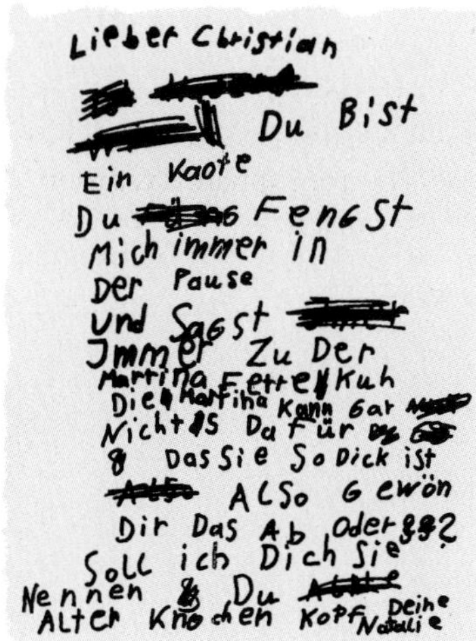
Lieber Christian
Du Bist
Ein Kaote
Du Fengst
Mich immer in
Der Pause
und Sagst
Immer Zu Der
Martina Fette Kuh
Die Martina Kann Gar
Nichts Da Für
Das Sie So Dick ist
ALSo Gewön
Dir Das Ab oder
Soll ich Dich Sie
Nennen Du
Alter Knochen Kopf
Deine Natalie

Von Zeit zu Zeit durchstöbere ich eine Schublade, in der ich besondere Schätze aufbewahre: Briefe und Gemälde meiner Schülerinnen und Schüler aus dem Religionsunterricht. Da fällt mir dann immer dieser Zettel in die Hand, geschrieben von der sechsjährigen Natalie an ihren Klassenkameraden: Ich erinnere mich noch gut daran, wie sehr sich dieses Mädchen empört hat, wenn man seine übergewichtige Banknachbarin beleidigt hat. Inzwischen ist Natalie fünfzehn. Die alten Erzählungen aus dem Religionsunterricht über diesen Jesus von Nazareth, wie er sich vor etwa 2000 Jahren auf die Seite der Außenseiter und Schwachen gestellt hat, diese Erzählungen sind für Natalie in ihrem Umgang mit anderen noch immer relevant. Da lässt sie sich von keiner Respektsperson etwas anderes vormachen.

Ebenfalls in dieser Schublade liegt ein Gemälde, das mir die achtjährige Nadja geschenkt hat. Sie malte die hebräischen Sklaven, wie sie aus Ägypten fliehen und einen Ausweg durch das Schilfmeer geöffnet bekommen. „Cool", sagen alle in ihren Sprechblasen auf Nadjas Bild. *Cool*, so fand Nadja diese ganze wundersame Mose-Erzählung aus dem Alten Testament der Bibel, *cool* die Menschen, die aus der Unterdrückung aufbrechen trotz der ungewissen Zukunft. Und *cool*, wie in dieser alten Geschichte davon erzählt wird, dass da ein mächtiges, höheres Wesen mitwandert – diese mächtigste Person, die man Gott nennt. Erstaunlich – ein Gott, der die Welt und das Universum geschaffen hat und sich auf die Seite der armseligen Flüchtlinge stellt, statt auf die Seite der glänzenden, erfolgreichen ägyptischen Weltmacht. Nadja macht das deutlich in ihrem Bild, indem sie den vordersten Sklaven mit geflickter Kleidung zeichnet.

Und Nadja fand es sehr aufregend, sich vorzustellen: Wenn es denn einen Gott gibt, der das Leben erfunden hat, „kümmert der sich auch um mich?“ Wo es doch so viele, viele Menschen gibt auf der Welt!

Und dann liegen da auch in einer Ecke meiner Schublade zwei kleine Steine. Die hat mir Florian geschenkt, als er acht Jahre alt war. Ich erinnere mich, dass ich für jedes Kind seiner Klasse einmal kleine Strandkiesel mitgebracht hatte. Jedes Kind untersuchte und erforschte seinen Kiesel nach allen besonderen Merkmalen: Wie ist seine Farbe? Sind Linien, Punkte, Flecken zu sehen? Welche Form hat er, und gibt es da Schrammen, Ecken und Kanten? Später wurden die Steine alle wieder zusammengeworfen und gemischt. Und dann hat jedes Kind seinen Stein wieder herausgesucht. Das war uns Anlass zum Gespräch: Jeder Stein ist einmalig. Jeder Stein hat viel erlebt auf seiner Reise vom Gebirge ins Meer bis an das Ufer, wo er gefunden wurde. Da fiel der Vergleich mit uns selbst nicht schwer: Jeder von uns ist einmalig. Jeder von uns hat viel erlebt, jeder von uns hat Ecken und Kanten, jeder hat auch Schrammen und Narben durch das Leben mitbekommen.

Anschließend haben wir uns ein altes Lied aus der Bibel angesehen:

„HERR, du erforschst mich und kennst mich. Ich sitze oder stehe auf, so weißt du es, du verstehst meine Gedanken von ferne. ... Von allen Seiten umgibst du mich und hältst deine Hand über mir. ... Nähme ich Flügel der Morgenröte und bliebe am äußersten Meer, so würde auch dort deine Hand mich führen und deine Rechte mich halten... Du hast mich gebildet im Mutterleib. Ich danke dir dafür, dass ich wunderbar gemacht bin..."

(Aus Psalm 139)

Florian hat das sehr gefallen. Er ist ein lebhaftes, fantasievolles Kind. Oft geben ihm seine Eltern und Lehrer zu verstehen, dass seine „Ecken und Kanten“ stören. Ich konnte ihm ansehen, wie ihn das angesprochen hat: Da wird von einem Gott in der Bibel erzählt, der darauf Wert legt, dass seine verschiedenen Geschöpfe einzigartig sind. Und so hat Florian eine Woche später zwei Steine mitgebracht, die er in seinem Garten aufgelesen hatte: „Da, Frau Buck, die sin’ für dich, weil, die sin’ ganz verschieden, die zwei Steine.“

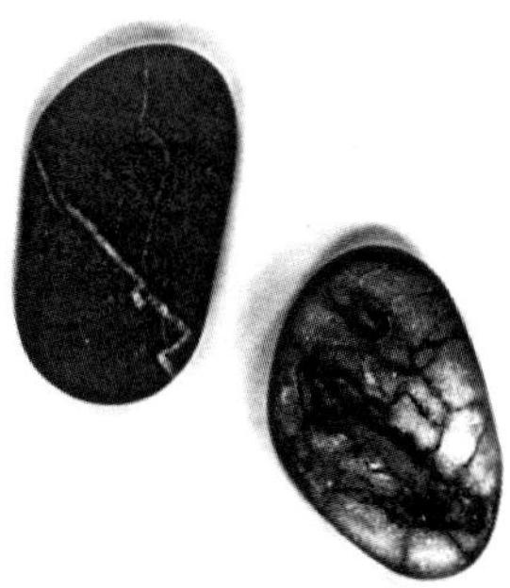

Religionsunterricht lebt von der Kompetenz der Kinder, sich mit Fragen über Gott und die Welt aktiv auseinandersetzen zu können. Diese Auseinandersetzung betreiben Kinder von sich aus, außerhalb der Schule, mit Haut und Haar, mit Kopf, Herz, Hand und Fuß.

Sie spielen „tot sein", sie beerdigen tote Mäuse und Kohlmeisen im Garten, sie beschriften Tonscherben als Grabstein und legen Blumen dazu. Sie spielen „Himmel und Hölle", sie spielen „Wer hat Angst vorm schwarzen Mann?"…

Kinder kennen keine Gedankentabus. Wenn sie erleben: „Meine Eltern wollen nichts mit Kirche, mit Gebet, mit einem Glauben an Gott zu tun haben, die Erwachsenen lenken ab oder wischen das Thema vom Tisch", – wenn Kinder das erleben, geben sie sich nicht damit zufrieden. Sie wollen mehr wissen, sie fragen nach, sie spielen nach, was sie beobachten. Sie fragen: „Wer ist das, der da an einem Kreuz hängt? Warum hat man ihn getötet?" Und: „Was ist das für ein Jägerhochsitz in der Kirche, auf den der Mann im schwarzen Mantel steigt?" Oft erlebe ich auch, dass sich Kinder gegen den Willen ihrer Eltern eine Kinderbibel wünschen.

Und gerade von grundsätzlichen Themen fühlen sich Kinder herausgefordert. Nämlich von Themen, die ihr Selbstverständnis betreffen: „Wo komme ich her?, „Wohin gehen wir, wenn wir sterben?" Ältere Kinder fangen an zu fragen: „Wozu lebe ich?"

Wenn Kinder spielen, wechseln sie ständig die Perspektive. Sie schlüpfen in die Rollen von Indianerhäuptlingen und Prinzessinnen. Sie schlüpfen aber auch in die Rollen von Dienern und Sklaven. Sie spielen Polizisten und sie spielen Räuber. Sie klettern auf Bäume und betrachten die Welt von oben. Sie kriechen auf dem Bauch durchs Gebüsch und sehen sich die Dinge von unten an. Sie wechseln sowohl räumlich leiblich als auch mental immer wieder Standort und damit den Blickwinkel. Und so sind sie neugierig und daran interessiert, auch existentielle Fragen von verschiedenen Standpunkten aus – und damit eben in unterschiedlicher Perspektive –, zu untersuchen.

Im *Bewegten Religionsunterricht*, wie er in den Neunziger Jahren entstanden ist, wird dieser Kompetenz der Kinder auch innerhalb der Schule Raum gegeben, nämlich der Kompetenz, von Kopf bis Fuß danach zu forschen, wie man das Leben verstehen könnte. Wenn man Kinder ernst nehmen möchte, muss man auch ihre Zugangsweisen ernst nehmen.

Kinder lernen in allen Bereichen über das Wechselspiel von Wahrnehmung und Bewegung. Und so darf diese Zugangsweise auch im Religionsunterricht nicht außen vor bleiben. *Der Bewegte Religionsunterricht* lebt dadurch, dass Kinder Meister sind im Rennen, Kriechen, sich Verstecken, Klettern, Tasten, Schnuppern, Springen, Schleichen... und dass auf diese Weise die Gedanken der Kinder in Bewegung geraten.

Mit den Kindern zusammen geht es in diesem Unterricht auf Entdeckungsreise: Und zwar wird mit den alten, archetypischen Erzählungen aus der Bibel gespielt. Diese Erzählungen über Erfahrungen mit einem liebenden Gott fordern die Kinder heraus, sich in wechselnden Perspektiven auf deren Spurensuche zu begeben. Mit Kopf, Herz, Hand und Fuß geschieht sie, diese Spurensuche, in Rollenspielen, Symbolspielen, Pantomime oder in Tanzspielen, im Singen und Musizieren, im Spiel mit Sprache.

Diese Perspektivenwechsel erlauben es den Kindern und Jugendlichen, sich lebenswichtigen Grundfragen von verschiedenen Blickwinkeln und unterschiedlichen Standpunkten aus anzunähern:

- Hat das Universum, hat das Leben, habe *ich* einen Ursprung in einem Urheber?
- Von welchen ungewöhnlichen Erfahrungen mit einem solchen Urheber erzählen über Jahrtausende hinweg die verschiedensten Menschen?
- Ist es ein liebendes Wesen?
- Wenn es einen solchen liebenden Urheber gibt – nennen wir ihn *Gott* –, wie verändert das meinen Umgang mit den Menschen neben mir?
- Welchen Wert hat „Leben“?
- Wie gehen wir mit „Schuld“ um, mit eigenem Versagen, mit Kränkungen durch andere?
- Ist mit dem Tod alles aus?
- Ist ein „Zuhause“ vorstellbar, wohin ich gehe, wenn ich gestorben bin?

Man kann es nicht oft genug betonen: Kinder kennen keine Gedankentabus und sie sind nicht zufrieden, wenn diese Fragen von vielen Erwachsenen in ihrer Umgebung einfach beiseite geschoben werden. Im *Bewegten Religionsunterricht* werden diese Fragen *mit* den Kindern bewegt, nicht über sie hinweg.

Es gibt da auch keine fertigen Antworten oder Lehrsätze, wie in manchen anderen Schulfächern. Oftmals lassen sich überhaupt keine Antworten finden oder nur sehr widersprüchliche. Aber die Spuren religiöser Lebensdeutungen, die sich finden lassen, fordern Kinder wie Lehrerinnen und Lehrer heraus.

Da wird im Alten Testament der Bibel von Erfahrungen berichtet, die umherziehende Nomaden mit einem Gott gemacht haben. Diesen Gott haben sie als den „Einzigen“ anerkannt. Und dieser Einzige zeigt Emotionen, die bei Menschen Widerhall finden: Liebe, Sorge, Mitleid. Die Geschichte dieses Gottes mit Menschen, die sich ansprechen lassen, wird als Liebesgeschichte erzählt. Diese Liebesgeschichte verändert das Zusammenleben der Menschen. Denn aus der Liebesgeschichte zwischen diesem Gott und den Menschen entstehen Regeln, die das Leben schützen und Freiheit ermöglichen:

- Du musst niemand Höheren anerkennen über dir als allein Gott.
- Du sollst dir regelmäßig Ruhe gönnen und der Liebe zwischen dir und Gott Zeit geben.
- Die Würde des Alters ist unantastbar.
- Das Leben ist unantastbar.
- Die liebende Verbindung zweier Menschen ist unantastbar.
- Arme müssen vor der Habgier reicher Menschen geschützt werden.
- Der gute Ruf eines jeden ist unantastbar.

(Nach 2. Buch des Mose, Kapitel 20: Die Zehn Gebote)

Und dann kommt im Neuen Testament der Bibel diese provokante Lebensgeschichte des Jesus von Nazareth zur Sprache, an dem sich heute noch die Geister scheiden. Die Spurensuche nach den Überzeugungen und der Lebensart dieses Jesus finden Kinder höchst aufregend. Denn es zeigt sich dabei auch an vielen Stellen ein großer Widerspruch zu heutigen Trends und gesellschaftlichen Mechanismen: Statt in einem Königspalast wird Jesus in einer Viehbaracke geboren, statt mit Bodyguards umgibt er sich mit Versagern und Außenseitern, statt Ellbogen zeigt Jesus seine helfende Hand.

Wie mit einem Brennglas wird hier die Liebesgeschichte Gottes mit den Menschen herausgehoben: Es finden sich in den frühen Schriften der ersten Christen erstaunliche Interpretationen. So soll sich hier in der Person des Jesus von Nazareth Gott selbst in die Hände der Menschen gegeben haben und sich ausgeliefert haben bis in die eigene Vernichtung hinein, bis in den Foltertod. Dieser Machtverzicht Gottes, der keine Unterwerfung fordert sondern seine Freundschaft anbietet, bestimmt die Perspektive christlicher Lebenseinstellung.

Dann ist da auch noch der Skandal, mit seinem Sterben sei es mit diesem Jesus nicht aus gewesen. Viele Menschen waren erschreckt von Erlebnissen und Begegnungen, die sie zu der Überzeugung brachten: Jesus ist auferstanden. Gott hat den Tod besiegt. Zahllose Menschen bis heute sind wie elektrisiert von dieser Geschichte, die unerklärbar geblieben ist. Auch wenn es immer wieder Erklärungsversuche gibt, sie werden diesem Ereignis jenseits der Grenze unserer erklärbaren Wirklichkeit nicht gerecht. Gerade Kinder geben sich mit banalen Erklärungsversuchen nicht zufrieden und werden sogar ärgerlich, wenn ihnen eine Interpretation von Ostern als zu billig erscheint.

Mit Kopf, Herz, Hand und Fuß untersuchen Kinder diese Spuren religiöser Lebensdeutungen. Und Kinder zieren sich nicht, dafür im Spiel die unterschiedlichsten Standpunkte auszuprobieren, in verschiedene Rollen zu schlüpfen, sich anzunähern, um verschiedene Blickwinkel kennen zu lernen. Dafür sind sie zu ernsthaft an den relevanten Lebensthemen interessiert, als dass sie sich distanziert und unberührt zurücklehnen wollten. Und dafür stehen sie zu sehr mitten im Leben: Im Pausenhof gibt es ständig Situationen von Mobbing und Hierarchiekämpfen; Kinder erleben, dass ihre Wertschätzung an ihre schulische Leistung gekoppelt wird; auch Kinder werden mit dem Tod junger Freunde oder Verwandter konfrontiert und viele Eltern entziehen sich dem Gespräch; Eltern streiten sich und Väter ziehen aus…

Kinder haben ein Recht darauf, dass ihre Fragen über Gott und die Welt in der Schule respektiert werden. Kinder haben ein Recht darauf, dass sie sich gemeinsam mit respektvollen Lehrerinnen und Lehrern mit diesen Fragen auseinandersetzen können. Und diese Auseinandersetzung, wie gesagt, betreiben Kinder gerne und intensiv mit Haut und Haar, mit Kopf, Herz, Hand und Fuß, um der notwendigen Perspektivenwechsel willen.

Beispiel

Zwölfjährige Schülerinnen und Schüler wünschen sich, Gedanken zum Thema „Tod" zu gestalten. Kurz vorher hatte es einen schrecklichen Unfall in unserer Gegend gegeben. Nach einem Discoausflug waren zwei Autos mit jungen Leuten frontal zusammengestoßen. Sieben Jugendliche sind dabei ums Leben gekommen und sieben Kreuze stehen seither an der Unfallstelle am Rand der B22 bei Bamberg. Geschockt von diesem Ereignis haben die Jungen und Mädchen meiner Unterrichtsgruppe aber auch dies bemerkt und wohl befremdet reagiert: Da stehen einzelne Holzkreuze ganz schlicht, andere Kreuze daneben sind überreich verziert mit geschnitzten Ornamenten und Dächern.

Die Kinder sammeln Ideen, wie man im Spiel darstellen könnte, dass der Tod keine Unterschiede macht; die verschiedensten Menschen sollen in diesem Spiel dem Tod begegnen und ihr übliches Machtgehabe wird sich als sinnlos erweisen. Frank will einen reichen Bankdirektor spielen, er bringt das nächste Mal einen Aktenkoffer mit und Spielgeld. Martin und Christoph wollen Skinheads sein, das martialische Outfit einschließlich eines Messers und zwei leerer Bierflaschen bringen auch sie das nächste Mal mit. Und Liane spielt eine alte Bettlerin mit Stock. Markus möchte den Tod spielen, mit schwarzem Umhang und schwarzer Gesichtsmaske.

Und so entsteht aus der gemeinsamen Planung folgendes Spiel: Alle Schülerinnen und Schüler stehen im Kreis, ein paar Stühle nebeneinander bilden eine Parkbank in der Mitte. Nur „der Tod" steht außerhalb des Kreises. Aus dem Ring aller Kinder löst sich zuerst Liane als alte Bettlerin mit dem Stock, humpelt zur „Parkbank" und setzt sich mühsam. Als Nächstes treten Martin und Christoph als Skinheads aus ihrer Reihe. Sie stürmen zur „Parkbank" und bedrohen die Bettlerin mit dem Messer. Bevor sie ihr etwas antun, kommt würdevoll Frank, der Bankdirektor. Er setzt sich ebenfalls auf die Bank, wenn auch in angemessenem Abstand zur Bettlerin. Die beiden Skinheads bleiben stehen und setzen ihre Bierflaschen an den Mund. Plötzlich bricht Markus als Tod durch den Ring der Kinder. Er schreit die Skinheads an: „Ihr seid jetzt dran. Ihr müsst mit." Die Skinheads wollen sich erst mit dem Messer verteidigen, sie lassen die Bierflaschen auf dem Boden stehen und wollen den Tod abwehren, aber das Messer fällt ihnen aus der Hand und der Tod zieht sie an der Hand aus dem Kreis nach draußen. Das Messer liegt am Boden und bleibt zurück. Und wieder springt der Tod in den Kreis, um den Bankdirektor zu holen. Der will sich erst freikaufen. Er holt Geldscheine aus seinem Koffer, um den Tod zu bestechen. Aber es nützt ihm nichts, der Tod zieht auch ihn aus dem Kreis, der Aktenkoffer und die verstreuten Geldscheine bleiben zurück. Zuletzt holt der Tod nun die alte Bettlerin, die sich gar nicht wehrt und ihren Stock zurücklässt. Außerhalb des Kreises legen die Spieler nun die restlichen Insignien ihrer Verkleidung beiseite und reihen sich ohne ihre Spielrolle wieder in den Kreis ein. Denn auch sie möchten teilhaben an dem, wie sich das Spiel weiter entwickelt.

Nun steht also im Kreis die leere Bank und verstreut liegen Gegenstände am Boden: Ein Messer, Bierflaschen, ein Aktenkoffer, Geldscheine und ein Stock. Die Kinder haben für diese Szene eine Musik ausgesucht, die wir nun mit dem Kassettenrecorder einspielen: Es ist ein Chorstück von Rudolf Mauersberger, das er nach der Bombardierung Dresdens im 2. Weltkrieg komponiert hat, – „wie liegt die Stadt so wüst".

Die Kinder stehen im Kreis, es klingt „wie liegt die Stadt so wüst", – und im Kreis am Boden liegen die Gegenstände, die ohne ihre Besitzer nun völlig sinnlos geworden sind. Wer es möchte, kann nun selbst durch die Mitte des Kreises gehen und einen Gegenstand fallen lassen, den er bei sich trägt: Eine Uhr, einen Kugelschreiber, ein Taschentuch, einen Busausweis..., was von uns eben so alles zurückbleiben könnte, wenn wir einmal aus dem Kreis der Lebenden gehen.

Wir setzen uns alle. Eine lange, lange Gesprächsrunde schließt sich an. Sprichwörter eröffnen das Gespräch: „Arm oder Reich, vor dem Tod sind alle gleich." „Das Totenhemd hat keine Taschen." Und dann sprudelt es aus den Kindern heraus, was sie bewegt: „Die meisten Leute sagen: Nur nicht daran denken! Da darf man gar nicht darüber reden!"

„Mein Opa sagt aber manchmal, er würde jetzt gerne sterben, weil er nun lang genug gelebt hat."

„Aber, was passiert denn, wenn man stirbt? Gibt es einen dann überhaupt nicht mehr, ist man dann wie ausradiert?" Viel Zeit braucht man für eine solche Gesprächsrunde, in der die Kinder ihre Vorstellungen über den Tod und ihre Fragen nach einem Leben nach dem Sterben zur Sprache bringen können. Und vielleicht wird sich herauskristallisieren: Wer über den Tod nachdenkt, wird sich bewusster am Leben freuen können und wird das Leben ganz neu Wert schätzen. So hat man es schon vor Tausenden von Jahren ausgedrückt in einem Lied des Alten Testaments der Bibel: „Herr, hilf uns daran zu denken, dass wir sterben müssen, damit wir klug werden." (Psalm 90, 12)

Solch ein Gespräch kann zu weiteren Fragen führen: Was gibt es denn alles für Vorstellungsmodelle neben dem hinduistischen Glauben an die Wiedergeburt oder neben dem Volksglauben „Wir werden alle Engel sein"? Womit rechneten die alten Erzähler aus dem Alten und Neuen Testament? Häufig erlebe ich, dass unter vielen Fundstellen einige besonders das Interesse der Kinder finden. Beispiel: „Und Jesus schrie auf: Vater, ich gebe mein Leben in deine Hände! Und als er das gesagt hatte, starb er." (Lukas 23, 46). Manche Kinder finden sich gerade von diesem Aufschrei angesprochen. In einem Spiel können sie dem nachsinnen:

Jedes sucht sich ein Kind seines Vertrauens aus, – einen Helfer oder eine Helferin. Dann stellt sich jeweils ein Kind mit geschlossenen Augen auf den Stuhl. Blind versucht es nun vom Stuhl zu steigen und vertraut sich dabei den unterstützenden Händen seines Helfers an. Auch diese Erfahrungen wollen dann im gemeinsamen Gespräch bedacht werden. Sie können auch nachwirken in dem Lied Dietrich Bonhoeffers: „Von guten Mächten wunderbar geborgen, erwarten wir getrost, was kommen mag..."

Wenn ich meine Schubladen durchforste, werfe ich in der Regel auch immer eine Menge weg. Unterrichtskonzepte, Arbeitsblätter, Texte, die mir nicht mehr gefallen oder von denen ich nicht mehr überzeugt bin, wandern in den Papierkorb. Natalies Brief, Nadjas Gemälde und Florians Steine und noch einige andere Schätze, die mir Kinder geschenkt haben, werden nicht entrümpelt. Sondern sie weisen mich immer wieder darauf hin: Mit ihrer ganzen Person stellen sich Kinder den wesentlichen Fragen des Lebens mit Kopf, Herz, Hand und Fuß. Davor habe ich Respekt und davon möchte ich noch viel lernen.

Literatur

Buck, Elisabeth: Bewegter Religionsunterricht, Göttingen 2001 (3. Aufl.)
Buck, Elisabeth: Wolkenspiel und Trommeltanz. Musikalische Bewegungsspiele zur Sensibilisierung der Sinne, Mainz 2001 (2. erw. Aufl.)
Zimmer, Renate: Handbuch der Sinneswahrnehmung, Freiburg 2000 (8. Aufl.)

Kinder entdecken sich selbst in den Psalmen★

INGO BALDERMANN

Es waren die Kinder, die mir durch verschiedene sehr nachhaltige Signale deutlich machten, dass sie von meinem Religionsunterricht mehr erwarteten als nur einen interessanten Umgang mit biblischen Geschichten.

Kinderfragen, die aufs Ganze gehen

Ich unterrichtete damals in den Anfangsklassen des Gymnasiums, und auf meine nicht eben sehr geschickte Frage, welches denn die wichtigsten Fragen seien, die sie Gott stellen würden, schrieb mir ein Junge dies auf:

Wie lange noch lebe ich?
Wie lange lebt mein Hund noch?
Wann geht die Welt unter? Und
Warum gibt es so viel Ungerechtigkeit?

Und eine andere Klasse stellte mir am Ende einer Stunde auf einmal die Frage: Jetzt sagen Sie uns ehrlich – werden wir überhaupt noch erwachsen werden? Ich erinnere mich, dass ein eigentlich ganz heiterer Unterricht vorausgegangen war; jedenfalls hatte ich nichts getan, um die Kinder durch erschreckende Szenarien in Weltuntergangsstimmung zu versetzen. Ich habe später begriffen, dass die Kinder auf zerstörerische Eingriffe in die Ökologie weit sensibler reagierten als ich damals.

Deutlich war: Diese Wahrnehmungen bedrängten sie sehr, und sie erwarteten gerade vom Religionslehrer, dass er dazu nicht schwieg. Aber was sollte ich ihnen sagen, wenn ich ehrlich bleiben, sie nicht billig vertrösten und sie doch nicht in hoffnungslose Ohnmachtsgefühle treiben wollte?

Es war in der Mitte der 70er Jahre, dass die Kinder mich so fragten, und die Fragen haben mich seither nicht mehr losgelassen und meine ganze Arbeit verändert. Zusammen mit den Studierenden im Praktikum fragten wir uns: Wie können wir überhaupt antworten? Hinter der Frage der Kinder stand ja nicht nur akute Angst, sondern auch, für uns noch beklemmender, so etwas wie die Ahnung einer heraufziehenden tiefen Depression.

★ Bearbeiteter Nachdruck des Aufsatzes aus „Bibel und Kirche", 56. Jahrgang, 1/2001, Verlag Katholisches Bibelwerk, 40–45.

Wo finden wir glaubwürdig Antwort?

Ich fragte mich: Was mache ich denn selbst, wenn ich mit solchen Fragen nicht fertig werde? Ich kehre immer wieder zu den Psalmen zurück, und zwar nicht mit dem Rüstzug des historisch-kritisch geschulten Exegeten, sondern so, dass ich mich Worte der Psalmen selbst vorsage, etwa nachts, wenn ich nicht schlafen kann, oder beim Aufwachen im Morgengrauen. So hat mich das Wort: „Meine Zeit steht in deinen Händen" (Ps 31,16) in einer sehr bedrängten Zeit davor bewahrt, den Boden unter den Füßen zu verlieren; ich habe es mir immer wieder selbst vorgesagt und dabei erfahren: So konnte ich wieder Atem holen.

Ich kenne ähnliche Erfahrungen mit anderen Psalmenworten: „Von allen Seiten umgibst du mich und hältst deine Hand über mir" (Ps 139,5); oder: „Ich werde nicht sterben, sondern leben" (Ps 118,17). Ich weiß noch, dass ich mich später, in der Zeit der atomaren Bedrohung, buchstäblich festgehalten habe an dem Wort: „Ich glaube aber doch, dass ich noch schauen werde die Güte des Herrn im Lande der Lebendigen" (Ps 27,13). Aber sind das Worte für Kinder?

Wir waren uns in der Praktikumsgruppe einig:

Es hat keinen Sinn, den Kindern starke Worte des Gottvertrauens zu präsentieren und an sie zu appellieren: So müsst ihr auch auf Gott vertrauen!

Vertrauen lässt sich durch Appelle nicht lernen. Wir müssen versuchen, mit den Kindern dahin zu kommen, dass sie selbst zu einem solchen Umgang mit den Worten der Psalmen in der Lage sind.

Psalmen – eine Sprache für diese Kinder?

Wir lasen wieder die Psalmen, von Anfang an, und waren bestürzt: Das ist doch keine Sprache für Kinder! Wir lasen noch einmal und fanden: Einige Worte stehen doch da, die so klingen, als wären sie gerade für diese Kinder geschrieben, so etwa diese:

- Ich versinke in tiefem Schlamm, wo kein Grund ist (Ps 69,3)
- Ich habe mich müde geschrien, mein Hals ist heiser, weil ich so lange warten muss (Ps 69,4)
- Ich rufe täglich, und du antwortest nicht (Ps 22,3)
- Gewaltige Stiere haben mich umgeben (Ps 22,13)
- Gelähmt sind mir Hände und Füße (Ps 22,17)
- Ich bin wie ein zerbrochenes Gefäß (Ps 31,13)

Für uns war bestürzend, dass es sich dabei durchweg um Worte der Klage handelte, und zwar gerade aus den schwersten Klagepsalmen, den Passionspsalmen 69, 22 und 31. Wir hätten lieber einen anderen Einstieg in die Psalmen gefunden. Aber wir wollten endlich heraus aus den alten Formen des Unterrichts, in denen wir den Kindern erklären versuchten, was dieser oder jener Bibeltext „eigentlich sagen will".

Wenn die Psalmen den Kindern wirklich helfen sollten, dann mussten sie direkt zu ihnen reden. Wir waren an einem Punkt angekommen, an dem nur noch die Bibel selbst helfen konnte, nicht mehr kluge Worte über die Bibel.

Die Bibel bringt Kinder zum Reden

Also wagten wir den Sprung. Wir wollten mit den Worten beginnen, die uns die Psalmen selbst für die Kinder anboten; wir nahmen uns vor, den Kindern diese Worte vorzulegen und zu warten, wie sie damit umgehen würden, also nicht lenkend in das sich – hoffentlich – entwickelnde Gespräch einzugreifen. Wir nahmen für den Anfang kein leichtes Wort, sondern gleich einen schwere Metapher; wir wollten aufs Ganze gehen und ja nicht diese Metapher durch vorausgeschickte Erklärungen entschärfen:

Ich versinke im tiefen Schlamm,
wo kein Grund ist

stand an der Tafel, und wir warteten gespannt.

Zögernd entwickelte sich ein Gespräch, und zwar, sooft wir diesen Einstieg in einer neuen Gruppe versuchten, immer in ähnlichen Strukturen, mit Äußerungen, die unsere Praktikumsgruppe geradezu alarmierten, so aufregend war für uns das, was da geschah.

Ich gebe dazu ein Gesprächsprotokoll wieder, das nicht bei diesem ersten Versuch entstand, sondern später, in einem 4. Schuljahr:

- Das hört sich traurig an, wenn man das liest...
- Da kann man auch denken, irgendwie, dass man in Dunkelheit versinkt, dass keiner mehr mit einem spielt.
- Das macht traurig
- Wenn man alleine ist...
- Wenn man da drin versinkt, dass man um Hilfe schreit und keiner da ist.
- Wenn du einsam und ganz allein in den tiefen Loch bist, wo dich keiner mehr rausholt.

Und nach einigen Gesprächsbeiträgen von anderen sagt der gleiche Junge noch einmal:

...dass der Schlamm bedeuten soll, dass – Traurigkeit ohne Grund – dass sie nicht aufhört, unendliche Traurigkeit.

Was ist da geschehen?

Wir waren uns einig: In diesem Gespräch war etwas Unerhörtes passiert. Wir versuchten uns Rechenschaft zu geben: Was ist da geschehen?

- Die Kinder verstehen die schwere Metapher auf Anhieb sachgemäß, ohne irgendeine vorausgeschickte Erklärung von uns; damit hätten wir das Gespräch nur vereitelt.
- Sie kommen so auf eine sehr direkte Weise ins Gespräch mit einem biblischen Text.
- In diesem Gespräch reden sie in dem Bemühen, das Psalmwort zu verstehen, von ihren eigenen Erfahrungen.
- So kommt ein Prozess wechselseitiger Erschließung in Gang: Die Erfahrungen, die sie mitbringen, erschließen ihnen das Psalmwort, aber auch umgekehrt erschließt ihnen das Psalmwort eigene Erfahrungen, die bis dahin offenbar sprachlos geblieben waren.
- Dabei erweisen sich gerade die Worte der Klage als eine einzigartige Hilfe für die Kinder zur Versprachlichung ihrer Gefühle. Es hat uns immer wieder beeindruckt, was für eine dichterisch treffsichere Sprache Kinder finden können: „Traurigkeit ohne Grund, unendliche Traurigkeit…“

Die Klage ist dabei ein Medium, in dem Kinder wie in keinem anderen sich selbst entdecken, ihre ureigensten Erfahrungen, aber offenbar zugleich auch ihr Selbstbewusstsein, ihre Widerstandskräfte. Der Umgang damit schließt autoritäre, moralisierende Formen der Gesprächsführung aus; wir gehen konsequent den Weg eigener Wahrnehmung und Entdeckung. Das aber, so entdeckten wir, ist dem Umgang mit der Offenbarung genau angemessen, denn *Apokalypsis* (griech.) heißt eigentlich Entdeckung.

Im weiteren Verlauf der Gespräche sind uns noch andere Punkte deutlich geworden, von denen das Gelingen eines solchen Gesprächs abhängt:

- Wir haben immer wieder die Erfahrung gemacht, dass ein ganzer Text eine Klasse zum Schweigen bringt, ein einzelner Satz aber zum Reden.

Ein längerer Text schafft offenbar erst einmal Distanz, ein einfacher Satz dagegen eine Nähe, der ich mich gar nicht entziehen kann.

- Das Gespräch lebt von Assoziationen, die sich einstellen, von Erinnerungen, die wieder ans Licht kommen. Das braucht Zeit.

Bewertungen wie „richtig" oder „falsch" könnten dieses Gespräch nur zerstören.

Dass die Kinder bereit sind, von so tief gehenden emotionalen Erfahrungen zu reden, hängt von der Möglichkeit ab, dass sie nicht „ich“ sagen müssen, sondern in der dritten Person sprechen können, in allgemeinen man-Sätzen oder unter dem Schleier der Wendung: „Vielleicht hat da einer…“. In besonderen Situationen (wie oben) kann der Schleier zerreißen; doch für den Einstieg müssen wir auch die unschönen man-Sätze tolerieren.

Aneignung braucht Kreativität

Aus diesem Einstieg aber, bei dem die Kinder ganz bei sich selbst und zugleich ganz in der Bibel sind, ergibt sich eine Fülle didaktisch sehr ergiebiger und gut praktikabler Möglichkeiten kreativer Aneignung: Sprachliches oder nonverbales Gestalten, graphisch oder im gemalten Bild (manchmal waren die Bilder geradezu bestürzend beredt), als Klangbild mit einfachen Instrumenten, als Pantomime oder auch im Rahmen eines größeren Vorhabens (Wir schreiben und malen, spielen und tanzen unseren eigenen Psalm!), das auch Phasen der Freiarbeit mit einschließt.

Als eine Arbeitsform, zu der wir dabei immer wieder zurückkehrten, sozusagen die Grundform, ergab sich das Gespräch im Stuhlkreis mit *Wortkarten*, etwa in Aktendeckelgröße, auf denen einzelne Sätze aus Psalmen standen.

Im Laufe der Zeit wurden es immer mehr Karten, zuerst waren es nur Sätze der Klage, dann auch Vertrauensworte, schließlich auch Sätze aus den großen Lobpsalmen; und in dem einleitenden Gesprächskreis holten sich die Kinder jeweils eine Karte ihrer Wahl, lasen sie vor und sagten auch ein paar Worte zur Begründung, warum es gerade diese Karte war. Es war für uns ganz unerwartet, wie viel schon dieser einfache Vorgang zur Aneignung beitrug: Die Worte der Psalmen wurden dadurch wirklich zu ihren eigenen Worten.

Das war allerdings nur möglich, weil wir in Luthers Übersetzung immer wieder eine Sprache fanden, die ganz unmittelbar anspricht. Ich selbst habe häufiger auch Schwierigkeiten mit Luthers Übersetzung, besonders in den Paulusbriefen, auch bei Jesusworten. Da klingt sie manchmal gar zu altdeutsch, so als sei das Altertümliche die dem Glauben gemäße

Redeweise. Bei den Psalmen ist das völlig anders. Bei Vergleichen fanden wir immer wieder: Während die anderen Übersetzer so formulieren, wie einer am Schreibtisch meint, dass einer vielleicht so reden würde, wenn er verzweifelt wäre, klagt und schreit und singt Luther wirklich; in seiner Übersetzung höre ich unmittelbar seine Angst und Trauer oder den heißen Atem der großen Leidenschaft. Das macht seine Sätze, selbst wo sie in Metaphern reden, auch für Kinder so beredt.

Eine Art von Alphabetisierung

Uns ist erst viel später klar geworden, in welche Nähe zur Theologie der Befreiung wir uns mit diesem Umgang mit den Psalmen begeben hatten.

Es war „kontextuelle Exegese", die wir da mit den Kindern betrieben: Auslegung der Bibel nicht aus dem historischen oder literarischen Kontext, sondern unmittelbar aus dem Kontext des eigenen Lebens, aus dem Gespräch mit den eigenen Erfahrungen und Erinnerungen.

Und ganz offenkundig wirkten diese Bibelworte befreiend: Sie gaben den Kindern die Möglichkeit, erst einmal Distanz zu ihren Angsterfahrungen zu gewinnen und frei zu werden von ihrer diffusen Gegenwart, dann nach Gegenerfahrungen Ausschau zu halten und nach Worten, mit denen diese sich in die Gegenwart holen ließen. Dadurch gewinnen die Kinder Selbstbewusstsein und Widerstandsfähigkeit; beides ist lebensnotwendig für sie, und sie begreifen das auch.

Insofern hat unser Umgang mit den Psalmen etwas mit *Alphabetisierung* zu tun: Es ist ein Lernen der Sprache der Hoffnung von den ganz elementaren Anfängen an.

Denn indem die Kinder beginnen, ihre Erfahrungen von Angst und Einsamkeit in Sprache zu fassen, geschieht schon etwas gegen die Herrschaft der Angst. Die Versprachlichung hilft zum Umgang mit der Angst und mit den tief sitzenden Verletzungen. So vollzieht sich in der Klage bereits ein Umschwung, sie ist der erste Schritt auf dem Weg, Hoffnung zu lernen.

Aber noch mehr ist möglich. Ich sprach von Gegenerfahrungen; auch sie haben in den Psalmen Sprache gefunden: In den Psalmen finden sich Worte, die von Vertrauen und Geborgenheit inmitten der Angst sprechen, und sie sind charakteristisch für den Umgang der Psalmen mit der Angst. Das Problem der Angst wird nicht „gelöst"; wer von uns hätte im Ernst eine Lösung für den täglichen Kampf mit der Angst? Aber wir können der Angst Gegenerfahrungen entgegensetzen – wenn wir eine Sprache dafür haben, die der Suggestion der Angst standhält.

Die Sprache der Appelle oder der läppischen Mutmachversuche kann das nicht leisten; es muss eine Sprache sein, die eine andere Wirklichkeit aufschließt: Deine Hand hält mich fest (Ps 63,9), Du hältst mir den Kopf hoch (Ps 3,4), Du bist mein Fels (Ps 31,4). Kinder begreifen auf Anhieb das Tröstliche dieser Worte, sie verstehen, dass sie unmittelbar mit den Erfahrungen der Angst und der „Traurigkeit ohne Grund" zu tun haben. Das Tröstlichste von allen ist: Du bist bei mir (Ps23,4), und eben dies ist die Bedeutung des Namens Gottes in der hebräischen Bibel. Er heißt: „Ich bin da, ich bin bei euch" (2. Mose 3,14).

Die Kinder beziehen diese Du-Sätze zunächst auf zwischenmenschliche Erfahrungen, etwa wie schön es ist, wenn die Mutter auf einmal sagt: Ich bin doch da, ich bin bei dir! Und davon erzählen auch solche Kinder in ganz warmen Farben, von denen wir ahnen, dass sie selbst diese Erfahrung ganz selten machen, wenn überhaupt. Kinder haben bis zu einem gewissen Grade noch die Kraft, Defizite in Sehnsucht zu verwandeln, und die Psalmen helfen ihnen auch dazu, dieser Sehnsucht nach menschlicher Geborgenheit Sprache zu geben. Aber irgendwann kommt die Einsicht, vielleicht nur als Frage: Das kann der doch auch sagen, wenn er ganz allein ist?

Und damit sind wir auf einmal an der Schwelle zu der Erfahrung, die wir mit dem Wort „Gott" nur sehr unvollkommen andeuten können.

Hier aber können auch Kinder ohne religiöse Sozialisation und Vorkenntnisse anfangen zu begreifen, dass wir mit der Bibel von einer Wirklichkeit sprechen, die sie erfahren können, wenn wir von „Gott" reden. Diese Möglichkeit, Kindern eine solche Erfahrung zu öffnen, in der Gott nicht mehr erschreckend groß und zutiefst ambivalent ist, sondern ganz eindeutig, ganz tröstlich, ganz mir zugewandt: das war am Ende für mich die erstaunlichste, größte Entdeckung auf dieser Reise.

Das ist eine Erfahrung noch diesseits des törichten Streits, ob „es Gott gibt“ oder nicht – wie soll in solcher Sprache überhaupt Sinnvolles zur Gottesfrage gesagt werden können? Wer bin ich denn, dass ich mir anmaßen kann, so „über“ Gott zu reden? Nicht die Sprache des distanzierten klugen Redens „über“ Gott, sondern nur die Sprache der Anrede, der Klage, des Vertrauens, des Lobes, das Nennen seines Namens, kann Kindern eine eigene Wahrnehmung dieser Wirklichkeit eröffnen.

Hoffnung wächst aus Erfahrung

Hoffnung lässt sich nicht lernen abseits der Gottesfrage. Ich muss wirklich starke Gegenerfahrungen aufbieten, wenn ich dem Druck der täglichen Erfahrungen und Ängste, der Nachrichten und der aggressiven Bilder standhalten will. Selbst die Vertrauensworte der Psalmen sind allein noch nicht genug, um Hoffnung zu lernen: Sie sind erst die Schwelle, über die hinweg ich die ersten Schritte tun kann.

Hoffnung braucht noch mehr Erfahrungen, etwa solche, wie sie in den großen Lobpsalmen zur Sprache kommen (etwa Ps 104 und 139), die unsere Augen erst richtig öffnen für die Schönheit des Lebens und dafür, wie ich eingebettet bin in ein Netz, dass mich trägt, quellendes Wasser und mächtige Bäume, Luft zum Atmen und aufgehende Saat, so viel Licht und Farbe und Schönheit um mich, das Wunder des gestirnten Himmels und des neu geborenen Kindes (Ps 8), das doch schon vollkommen „bereitet“ ist (Ps 139,13).

Ich brauche das alles, um Gegenerfahrungen gegen die Macht der Hoffnungslosigkeit zu mobilisieren; ich habe Hoffnung nicht mit einem Schlage gelernt, sondern muss sie täglich neu buchstabieren. Dazu helfen mir die Schöpfungspsalmen mit ihren Argumenten, die Wundergeschichten im Neuen Testament mit ihren Erfahrungen (die mit Hilfe der Psalmen für Kinder ebenso beredt werden), die Auferstehungsbotschaft mit ihrer behutsamen eindringlichen Didaktik, mit der sie mich bis an die Todesschwelle und darüber hinaus führt.

Ein Lernen, das niemals endet –

So beschrieb Manes Sperber den Umgang mit der Bibel im Judentum von Kind auf, und er fügt hinzu: „Den Gelehrten nannte man nicht den Gelehrten, sondern den Lerner".

Das ist die Rolle der Lehrenden, die wir in diesem Unterricht auch erfahren haben: Die Psalmen machten uns alle gemeinsam zum Lernenden, oft so, dass erst die Äußerungen der Kinder uns die Augen öffneten für eine Tiefe der Bedeutung, die wir vorher noch gar nicht wahrgenommen hatten.

So befreite uns dieser Unterricht aus der Rolle der Alles-schon-Wissenden; wir wurden selbst wieder zu Entdeckenden; und die Psalmen befreiten uns damit auch aus der Rolle der Ermahnenden, Appellierenden, Glauben Fordernden. Sie ermöglichten eine Art des Umgangs, aus dem die Kinder anderes mitnehmen konnten als theologische Richtigkeiten, Appelle und Ermahnungen: Worte die sie begleiteten und zu ihnen sprachen, wenn sie allein waren, und sie trösten konnten; es war eine Entdeckungsreise, auf der die Kinder mit ihren eigenen Erinnerungen auch ihre eigenen Ressourcen und Widerstandskräfte neu entdeckten.

„Ein Wort wie Feuer“?

Zur Arbeit mit der Bibel im Religionsunterricht

HORST KLAUS BERG

So steht es in der Bibel: „Ist nicht mein Wort wie Feuer, spricht Jahwe, und wie ein Hammer, der Felsen zerschmeißt?“ (Jer 23,29) Aber von dieser Glut scheint heute fast nur noch ein Häufchen Asche übrig zu sein, das niemanden mehr in Brand steckt, erleuchtet oder wärmt. In der Tat: Die Arbeit mit der Bibel im Religionsunterricht steckt seit langem in einer Krise. Langeweile der Schüler und Ratlosigkeit der Lehrer breiten sich aus. Vor allem drei Gründe sind wohl für diese Entwicklung namhaft zu machen, der *Erfahrungs-, der Bedeutungs- und der Wirkungsverlust*:

- Viele Schüler, aber auch Erwachsene nehmen die Bibel nur noch als eine Sammlung überkommener Schriften wahr, die als Traditionsgut gepflegt wird, die aber keine Beziehung mehr zum neuzeitlichen Erfahrungszusammenhang hat.

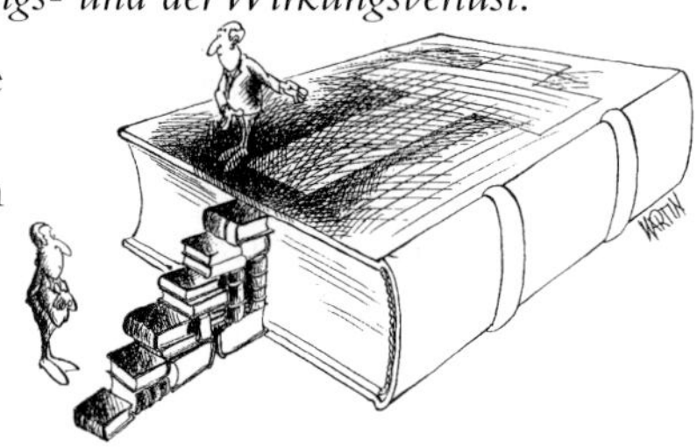

Löwensteiner Cartoon Service 1549 Warlies

- Für die meisten Zeitgenossen hat die biblische Überlieferung die Fähigkeit verloren, Orientierung für heute gelingendes Leben anzubieten.
- Es ist kaum noch ersichtlich, dass die Bibel heute als Motiv und Inspiration zu humaner Lebensgestaltung wirksam ist.

Angesichts solcher Erfahrungen wundert es nicht, wenn viele Lehrerinnen und Lehrer den Ausweg in möglichst unverbrauchten, attraktiven Vermittlungsmethoden suchen. Aber es ist leicht zu sehen, dass hektischer Aktionismus die Schwierigkeiten allenfalls kurzfristig überdecken kann und sich bald leer im Kreis drehen wird.

Die Frage nach Neuansätzen der Arbeit mit der Bibel muss radikaler ansetzen, bei der Klärung nämlich, ob die Bibel heute noch „Tora“ ist, Lebensorientierung bereithält, Wachstum anregt, produktives Leben hervorruft (Psalm 1,3!).

Allerdings gibt es nicht nur Langeweile und Überdruss im Umgang mit der Bibel, sondern auch *neues Interesse*, beispielsweise in der Bibellektüre der lateinamerikanischen Basisgemeinden oder der feministischen Theologie. Wie kommt diese neue Anziehungskraft der Bibel zustande – oder, um im Bild zu bleiben – was facht die Glut unter der Asche wieder an?

Hier wird die biblische Tradition nicht nach historischen Informationen oder überzeitlichen Wahrheiten befragt, sondern nach ihrer Bedeutung. Nicht zuerst die Glaubenswahrheit ist gefragt, sondern die Lebens-Orientierung, nicht der Lehrsatz, sondern der Erfahrungsschatz.

Solche Lesarten wie die lateinamerikanische oder die feministische können nicht einfach in den schulischen Bibelunterricht übernommen werden, aber sie geben die Richtung für Innovationen an: Erfahrungsnaher Umgang mit der Bibel ist nötig.

Die Bibel erleben

Welche Wege von der Bibel zum Leben, vom Leben der Bibel zeigen sich? Die Suche nach Erfahrung stellt sich im Blick auf den heutigen Bibelleser und im Blick auf die biblische Überlieferung. Es empfiehlt sich, die Überlegungen zunächst einmal für sich selbst anzustellen, ohne schon auf die unterrichtliche Umsetzung zu achten.

Bibelleser und Bibeltexte ins Gespräch bringen. Wenn nach Leben und Erfahrung im Umgang mit der Bibel gefragt wird, legt es sich nahe, zunächst einmal bei der eigenen Person anzufangen, sich selbst ganz bewusst als Person mit ihren ganz eigenen Erfahrungen wahrzunehmen. Gelegentlich wird versucht, die Selbst-Wahrnehmung im Blick auf den Umgang mit der Bibel mit den Fragen der Gestalttherapie zu unterstützen: Was tue ich? – Was fühle ich? – Was möchte ich? – Was vermeide ich? – Was erwarte ich?

Ein wichtiger Grundsatz der erfahrungsbezogenen Auslegung biblischer Tradition ist, Texte nicht als Objekte zu betrachten, die man „bearbeiten" kann, sondern als Partner in einem Dialog.

Es wird vorgeschlagen, sich einen Text ganz real als eine Person vorzustellen, die mir gegenüber sitzt, die ich ansprechen kann, z.B.: „Du machst mir Angst, weil..." „du tröstest mich, weil..." „ich hätte dich gebraucht, als..." „ich hätte dich überhaupt nicht brauchen können, als..." Einen solchen Dialog kann man als „lebensgeschichtliche Ortung" eines Textes auffassen. Er ist durchaus keine unverbindliche Spielerei, sondern lädt dazu ein, sich wirklich auf einen biblischen Text einzulassen.

Nach den Erfahrungen fragen, die in biblischen Texten aufgehoben sind. Wenn die Spuren des Lebens, die Zeichen der Erfahrung in biblischen Texten gesucht werden, ist vor allem wichtig, dass Erfahrung nicht erst ins Spiel kommt, wenn die (wissenschaftliche, historisch-kritische) Untersuchung abgeschlossen ist – etwa im Sinne der Überlegung, „was uns der Text heute zu sagen habe".

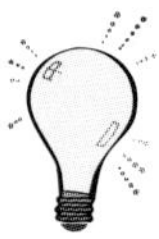

Erfahrung muss schon im Blick auf die Entstehung eines Textes bedacht werden, d.h. die Auslegung muss versuchen, die Erfahrungen zu erkennen und heraus zu holen, die in die biblischen Texte bei ihrer Entstehung und Weitergabe eingegangen sind – und sie als heute orientierende, erneuernde und heilvolle Erfahrungen darlegen.
Wie ergiebig und belebend sich dies im Verstehensprozess auswirken kann, verdeutlicht sich exemplarisch an zwei Verstehenswegen, die besonders gut geeignet sind, um „Erfahrung" zu erschließen. Diese Verstehenswege bieten auch für den biblischen Unterricht viele Anregungen.

Die *ursprungsgeschichtliche* Auslegung
Hier wird nach der Erfahrung gefragt, die die Produktion biblischer Texte wohl angestoßen hat. Biblische Texte nehmen Stellung zu aktuellen Fragen, Zweifeln, Konflikten der Zeit, in der sie entstanden. Das kann man oft den Texten direkt entnehmen, etwa den prophetischen Schriften, den Briefen des Neuen Testaments oder auch den Reden Jesu. Besonders interessant ist das bei den Gleichnissen: Jemand stellt eine Frage oder stellt eine Provokation vor Jesus hin, und oft antwortet er nicht direkt, sondern mit einer Geschichte, einem Gleichnis. Viele Gleichnisse sind solche „Antworttexte".

Dieser „Antwortcharakter" wird von maßgeblichen Exegeten bei vielen, vielleicht sogar den meisten biblischen Texten angenommen, auch wenn die Sprechanlässe kaum noch erkennbar sind. Dann müssen diese Anlässe rekonstruiert werden – auch mit Hilfe geschichtlicher Phantasie. Werden solche Ursprungssituationen in die heutige Bibellektüre mit eingelesen, wird schnell deutlich, dass diese Situationen nicht vergangene Geschichte sind, sondern auch die gegenwärtige Lebenswelt genau ansprechen.

Als Beispiel dient die Geschichte von Kain und Abel. Wir schauen also nicht zuerst auf den Text selbst, sondern auf die geschichtliche Situation, in der er wohl entstanden ist: Die alttestamentliche Wissenschaft geht davon aus, dass der Verfasser dieses Textes – man nennt ihn den Jahwisten – in der Zeit der ersten

Könige David und Salomo tätig war. Diese Epoche war gekennzeichnet durch den Übergang von einer Verteidigungs- zu einer Eroberungs- und Machtpolitik in Israel. Und auf einmal kam es zur Umwertung aller Werte: Macht, Durchsetzungsvermögen, auch mit Gewalt, standen plötzlich ganz obenan. In dieser Situation erzählt der „Jahwist" nun die Geschichte von Kain und Abel – und damit rückt er die Dinge wieder zurecht. Denn die Botschaft der Erzählung in seiner Zeit war: Wer sich auf Gewalt verlässt, verliert den Boden unter den Füßen, so, wie Kain das gute Land verlassen muss. Und wer meint, dass der mit Mord und Totschlag errungene Erfolg ein Geschenk von Gott ist, liegt total daneben!

Die *tiefenpsychologisch ausgerichtete* Auslegung
Dies vor allem an Grundzügen der tiefenpsychologischen Analyse von C.G.Jung ausgerichtete Konzept ist ganz eindeutig auf Erfahrung hin angelegt, und zwar unter doppeltem Aspekt: Es nimmt erstens an, dass in Texten heilvolle Erfahrungen mit einem guten Leben verschlossen sind und dass diese Urerfahrungen sich in Mythen und Märchen, in Bildern und Poesie verbergen. Dieser Schatz sei zweitens für ein heute gelingendes Leben unentbehrlich; jeder hat die Möglichkeit des Zugangs über das kollektive Unbewusste, so wie ein Tiefbrunnen unzugängliche Quellen erschließt. Wer nun Bibeltexte unter tiefenpsychologischer Perspektive liest, sucht auch in ihnen solche Erfahrungsschätze. Er geht davon aus, dass Texte nicht nur äußere Ereignisse und direkte Äußerungen wiedergeben, die auf der „Objektstufe" des Textes zu erfassen sind, sondern auch Vorgänge innerhalb der Seele; sie sind auf der Subjektstufe zu beschreiben.

So sind beispielsweise Kain und Abel aus den Urgeschichten auf der Subjektstufe nicht zwei Personen, die miteinander handeln, lieben, streiten, sich verraten…, sondern unterschiedliche Persönlichkeitsanteile innerhalb der Seele, die miteinander in Beziehung sind; das Interesse richtet sich also auf den „Kain in mir" und den „Abel und mir". Diese Sicht stimuliert eine intensive Reflexion eigener Erfahrungen im Horizont der Tradition.

"WIR MÜSSEN MAL MIT IHM ZUM KINDERPSYCHOLOGEN."

Wenn nun ein eigener erfahrungsnaher Zugang zur Bibel gefunden ist, stellt sich in zweiter Linie die Frage, wie solche Zugänge zu vermitteln seien, insbesondere Schülerinnen und Schülern, die heute oftmals keinerlei Bibel-Vorkenntnisse mitbringen. Folgende Gesichtspunkte sind zu bedenken:

- Wie kann der Lebensbezug der biblischen Überlieferung aufgezeigt und erschlossen werden?
- Wie kann den Lernenden an der Bibel etwas für sie Wichtiges aufgehen? Wie kann die biblische Überlieferung die Lernenden ganzheitlich ansprechen und ihre imaginativen Kräfte stärken?
- Wie kann der biblische Unterricht zum Austausch und zur Zusammenarbeit anregen? – Wie kann der biblische Unterricht eigene Aktivitäten und selbstständiges Handeln der Lernenden fördern?

Daraus lassen sich – vor dem Hintergrund dessen, was zu den Möglichkeiten, Bibeltexte erfahrungsnah zu erschließen, gesagt wurde – sechs Empfehlungen formulieren:

■ Die Bibel als Nachricht ernst nehmen
Flüchtige, oberflächliche Wahrnehmung verhindert, dass die Bibel als Nachricht, die mir etwas Neues, Lebens-Wichtiges mitteilt, erfasst wird. Darum ist es wichtig, dass die Schüler (und Lehrer) wieder lernen, etwas mit Bedacht aufzunehmen.

■ Den Text nicht auf eine Aussage festlegen, sondern als Textur, d.h. als „Gewebe" lesen
Zu den Merkmalen herkömmlicher Bibeldeutung gehört, dass sie einen Text auf eine zentrale Aussage festlegt. Auch Schüler*innen* gehen oft bereits von der Erwartung aus, dass es letztlich eine „richtige" Deutung geben wird, an die man sich heran raten kann – oder abwarten, bis der Lehrer sie verrät. Das beeinträchtigt nicht nur die Dynamik der Stunde; es verengt auch die Vieldeutigkeit und Vielschichtigkeit des Textes, erstickt seine Lebendigkeit, die immer noch neue Offenbarungen bereithält. Erfahrungsbezogene Lektüre nimmt den Text als Textur wahr, als ein Geflecht von Erfahrungen, Deutungen, Lebensentwürfen.

■ Bibeltexte als „Antworttexte" verstehen
Die ursprungsgeschichtlichen Bibelauslegung lehrt, dass Bibeltexte ihre Geschichte haben; diese ist auch für Schüler*innen* spannend. Sie verstehen die Antwort besser, wenn sie die Frage dahinter kennen – und möglicherweise finden sie heraus, dass Fragen der Vergangenheit durchaus auch mit den eigenen Fragen der Gegenwart zu tun haben können.

Bibeltexte als Modelle und Inspiration gelingenden Lebens verstehen
Im Blick auf den Relevanz- und Wirkungsverlust, dem die Bibel bei Jugendlichen ausgesetzt ist, kommt es darauf an, in Texten Erfahrungen von Menschen zu erschließen, die ihr Leben im Glauben deuten und deren Leben gelingt, weil sie vom Glauben inspiriert sind. Hier muss man sich allerdings entschieden vor einer Beanspruchung biblischer Menschen als Vorbilder in Acht nehmen (dies ist ja eine problematische religionspädagogische Tradition). Vielmehr kommt es darauf an, „Verlockungsmodelle" (D. Sölle) zu zeigen, die zur Identifikation anregen.

Die Bibel im ganzheitlich-kommunikativen Erleben verstehen
Die biblische Sprache ist ernst zu nehmen. Oft geht in der Vermittlung der biblischen Überlieferung in Unterricht, Predigt usw. ihre unverwechselbare Sprachgestalt verloren. Die biblische Sprache ist aber nicht nur ein Informations- und Bedeutungsträger, dessen Sprachgestalt beliebig ausgetauscht werden kann. Weil die Bibel An-Rede ist, weil sie den Glauben bekennend, lobend, klagend ins Wort setzt, muss diese „Sprachbewegung" so weit wie möglich auch im Unterricht zum Zug kommen. Es sollte beispielsweise selbstverständlich sein, dass Psalmen gemeinsam gesprochen oder gesungen oder feiernd und nacherlebend gestaltet werden – dass Geschichten erzählt und nicht nur „besprochen" werden – dass die Lerngruppe eine Prophetenrede als Ansprache gestaltet …
Auch die Rezeption ist so oft wie möglich ganzheitlich anzulegen. Alle Formen der kreativen Gestaltung sind auszuschöpfen. Spielen (Innere Monologe, Dialoge, Standbilder), Malen und Modellieren (nicht nur von Figuren, sondern auch von Gefühlen!), Verklanglichen, Tanz und Pantomime geben den Kindern und Jugendlichen die Gelegenheit, Bibel mit allen Sinnen zu erkunden, zu erleben, anzueignen und weiter zu weben.

Literatur

I. Baldermann: Der Himmel ist offen. Jesus aus Nazareth: Eine Hoffnung für heute, München/Neukirchen 1991

H. K. Berg: Handbuch des biblischen Unterrichts, Band 1–3, Stuttgart/München 1999

S. Berg: Kreative Bibelarbeit in Gruppen. 16 Vorschläge, München/Stuttgart [4]1998

Kreativ – auch in der gymnasialen Oberstufe?

Frauke Büchner

Dem ersten Blick zeigt sich der Religionsunterricht in der Sekundarstufe II nicht kreativ. Seit einigen Jahren ist sein Platz in den staatlichen Schulen und als Abiturprüfungsfach heftig umstritten. Daher muss er sich rechtfertigen und gebärdet sich eher wissenschaftsorientiert als schöpferisch, eher lernzielbezogen als kontemplativ, eher leistungsfördernd als prozessbegleitend.

Religionsunterricht als Abiturfach

Im 11. bis 13. Schuljahr entsprechen die *Themen und Inhalte* des Religionsunterrichts weitgehend den theologischen Lehrbereichen an den Hochschulen, und zwar im Sinne einer Wissenschaftspropädeutik, die nach dem Abitur den nahtlosen Übergang in die theologischen Proseminare gewährleistet. Der Unterricht ist daher eher sachgebunden als frei für schöpferische Ideen.

Die *Lernzielbeschreibungen* fordern für die gymnasiale Oberstufe allgemein „Kenntnisse, Methoden, Lernstrategien und Einstellungen“, die „zur Gestaltung des eigenen Lebens in sozialer Verantwortung sowie zur Mitwirkung in der demokratischen Gesellschaft befähigen“[1] – eine staatsbürgerlich pflichtbetonte Charakteristik, die nicht unmittelbar kreativ erscheint. Manche Richtlinien für den Religionsunterricht klingen, als wollten sie darüber hinaus frei schweifender Spiritualität einen Riegel vorschieben; so heißt es z.B. im Vorwort zum Rahmenplan der gymnasialen Oberstufe in Mecklenburg-Vorpommern, der Unterricht in Evangelischer Religion leiste „in einer Zeit, die als orientierungslos empfunden wird und deshalb zu Fundamentalismen neige, einen wichtigen Beitrag zu einem rationalen Umgang mit der Wirklichkeit“.

Zwei *Klausuren* pro Halbjahr und die *Abiturprüfung* am Ende zwingen zu permanenten mündlichen und schriftlichen Übungen. So geht es vor allem um Textwiedergaben und Reproduktion von Wissensstoff, um Transferleistungen und Problemlösungen im kognitiven Bereich.

1 Beschluss der Kultusministerkonferenz vom 28.2.1997

Dennoch ergeben die Religionsstunden der Sekundarstufe II, die ich in Berlin, Niedersachsen, Sachsen-Anhalt und Thüringen mit ansehen konnte, ein buntes, oft überraschendes Bild.[2]

Die Personen

Die *Jugendlichen* scheinen sich von der inhaltlichen und methodischen Stringenz der Religionskurse wenig bedrücken zu lassen. Es sieht eher so aus, als seien sie erleichtert, wenn das von ihnen gewählte Fach ein anspruchsvolles Image hat und nicht als „Laberfach" in Verruf kommt.

Da in der Sekundarstufe I an vielen Gymnasien wegen des Lehrkräftemangels kein – oder zumindest kein durchgängiger – Religionsunterricht stattfindet, beginnen Religionskurse im 11. oder 12. Schuljahr oft voraussetzungslos. Das bietet vor allem schwächeren Schülerinnen und Schülern die Chance des unbelasteten Neubeginns und damit die Aussicht auf eine gute Note im insgesamt ungünstigen Zensurenfeld. Der Religionsunterricht kann in solchen Fällen tatsächlich beim Wiedergewinn verschütteter Kräfte helfen und möglicherweise auch die Rechtfertigung der (faulen) Sünder leibhaftig erfahren lassen.

Gelegentlich wählen sehr gute Schülerinnen oder Schüler Religion als neues Fach in der Sekundarstufe II mit der Begründung, sie wollten vor dem Abitur noch etwas lernen, was ihnen nicht geläufig ist. Sie setzen auf das Risiko eines unvertrauten Faches, um alles zu gewinnen. Ihre Teilnahme am Religionsunterricht hat etwas Spielerisches, trägt in sich aber auch die Möglichkeit des Scheiterns. Der Ernst und die Sperrigkeit des theologischen Stoffes, die anders gerichteten Interessen der Mitschüler oder Mitschülerinnen und die Unterrichtsplanung der Lehrkraft können das Spiel verdorren oder zerbrechen.

Doch manchmal verbündet sich die intelligente Spielfreude mit der Weisheit der Theologie und der Methodenvielfalt der Religionspädagogik, dann entsteht kreativer Religionsunterricht.

Bemerkenswert ist für diesen Zusammenhang der Zulauf, den dieses Fach besonders in den neuen Bundesländern hat. In Sachsen-Anhalt besteht für die Schülerinnen und Schüler die freie Wahl zwischen Ethikunterricht und katholischem oder evangelischem Religionsunterricht. Die Kirchen-

2 Im Folgenden stütze ich mich auf eigene Unterrichtsprotokolle und Gesprächsnotizen aus den Jahren 1968 bis 2001. Meine Beobachtungen aus den letzten sieben Jahren in den neuen Bundesländern haben wegen ihrer Aktualität dabei das größerer Gewicht.

zugehörigkeit unter den Jugendlichen ist gering. Dennoch kommen durch die freie Wahl gut gefüllte Religionskurse in der Oberstufe zu Stande, wo immer ausgebildete Lehrkräfte dafür zur Verfügung stehen. Da lernen und arbeiten dann zwei oder drei kirchlich gebundene Jugendliche zusammen mit 15 bis 25 anderen, die sich als interessierte Agnostiker oder diskussionsfreudige Atheisten bezeichnen. „Religionskursler" müssen sich in den meisten Schulen der neuen Bundesländer vehement gegen Erstaunen, Spott und Polemik verteidigen. Offenbar wiegen aber die Besonderheiten dieses Unterrichts die schulgesellschaftlichen Nachteile und Diskriminierungen auf. Die Fluktuation ist jedenfalls gering.

Religionslehrerinnen und -lehrer werden nicht nur in den neuen Bundesländern „Exoten" genannt, aber sie finden als solche bei vielen Jugendlichen eine erstaunliche Akzeptanz. Sie werden eingeschätzt als besonders freundlich, fachlich engagiert und um ein gutes Schulklima bemüht.

Wer in der Sekundarstufe II Religionsunterricht erteilt, ist theologisch und religionspädagogisch aus- oder weitergebildet, hat entweder die beiden Staatsprüfungen für das Fach Religionsunterricht oder das erste und zweite theologische Examen abgelegt. Im Referendariat, in Schulpraktika oder im Schulvikariat können unter der Anleitung einer Mentorin oder eines Mentors unterrichtliche Kompetenzen erworben werden. Wenn ich staatliche Lehrerinnen und Lehrer nach dem Stellenwert frage, den der Religionsunterricht für sie im Vergleich zu ihren anderen Unterrichtsfächern hat, äußern fast alle, er mache ihnen besonders viel Arbeit und besonders große Freude. Die Religionsstunden strengten sie emotional und kognitiv sehr an, stärkten und beflügelten sie aber auch. Pfarrerinnen und Pfarrer murren über Klausuren, Korrekturen und Zensuren, klagen über die Unbeweglichkeit schulischer Strukturen, sprechen im gleichen Atemzug aber auch von der Lebendigkeit, die sie im Religionsunterricht zu spüren bekommen. Manche sagen, was sie selbst an Phantasie und Kreativität in ihren Gemeinden brauchen, holten sie sich aus den wöchentlichen Schulstunden.

Die Fachdidaktik

Der Religionsunterricht arbeitet wie seine Bezugswissenschaften Theologie und Religionswissenschaft nicht nur konfessionell und fachintern, sondern lehrt und erforscht Religion und Religionen im Zusammenhang ihrer Kulturen. Er interpretiert dazu Werke aus fast allen Fachbereichen. Er prüft die Zukunftsentwürfe verschiedener Interessengruppen und Gesellschaften, stellt alles und jeden in der Welt moralisch in Frage.

Dadurch werden die Religionsstunden zumindest in der gymnasialen Oberstufe für viele Schülerinnen und Schüler zu einer wichtigen Quelle von Allgemeinbildung und Wissenschaftskritik, zum Forum für Sinn- und Visionsgespräche, zum Ort, an dem sie ihre Frage- und Entscheidungskompetenz stärken können.

Was derzeit als Neuigkeit in manchen Lehrplänen für die Sekundarstufe II zu lesen ist, der Appell oder die Verpflichtung zur fächerübergreifenden oder fächerverbindenden Arbeit, ist im Religionsunterricht als fachdidaktische Grundlinie ohnehin vorhanden. Das hat seinen Grund im Zentrum jüdischer und christlicher Theologien. Diese befassen sich ja nicht nur mit der Gottesfrage, sondern – damit verbunden – auch immer mit dem Verstehen der eigenen Geschöpflichkeit und mit der Kenntnis der Verbundenheit alles Lebendigen.

Jüdische und christliche Theologinnen und Theologen denken schon seit Jahrtausenden darüber nach, wie der Einzige mit Allem und wie dies alles mit dem einzelnen Menschen zusammenhängt. Mit solchen Vorerfahrungen im Traditionsgepäck kann der Religionsunterricht in der Sekundarstufe II zum kreativen Motor der Kooperation, aber auch zum kritischen Filter für allerlei und vielerorts Geschöpftes werden.

Lernmittel und besondere Lernleistungen

Bis vor wenigen Jahren waren die *Religionsbücher* für die gymnasiale Oberstufe noch reine Text(stücke)sammlungen ohne Kontext, bestenfalls mit Arbeitsaufträgen versehen. Doch in den letzten Jahren sind Bücher und Halbjahreshefte erschienen, welche dem Hunger nach Bildern Nahrung geben, Zusammenhänge von Einzeltexten erkennen lassen, zur methodischen Vielfalt beim Erarbeiten der abgedruckten Materialien anleiten und – über sich selbst hinausweisend – ins selbstständige Lesen und Forschen lenken. Es fehlen zurzeit noch Bücher oder Themenhefte, mit denen Schülerinnen und Schüler das Lernen als solches im (inter)religiösen Bereich üben können.

Ein großer Gewinn ist die Empfehlung bzw. Verpflichtung neuerer Lehrpläne, im Religionsunterricht der gymnasialen Oberstufe nicht nur Textstücke, sondern einzelne literarische oder fachwissenschaftliche Werke vollständig zu bearbeiten. Durch solche *Ganzschriftlektüre* können die Jugendlichen ein Gefühl für den Kosmos eines Werkes entwickeln. An der Fachliteratur lassen sich Konstellationen, Gedankenlinien und Folgerungen eines theologischen oder ethischen Themenbereiches erkennen. An künstlerischer Literatur können die Schülerinnen und Schüler –

neben der formalen Analyse – lernen, eine menschliche Gestalt – die Protagonistin oder den Protagonisten – im literarisch geschaffenen Beziehungfeld zu interpretieren und sich dabei kritisch mit ihrem eigenen Kommunikationsgeflecht zu befassen. Sie können aber auch den Arbeitsprozess eines Autors oder einer Autorin am Werk ablesen und für eigene fachwissenschaftliche oder literarische Produktionen bedenken. All diese Optionen gelten auch für biblische Ganzschriften und die dazu gehörigen exegetischen Kommentare. Anleitungen zum Umgang damit sind bereits in der didaktischen Literatur für Religionslehrerinnen und -lehrer vorhanden.

Jugendliche mit großer – auch außerschulischer – Initiative können durch *besondere Lernleistungen* in Form von ausgearbeiteten (gemeinschaftlichen, fächerübergreifenden) Projekten zu guten Noten kommen. Einige Landeskirchen schreiben dafür Wettbewerbe aus, z.B. zur informierenden Dokumentation für anstehende Gedenktage, zur Erarbeitung von Biographien oder zum kreativen Umgang mit der Bibel. Auf diese Weise entstehen Aktionen, Ausstellungen und Bücher sehr junger Autorinnen und Autoren und bereichern nicht nur die Schullandschaft, sondern auch das kulturelle Leben einer ganzen Region.

Unter einer apologetischen, wissenschaftsorientierten und leistungsbezogenen Decke ist durch den Religionsunterricht in der Sekundarstufe II längst eine kreative Subkultur entstanden, die nun – zeitverzögert – auch in die offiziellen Lehrpläne, Schulbücher und Schulorganisationen eindringt.

Kreativität

Es war bei der Beschreibung der religionspädagogischen Phänomene immer schon von Kreativität die Rede, ohne dass der Begriff definiert war. Das soll, auf den Religionsunterricht der Sekundarstufe II bezogen, nun geschehen.

Der Begriff „Kreativität" stammt aus der lateinischsprachigen christlichen Theologie, die Gott als den „creator", den Schöpfer der Menschen und der Welt, lobt (nach Ps 8, 104; 1. Mose 1-3 u.a.). Da diese Tradition vom Menschen sagt, er sei nach dem Bild seines Erschaffers (1. Mose 1,26) zur Bewahrung der Schöpfung (1,27) und zur Benennung aller Kreaturen (2,19) gemacht, kann auch auf menschlicher Seite von (mit)schöpferischen Kräften und kreativen Aufträgen gesprochen werden. Wie Gott die Welt durch Unterscheiden und Trennen der Elemente ins Leben rief (1,4.6), durch Ruhenlassen die einzelnen Werke zu einem Gefüge vollendete (2,2f) und durch die namengebende Beteiligung des

Menschen eine Beziehungsstruktur entstehen ließ (2,19), so kann Kreativität auch aufgefasst werden als die Kunst, eine unterscheidbare und beziehungsvolle Ordnung zu schaffen, eine Ordnung, die Chaos und System, Bedrohung und Langeweile in der Waage hält (Gabriele Miller). Künstler nennen das Kunst, Dichter sprechen von Dichtung, der Religionsunterricht könnte das Religion nennen.

Religiöse Kreativität innerhalb der jüdischen und christlichen Kultur und Pädagogik verdankt sich ihrem Schöpfer.
Sie ist weder eine Eigenschaft bestimmter Menschen, noch ein Programm, welches krisenfrei realisiert werden könnte. Kreativität muss geschenkt, ergriffen, gelernt und gewagt werden. Sie ist nur mit großer Achtsamkeit und nur zur rechten Zeit lehrbar. Sie ist ein lebensnotwendiges, aber flüchtiges und störbares Phänomen. Leichter als sie selbst sind ihre Wirkungen zu definieren: kreative Produkte, kreative Persönlichkeiten, kreative Situationen und kreative Prozesse.

Die Kreativitätsforschung versucht durch bestimmte Maßgaben *kreative Persönlichkeiten* zu identifizieren. Ein Interesse hat daran vor allem die Personalpolitik großer Arbeitsbetriebe. Dem Religionsunterricht ist nicht daran gelegen, besonders kreative Schülerinnen und Schülern auszuwählen, denn er hat sich um das Vorankommen aller zu kümmern. Jedoch ist aus diesem wirtschaftsbezogenen Forschungsbereich die Erkenntnis interessant, dass neben der Intelligenz auch kreative Fähigkeiten zu hohen (beruflichen) Leistungen führen können und als solche auch für messbar gehalten werden.

So muss der Religionsunterricht in der Sekundarstufe II nicht zugunsten ständiger Notenwirksamkeit auf kreative Arbeit verzichten, sondern kann diese geradewegs in sein Leistungsgeschäft einbeziehen.

Die Kreativitätsforschung hat ferner darauf hingewiesen, dass *situative Bedingungen* eine große Rolle bei der Entfaltung von Kreativität spielen. Am Anfang jeder Religionsstunde für ein Klima zu sorgen, welches der schöpferischen Phantasie Raum gibt, gehört mittlerweile zum guten Ton. Was in der Grundschule der regelmäßige Erzählkreis ist, kann in der Sekundarstufe ein „brainstorming" oder ein „Blitzlicht" sein, eine ritualisierte Gesprächsrunde jedenfalls, welche eigene Befindlichkeiten klären, Störungen aufdecken, Wünsche äußern und Kräfte sammeln hilft. Zugleich haben aber auch Raumgestaltung, Sitzordnung, Beleuchtung und Geräusche ihre kreativen oder hinderlichen Wirkungen.

Jeder gute Religionsunterricht lässt sich – theologisch und lerntheoretisch gesprochen – als *kreativer Prozess* beschreiben. Er nimmt sich – in seinen wesentlichen Passagen – letztlich immer ungelöster Probleme an und versucht auf Wegen, welche die Teilnehmerinnen und Teilnehmer selbst finden müssen, einer oder mehreren Lösungen nahe zu kommen.

Die Kreativitätsforschung unterscheidet bei kreativen Prozessen vier Phasen (H. Poincaré):

- Die *Präparation oder Vorbereitungsphase* macht, indem sie Wissen sammelt und Fragen entstehen lässt, das Problem oder auch die Komplexität der Aufgabe bewusst. Es kommt, sofern der Prozess zu gelingen beginnt, zu einer inneren Gespanntheit.
- Die *Inkubation oder Einnistungsphase* lässt das Gesammelte zunächst liegen. Es „gärt“ und wird dabei – unbewusst oder nebenbei – weiter verarbeitet. Diese Phase ist meist von unterschwelliger Unruhe, manchmal auch von Frustrationsgefühlen, Wut und Zweifeln begleitet.
- Die *Illumination oder Einsichtsphase* bringt den scheinbar plötzlichen Einfall, das Aha-Erlebnis, welches meist Erleichterung, oft sogar Freude schenkt und zur nächsten Phase drängt:
- Die *Verifikation oder Verwirklichungsphase* kann von handgreiflicher Tätigkeit geprägt sein, durch welche die Einsicht in eine Form gebracht wird. Es kann dabei ein sichtbares kreatives Produkt entstehen. Die Verifikation ist aber auch mehr abstrakt oder inwendig im Sinne einer reflektiven Lösungssicherheit möglich.

Wenn der Religionsunterricht in der Sekundarstufe II kreative Prozesse in Gang setzt, werden diese selten innerhalb der schulorganisatorisch gegebenen 45 oder 90 Minuten abgeschlossen sein. Jede fachspezifische Lern- und Forschungsarbeit in der Sekundarstufe II kann – geplant oder beiläufig – zu Präparation eines kreativen Prozesses werden. Eine kreative Inkubationszeit wird häufig außerhalb der Religionsstunden stattfinden und dabei auch von nichtschulischen Eindrücken beeinflusst, beflügelt, aber auch behindert werden.

Den Augenblick der Erleuchtung kann eine Religionslehrerin oder ein Religionslehrer zwar methodisch geschickt vorbereiten, aber nicht zwangsläufig herstellen. Die „geistliche" Verifikation braucht häufig mehr Zeit, als die Schule dem Religionsunterricht zugesteht, daher greifen kreative Unterrichtprozesse immer auch in den privaten Lebensbereich der Jugendlichen ein. Wichtig ist es, allen Phasen Raum zu lassen, angestoßene Prozesse nicht ins Leere laufen zu lassen und zur Geduld und zum „Dranbleiben" zu ermuntern, solange noch kein Produkt in Sicht ist und die Unruhe gärt. Die Präsentation kreativer Produkte und die Reflexion eines kreativen Prozesses sollten immer von ritueller Achtsamkeit getragen sein.

Immer muss allerdings mit dem *Scheitern eines kreativen Prozesses* gerechnet werden, welches nicht unbedingt an der mangelhaften Leistung der Schülerin oder des Schülers liegt. Angesichts der Unwiderruflichkeit der Noten in der Sekundarstufe II muss dies mitbedacht werden. Kommt kein kreatives Produkt zu Stande oder kann ein Werk nach den verabredeten Kriterien nicht als kreativ anerkannt werden, muss die Möglichkeit bestehen, dies mitsamt dem gescheiterten Prozess im Nachhinein zu reflektieren. Diese Reflexion kann ergänzend oder auch ersatzweise benotet werden.

Im Folgenden soll ein kreativer Prozess im Religionsunterricht der 12. Jahrgangsstufe geschildert und kurz kommentiert werden:

Boris und das Bild vom heiligen Kind

Es ging im Christologiekurs um die Ganzschriftlektüre des Matthäusevangeliums. Das Lesen selbst war unter verschiedenen Fragestellungen als Hausaufgabe verordnet. Einzelne Perikopen wurden – zum jeweiligen Thema der Kursplanung passend – im Unterricht gründlich interpretiert, ihre kirchliche und kulturelle Wirkungsgeschichte wurde betrachtet und ihre Relevanz für die Gegenwart bewertet. Zu Mt 2,1-12, der Geschichte von der Anbetung des Jesuskindes durch die Weisen aus dem Morgenland, kamen die Entstehung der Dreikönigslegende und der kirchliche Festkalender in den Blick. Als Lernerfolgskontrolle sollte eine Federzeichnung aus dem 14. Jahrhundert interpretiert werden.

„Marienleben", Federzeichnung auf Pergament, um 1330, Österreichische Nationalbibliothek Wien (Co. 874).

Für einige Schülerinnen und Schüler begann der kreative Prozess (von der Präparation bis zu gelegentlichen Aha-Erlebnissen) bereits bei der Arbeit an den Details des Bibeltextes. Bei der Erarbeitung der kirchlichen Wirkungsgeschichte ließ die bis dahin teilweise begeisterte und insgesamt konzentrierte Spannung nach. Wie die christliche Erzähltradition aus drei Geschenken (Mt 2,11) drei Könige mit klangvollen Namen und schließlich drei Schutzheilige machte, das wurde nur mit Interesse aufgenommen, weil ein katholischer Schüler davon zu berichten wusste. Gegenwärtige Dreikönigsbräuche wie das Sternsingen und die Kreidezeichen CMB an katholischen Häusern waren den evangelischen Jugendlichen weitgehend unbekannt und riefen eine eher distanzierende Verwunderung hervor. Auch das Bild aus dem Zyklus „Marienleben" – über Folie an die Wand des engen Kursraumes projiziert – brachte keine spontane Begeisterung hervor. Erst die „Spielregeln" der gemeinsamen Bildinterpretation wurden wieder lebhaft aufgenommen (nach Günther Lange, Kunst zur Bibel):

- Gehen Sie mit den Augen im Bild spazieren. Verweilen Sie beim Betrachten da, wo es Ihnen Freude macht oder wo irgendetwas Ihre Aufmerksamkeit fesselt.
- Versuchen Sie den Bildaufbau zu erkennen. Suchen Sie nach angedeuteten oder gedachten Linien, die Personen miteinander verbinden oder voneinander trennen. Ermitteln Sie das Zentrum des Bildes.
- Schlüsseln Sie die Symbole auf. Denken Sie z.B. über die Form, den Standort und die Bedeutung des Sternes nach. Versuchen Sie zu erkennen, was die Verteilung der Kronen auf oder bei den verschiedenen Personen bedeuten könnte. Denken Sie über den Sinn der beiden Heiligenscheine nach.
- Horchen Sie in sich selbst hinein: Welche Gefühle und Assoziationen weckt das Bild in Ihnen? Woran fühlen Sie sich erinnert? Was stößt Sie ab?
- Sinnen Sie darüber nach, wo in diesem Bild Platz für Sie wäre. In oder neben welcher Person könnten Sie sich wohlfühlen? Gibt es eine freie Stelle für Sie? Oder möchten Sie ganz außerhalb des Bildes bleiben?
- Beschreiben Sie die Bildszenerie von der gewählten Stelle aus.

Die fünfte und sechste Aufgabe sollte in Einzelarbeit bearbeitet werden, die letzte schriftlich. Die Ergebnisse waren in der folgenden Stunde zu präsentieren.

Die gemeinsame Bildbetrachtung gelang vergnüglich, kommunikativ und sehr aufmerksam. Es konnte viel Wissenstoff aus der exegetischen und erstaunlicherweise auch aus der wirkungsgeschichtlichen Arbeit reaktiviert werden. Die so genannte Präparationsphase schien gelungen, die Einnistungsphase angebahnt. Zur Textproduktion erhielten die Schülerinnen und Schüler eine Papierkopie des Bildes zur eigenen Bearbeitung.

Boris, der bislang engagiert mitgearbeitet hatte, fiel nach einer Weile in eine sichtlich missmutige Stimmung. Er hatte nichts geschrieben. Von der Lehrerin leise gefragt, woran er hängen geblieben sei, flüsterte er zurück, auf dem Bild, das sei eine geschlossene Gesellschaft, da finde er keinen Platz in oder neben einer Person; von außen wolle er aber auch nicht zuschauen. Die Lehrerin gab zu bedenken, ob ihm die Beschreibung der Situation vielleicht gelänge, wenn er zwei der Personen miteinander ins Gespräch brächte. Dies zog Boris wieder in den Prozess hinein, doch nicht so weit, dass er noch in der Stunde ans Schreiben gekommen wäre. Er verließ nach dem Klingeln den Raum dennoch gut gelaut, beruhigte die besorgt schauende Lehrerin mit der Auskunft, er komme schon zurecht, habe bereits eine Idee.

Zur Präsentation der perspektivischen Betrachtungen wurde das Bild wieder an die Wand projiziert, die Tische waren aus dem engen Raum entfernt, die Stühle standen locker im Halbkreis. Nur vor dem Stuhl im Scheitel stand ein kleiner Tisch mit Decke und Kerze – ein besonderer Platz, der die Kostbarkeit der Werke unterstreichen sollte. Mehrere Schülerinnen und Schüler lasen von dort aus, was sie geschrieben hatten. Die Texte wurden achtsam gehört. Hier und da wurde nachgefragt, wie etwas gemeint oder woran das Gesagte abzulesen sei. Ratschläge zur Verdeutlichung wurden gegeben, kleine sprachliche Verbesserungen vorgeschlagen.

Boris hielt sich zurück, las erst kurz vor Stundenende:

Ich bin der kleine Mann am unteren Bildrand,
schon halb herausgerutscht aus dem königlichen Audienzzimmer.
Ich höre noch, was sie sagen,
aber Einblick habe ich nur noch über den Augenwinkel.
Mir sind die Hände erstarrt in gelernter, andächtiger Haltung.
Ich fühle mich verkrampft und unbequem.
Der Boden unter meinen Knien ist hart und kalt.
Aber da drinnen über mir geht es lebendig zu.
Maria ruht warm und dick in sich selbst,
ist witzig und spritzig, ein wenig ironisch.
Ihre Handbewegungen sind elegant.
Die himmlische Krone sitzt auf ihren Haaren,
als sei sie dort gewachsen.
Locker bietet sie dem Jungen Platz auf ihrem Schenkel.
Doch dieser Knabe schmiegt sich nicht an,
er ist mir ähnlich, klein, verkrampft, mit schiefem Kopf.
Das Kreuz hängt daran.
Seine Hände sind zu groß und leer wie meine.
Mit der einen Hand scheint er sich selbst zu schützen.
Und die andere?
Wird er die Schätze nehmen?
Ist es das, was er braucht?
Es schaut ihn keiner der spendablen Gäste an.
Der linke König flirtet mit der schönen Mutter,
der mittlere debattiert über Astrologie,
der untere ist mit seiner Hingabe beschäftigt,
auch er sieht eher die Frau als das Kind.
Und ich?
Mir ist eine leere, aufgelöste Papierrolle
von all dem geblieben,
heilige Schrift ohne Zeichen.
Ich hätte gern Kontakt zu dem Kind.

Die Mitschülerinnen und Mitschüler reagierten staunend, schmunzelnd, stumm. Der ernste Hintergrund stand im Raum. Eine Schülerin brach das Schweigen mit einer direkten Anrede an Boris, durch sein „Gedicht" habe sie einige wichtige Beziehungslinien im Bild überhaupt erst gesehen. Die Lehrerin ermunterte nicht zur Interpretation, obwohl ihr durch den Kopf und die Seele ging, was sie über die häuslichen Verhältnisse des Jungen wusste. Sie dankte allen für die schöne und gehaltvolle Religionsstunde.

In der schriftlichen Reflexion seines gesamten Arbeitsprozesses an Mt 2,1-12 schrieb Boris: ... Ich bin nicht sicher, ob ich das ganze biblische und kirchliche Wissen gebraucht habe, um das Bild zu verstehen. Aber ich wäre bestimmt nicht so intensiv eingestiegen, ohne Bescheid zu wissen. Durch die Wissenschaftlichkeit vorher hatte ich festen Boden unter den Füßen. Weil ich die „Personen" genau kannte und wusste, dass sie 2000 Jahre von mir entfernt sind, konnte ich meinen eigenen Text dazu schreiben.

... Das Bild hat mir zuerst gar nicht gefallen. Ich fand es kunstlos gekritzelt und naiv. Aber weil das Bild so skizzenhaft ist, kann man es mit der eigenen Phantasie zuende „malen". Es ist dann eine Vorlage, in der man wiederfinden kann, was man aus eigener Erfahrung kennt.

... Mit dem Matthäustext war es übrigens ähnlich. Er kommt mir vor wie das Konzept für einen Text. Man könnte ein Märchen daraus machen.

... Ich schreibe gerne Texte ganz verschiedener Art. Aber mit der Schreiberei ist es eigenartig: Ich mache nicht gerne, was ich machen soll, aber ohne Vorschriften fällt mit nichts ein. „Spielregeln" sind gut, aber da muss man die Freiheit haben auszubrechen. Sehr wichtig finde ich, dass einem geholfen wird, wenn man nicht weiter weiß.

... Die Schule ist einerseits nicht der richtige Rahmen dafür. Andererseits gibt sie die Sicherheit, dass eine angefangene Sache wirklich zu Ende gebracht wird und dass dieselben Leute immer wieder anzutreffen sind. Das ist wichtig.

... Mir gefällt mein Text. Ich wollte ihn unbedingt vorlesen, hatte aber auch Angst davor. Ich wartete bis kurz vor dem Klingeln, damit keiner mehr etwas dazu sagen kann. Doch dann war plötzlich mehr Zeit, als ich gedacht hatte. Aber vielleicht ist es auch gut, wenn man gesagt kriegt, dass ein Text gelungen ist.

... So einen „kreativen Prozess" in einer Gruppe, die ich gut kenne, würde ich immer wieder mitmachen, aber er ist auch eine sehr anstrengende und langwierige Sache. Ich bin erleichtert, dass sie zuende ist und ich meinen Text mit der Reflexion jetzt endgültig abgeben kann. Andererseits bleibt eine Sehnsucht nach Wiederholung.

Die exegetische und kirchengeschichtliche Präparation war für Boris wichtig zur Sicherung des Terrains. Er entdeckte das Archetypische von Bild und Bibeltext und konnte daher beides zusammen als Projektionsfläche zur Darstellung eigener Erfahrungen, Beziehungsgeflechte und Emotionen nutzen. Er „schaut" vom Rand dem Treiben zu, beschreibt dies humorvoll und knüpft eine sehr vorsichtige, aber auch sehnsuchtsvolle Beziehung zu dem heiligen Kind. Er gestaltet spannungsreiche Interaktionen.

Die Krisenhaftigkeit kreativer Prozesse ist ihm vertraut. So kann er im Nachhinein selbstbewusst mit seiner Schreibblockade umgehen. Einen verlässlichen Rahmen, Spielregeln, personale Kontinuität und Beratung hält er für unerlässlich, wenn es um kreative Textproduktion geht. Es sind die didaktischen Koordinaten, in denen sich Religionsunterricht überhaupt bewegt. In der gymnasialen Oberstufe kann und muss dies – wie es hier am eigenen kreativen Prozess geschieht – reflektiert werden.

Boris hat einen literarisch bis in den Schriftsatz hinein gestalteten Text verfasst und trägt ihn in einer ritualisierten Situation vor. Im doppelten Sinn kann sich sein Text dadurch ästhetisch bewähren: als kunstvolle Wahrnehmung (eines Bildes und der eigenen Gefühle) und als (von der Zuhörerschaft) wahrnehmbares Kunstwerk – in zweifacher Resonanz.

Weil Boris eigene Erfahrungen und Emotionen eingewoben hat, enthält die Textur auch Geheimnisse, die nicht zerredet werden dürfen. Die Ambivalenz des Autors zwischen Veröffentlichungsdruck und Scheu entspricht ganz dem Werk selbst. Die Gruppe hat dies wahrgenommen, hat das Werk akzeptiert, aber sein Geheimnis nicht gelüftet – ein bis ins Schweigen hinein gelungener kreativer Prozess.

Literatur

F. Büchner: Religionsunterricht in der Sekundarstufe II, in: Neues Handbuch Religionspädagogischer Grundbegriffe, hg. v. G. Bitter u.a., München 2001

G. Lange: Kunst zur Bibel. 32 Bildinterpretationen, München 1988

G. Miller: Chaos – Ordnung – Kreativität, in: Katechetische Blätter 2/1992

H. Poincaré: Science and Hypothesis, London 1905

W. H. Ritter (Hg.): Religion und Phantasie. Von der Imaginationskraft des Glaubens, Göttingen 2000

Ein „ordentliches" Religionsbuch!?

Rainer Lachmann

Wenn interessierte Eltern im Laufe des Schuljahrs einmal die voluminösen und pompösen Schulranzen ihrer Kinder einer genaueren „Tornister-Analyse" unterzögen (H. Meyer, UnterrichtsMethoden), dürften sie neben dicken Federetuis, Heften, Arbeitsmappen und Arbeitsblättern und vielem anderen mehr auch auf etliche Schulbücher stoßen – unter ihnen wahrscheinlich auch auf ein Religionsbuch. Mit Befriedigung würden sie vielleicht vermerken, dass offenbar das gute alte Schulbuch trotz der scheinbar aussichtslosen Konkurrenz mit den Massenmedien, mit den modernen Techniken des Bild-, Film-, Ton- und Computer-Einsatzes (noch) nicht aus den Schulranzen und Schulstuben verschwunden ist. Beim ersten Blick auf das ansehnliche Religionsbuch müssen sie zugeben, dass es allein von seiner Aufmachung her durchaus mit den sog. Hauptfächern mithalten kann.

Dem „ordentlichen Lehrfach" Religionsunterricht (GG 7,3) entspricht wohl auch ein recht ordentliches Religionsbuch.

Schon der Außenumschlag mit seinen anregenden Bildern und sprechenden Titeln, mit Titeln wie „Religionsbuch Oikoumene", „Dasein. Wege ins Leben" oder „Baupläne Religion" laden ein oder verführen gar zum Aufschlagen, Blättern, Festlesen und Genau-Schauen, und unversehens wird so aus der neugierigen „Tornister- Analyse" eine interessierte Religionsbuch-Analyse.

Kein „Gottbüchlein" mehr

Besonders den Älteren unter den Eltern, die vor 1975 die Schule und den Religionsunterricht besucht haben, fallen die heute so ganz anders gearteten Religionsbücher auf. Ihr grundlegend geänderter Charakter hängt zusammen mit der pädagogischen und religionspädagogischen Wende Ende der sechziger Jahre des vorigen Jahrhunderts, als mit der Curriculumreform das Ende der Schul- und Religionsbücher gekommen zu sein schien.

Für einige Jahre wurden sie tatsächlich auch von einer äußerst produktiven und kreativen Fülle an Unterrichtsmodellen, Arbeitshilfen und Materialien verschiedenster Art verdrängt, ehe dann eine völlig neue Generation von Religionsbüchern herauskam, die der grundlegend veränderten religions-didaktischen Situation Rechnung trug und bis heute so gut wie alle im Religionsunterricht gebrauchten Lehr- und Arbeitsbücher bestimmt.

Damit war eine lange Religionsbuch – Tradition an ihr Ende gelangt, die in vielen Varianten das 19. und 20. Jahrhundert maßgeblich bestimmte. In ihr dominierten Katechismus und Biblische Geschichten, die den Religionsunterricht und seine Bücher mehr oder weniger streng normierten. Davon war auch der „erste Unterricht im christlichen Glauben" nicht ausgenommen; das berühmte „Gottbüchlein" von Ernst Veit (München 1933ff.), das in Bayern bis nach dem Zweiten Weltkrieg in Gebrauch war, kann davon beispielhaft zeugen:

Es handelte in einem ersten Abschnitt „Vom lieben Gott" und wird eröffnet mit einem kolorierten Bild von Bruno Goldschmitt, dem Illustrator des Büchleins, das Gott mit Strahlenkranz und langem weißen Bart umgeben von lobpreisenden „Englein" zeigt; dem folgt ein „Potpourri" von 59 erbaulichen und weisheitlichen Sprüchen, Versen, Liedern und Gedichten. Der zweite, den Hauptteil des Gottbüchleins ausmachende Abschnitt enthält 85 „Biblische Geschichten aus dem Alten und Neuen Testament". Der nächste Abschnitt beschäftigt sich mit „Unserer Kirche": Gotteshaus und Gottesdienst, Bibel, Gesangbuch, Kirchenjahr, Sakramente und Amtshandlungen sowie die Katechismusstücke Glaubensbekenntnis, Zehn Gebote und Vaterunser werden nacheinander vorgestellt, ehe dieses erstunterrichtliche „Kompendium" christlichen Glaubens mit einer Sammlung von Gebeten abschließt. Es enthält wahrhaftig alles, was ein gutes und braves Christenkind an Glaubenswissen braucht und im „ersten Unterricht" lernen soll…

So ganz anders!

Schon auf den ersten Blick präsentiert sich das Religionsbuch, das der Vater aus dem Schulranzen seiner siebenjährigen Tochter „herausgefischt" hat, so ganz anders als das „Gottbüchlein". Es heißt z. B. „Am Anfang. Religion 1" und ist das lernmittelfreie „Unterrichtswerk für den evangelischen Religionsunterricht im ersten Schuljahr" (Frankfurt a. M. 1986) an bayerischen Grundschulen. Vor allem fällt dem blätternden Vater die Vielzahl und Vielfalt der Bilder in dem Religionsbuch seiner kleinen Tochter auf, die ganz begierig ist, sie ihm zu erklären: Da sind biblische Bilder, Darstellungen aus der Lebenswelt der Kinder, Fotos und grafische Gestaltungen von Symbolen. Sie laden ein zum Anschauen, bringen zum Nachdenken und lenken den Blick auf das Geschriebene, die Inhalte und Themen des Buches, die sich so grundlegend vom Stoff des Gottbüchleins unterscheiden.

Da geht es u. a. um „Miteinander leben", „Unsere Kirche", „Auf Jesus hören", „Sehen lernen", „Angst haben", „Passion" und „Ostern" oder „Abraham". Der Vater begreift zusehends, dass das Religionsbuch wohl von einem ganz bestimmten religionspädagogischen Konzept geleitet ist und religionsunterrichtliche Ziele anstrebt, die anders ausschauen als die des Gottbüchleins.

Freilich dürften sich bei vergleichender Betrachtung auch die Ziele und Ausgestaltungen anderer Religionsbücher, die derzeit auf dem Schulbuchmarkt angeboten werden, kaum unterschiedslos gleichen. Selbst dem Nichtfachmann würden etwa beim Betrachten und Bedenken des „Religionsbuchs für das 1. Schuljahr" (Zürich/Köln/Düsseldorf 1983) des katholischen Religionspädagogen Hubertus Halbfas Unterschiede zum bayerischen Religionsbuch „Am Anfang" nicht entgehen. Nicht nur andere Themenschwerpunkte – „Leben und Lernen in der Schule", „Im Kirchenjahr", „Licht", „Herz", „Tür", „Augen, die nicht sehen" –, sondern schon die Art, Auswahl und Ausrichtung der Bilder lassen deutlich werden, dass hier ein besonderes, stark symboldidaktisch orientiertes Konzept die Schulbuchgestaltung geprägt hat.

Und während der Vater das Religionsbuch sehr angetan wieder in den Schulranzen zurücktun will, nimmt seine Tochter es ihm noch einmal aus der Hand und schlägt eine bestimmte Seite auf: „Das bin ich!" sagt sie und deutet auf das Bild eines kleinen Mädchens, in dem sie sich offenbar wiederfindet; es singt ein Lied, das mit Text und Noten auf der Seite daneben abgedruckt ist. „Sieht dir ähnlich!" antwortet der Vater kopfnickend.

Von der „Tornister-Analyse" zur Schulbuchanalyse

Was der Vater beim Durchblättern des Religionsbuchs an Eindrücken gewonnen und spontanen Urteilen geäußert hat, das muss sich bei Lehrerinnen und Lehrern, die in ihrem Unterricht mit Religionsbüchern arbeiten, zu einer regelrechten Schulbuchanalyse auswachsen, die Auskunft gibt über Eigenarten, Möglichkeiten und Schwachstellen der jeweiligen Religionsbücher und darüber, wo je dieses Buch bei diesen Schülern und Schülerinnen am effektivsten eingesetzt werden kann. Hier sind die Lehrkräfte zu einer kritischen und pragmatischen d.h. praxisorientierten Analyse aufgefordert, die die Besonderheiten des Mediums Schulbuch zu berücksichtigen hat, das an der Nahtstelle und dem Umschlag-Platz zwischen religionspädagogischer Theorie und Praxis angesiedelt ist.

Keineswegs als nebensächlich, sondern im Gegenteil als höchst wichtig erweist sich für eine solche Schulbuchanalyse das – wie man es nennen könnte – *prima-vista*-Kriterium, das Kriterium des ersten Blicks, das den Vater aber dann vor allem auch die Schüler und Schülerinnen anregt und einlädt zum Blättern, Lesen, Schauen, Reden und Diskutieren.

Dieser Einladungs- und Anregungscharakter des ersten Blicks hängt natürlich entscheidend von der *ästhetischen Aufmachung und Gestaltung* ab, wobei sich – verglichen mit Schulbüchern anderer Fächer – gerade die Religionsbücher durch reiche Bebilderungen, gekonnte Grafik und überlegte, häufig farblich differenzierte Gliederungs- und Verweisarrangements hervortun. Weiter und genauer gilt es hier dann sowohl auf die Qualität des Druckes und der Bilder zu achten wie auf das Verhältnis, in dem Texte und Bilder zueinander stehen. Entsprechend sind übersichtliche und einsichtige Anordnung sowie altersgerechte Aufmachung der jeweiligen Themen und Kapitel gefragt und verlangt.

Das *prima-vista*-Kriterium führt über die ästhetische Dimension und Qualität notwendigerweise weiter zur Analyse der Auswahl, Ausarbeitung und Ausgestaltung der *Themen und Inhalte*, die das Religionsbuch – häufig von Lehrplänen vorgegeben – präsentiert.

Dabei verlangt das Qualitätsmerkmal „einladend", dass sich die *Schüler und Schülerinnen* in den Religionsbüchern, ihren Texten und Bildern, ihren Fragen und Aufträgen, wiederfinden und angesprochen fühlen.

Was die kleine Tochter mit ihrem fröhlichen „Das bin ich!" dem Vater signalisierte, wird zu einem bedeutenden didaktischen Kriterium, an dem sich alle Schulbücher unverzichtbar messen lassen müssen. Die Wiedergabe und Weitergabe unvermittelter Glaubensinhalte und Wahrheiten wie einst im „Gottbüchlein" sollte schulbuchdidaktisch der Vergangenheit angehören. Stattdessen muss von heutigen Religionsbüchern verlangt werden, dass in ihnen die altersspezifischen Lebenserfahrungen der Kinder und Jugendlichen, ihre Fragen, Probleme und Meinungen in Anknüpfung und Vermittlung angemessen vorkommen und vertreten sind. Erst das verschafft den durch das Religionsbuch „transportierten" und kommunizierten Erzählungen, Informationen und Dialogen die nötige alltagsweltliche Anbindung und Verankerung, um dadurch etwas von der Lebensqualität und Lebensförderlichkeit der christlichen Botschaft erkennbar und erfahrbar werden zu lassen.

Welche Inhalte, Mittel und Wege das jeweilige Religionsbuch dabei einsetzt und verfolgt, hängt von den *religionspädagogisch konzeptionellen Grundentscheidungen* ab, von denen die Autoren des Buches geleitet sind. Diese aufzuspüren, ist deshalb gerade für Lehrer und Lehrerinnen wichtig, damit sie sich nicht an unbekannte Konzepte verlieren und sich konzept- und kontextloser „Steinbruch-Benutzung" ausliefern.

Pragmatische Schulbuchanalyse darf schließlich auf keinen Fall das Besondere der *Gattung Schulbuch* unberücksichtigt lassen. Es ist als ein Langzeit-Medium, das in der Regel für ein Schuljahr gedacht ist und auf alltägliche Benutzung angelegt ist, bestimmten institutionellen Rahmenbedingungen unterworfen, die im Falle der Religionsbücher nicht nur der Staat und die Verlage, sondern auch die Kirchen vorgeben. Wer das konkrete Religionsbuch in die Hand und den Blick nimmt, erfährt von diesen Vorgaben im Allgemeinen nichts. Was aber jedem aufmerksamen Betrachter auffallen müsste, besonders wenn er das Titelblatt aufschlägt, ist die Gattungsbezeichnung, die das Religionsbuch entweder von seinen inhaltlichen Schwerpunkten oder von seinen methodischen Eigenarten her definiert. Neben der herkömmlichen Quellensammlung und dem Lesebuch sind hier vor allem Lehrbuch und Arbeitsbuch zu nennen und zu unterscheiden, wobei das *Lehrbuch* in seiner informierenden und orientierenden Vermittlungsfunktion überwiegend lehrgangsartig strukturiert ist, wohingegen im *Arbeitsbuch* der Selbsttätigkeitsfunktion größere Bedeutung zukommt, was sich in direkten oder indirekten Arbeitsaufträgen, Fragen und Anweisungen niederschlägt (vgl. z. B. „Baupläne Religion", Stuttgart/Frankfurt a. M.).

Freilich hält sich heute die Mehrzahl der angebotenen Religionsbücher gattungsmäßig verdeckt und nennt sich in komplexer Einfachheit „Religionsbuch" (z. B. „Religionsbuch Oikoumene", Düsseldorf/„Religionsbuch für die Sekundarstufe I", Bielefeld) oder „Unterrichswerk" (z. B. „Dasein. Wege ins Leben", Frankfurt a. M.). Damit will man wohl zu enge und starre Festlegungen auf einen bestimmten Gattungstyp vermeiden und setzt demgegenüber eher auf gattungsartige Mischformen.

Das lenkt die Aufmerksamkeit der Schulbuchanalyse auf das *methodische Gebiet* und die methodischen Arrangements der Religionsbücher: Werden Aufgaben gestellt und Arbeitsaufträge erteilt? Welcher Art sind sie? In welchen Sozialformen sollen sie gegebenenfalls erledigt werden? Wie wird die Rolle der Lehrkräfte, wie die der Schüler und Schülerinnen definiert? Gerade an der Art und Anzahl der Arbeitsanweisungen lässt sich ablesen, inwieweit ein Schulbuch die Kommunikation der Beteiligten zu fördern vermag. Besonders relevant kann das im Falle des Religionsunterrichts werden, wenn man dessen *Ziele und Aufgaben* etwa von der „Kommunikation des Evangeliums" her zu erschließen sucht und ihn von daher als Verständigungsgeschehen zwischen Schülern, Lehrern und Thema qualifiziert.

Hier muss sich dann jedes Religionsbuch ernsthaft fragen lassen, was es denn als das immer schon Fertige überhaupt für den Unterrichts- und Lernprozess als den immer erst Werdenden leisten kann!

Am Schuljahresbeginn dürfte es nicht selten vorkommen, dass die Kinder und Jugendlichen ihren Eltern und Geschwistern mehr oder weniger stolz ihre neuen Schulbücher vorführen. Gefragt, was sie denn eigentlich mit all diesen Schulbüchern im Unterricht anfangen, berichten sie vielleicht aus dem Religionsunterricht des ersten Schultages:

„Erst hat uns die Frau Piddunski das neue Reli-Buch ausgeteilt und uns dann gesagt, wir sollten es aufmerksam durchblättern. Dann haben wir uns über das Buch unterhalten und gesagt, was uns an ihm besonders gefällt, was wir blöd finden, was wir nicht verstehen … und zum Schluss hat sie uns erklärt, wie das Buch aufgebaut ist und wie wir richtig damit arbeiten können …".

Schulbuchdidaktisch und -methodisch ist hier eine wichtige Voraussetzung und ein wichtiges Erfordernis erfolgreichen Schulbucheinsatzes angesprochen: das je nach Art des Buches und Alter der Schüler differenziert zu handhabende Einüben der Elementartechnik „Buchumgang".

Dadurch sollen den Benutzern in Auseinandersetzung mit Leser adressierten Vorworten, Arbeitsanweisungen, methodischen Arrangements, Gestaltungseigenarten und eventuellen Stichwortverzeichnissen, Glossaren oder Registern des Anhangs des Religionsbuchs „buchgerechte" Arbeitstechniken vermittelt werden. Das erleichtert die Arbeit mit dem Religionsbuch nicht nur in der unterrichtlichen Einzel-, Partner- oder Gruppenarbeit, sondern schafft auch die Voraussetzung zum erfolgreichen Schulbucheinsatz außer-halb des Unterrichts. Hier ist dann eventuell auch der Ort oder kann sich die Gelegenheit ergeben, dass Eltern noch einmal mit den Schulbüchern ihrer Kinder Bekanntschaft machen (müssen), dann nämlich, wenn die Bücher im Wirkungs- und Einzugsbereich der Hausaufgaben auftauchen. In dieser Hinsicht kann das Religionsbuch mit seinen Geschichten, Erklärungen und Impulsen zur häuslichen Vorarbeit und Vorausinformation dienen oder wird in der außerschulischen Nacharbeit eingesetzt: als Einprägungs-, Übungs- oder Sicherungsarbeit. Entsprechend gibt es eine große Fülle an Sicherungsformen, die von der Anwendung, Erweiterung und Vertiefung bis zur Festigung, Wiederholung und Zusammenfassung reichen und mit oder ohne Beteiligung und Begleitung der Eltern zu bewältigen sind.

Nicht nur für die Schülerinnen und Schüler, sondern vor allem auch für die Lehrkräfte stellt sich natürlich die Frage, was sie eigentlich mit den Religionsbüchern anfangen sollen bzw. wozu die Religionsbücher religionsunterrichtlich zu gebrauchen sind. Auch für die Lehrer und Lehrerinnen erschöpft sich die Arbeit mit dem Religionsbuch nicht im unterrichtlichen Einsatz, sondern beginnt in der Regel bereits im *Planungs- und Vorbereitungsprozess* außerhalb des Unterrichts. Abhängig von der Art des Buches und – nicht zu vergessen – von der Persönlichkeit des Lehrers, seinen Voraussetzungen und Fähigkeiten, kann das Religionsbuch Anregung, Orientierung und Entlastung bieten und mit seinen Texten, Bildern, methodischen Hinweisen und Einsatzvorschlägen echte Planungshilfen vermitteln. Nicht wenige Lehrkräfte werden dabei das Religionsbuch vor allem als Materialgrundlage benutzen und deshalb offen strukturierte Schulbücher mit größeren Spielräumen für eigene Entscheidungen bevorzugen. In der Regel werden sie sich bei ihrer Unterrichtsvorbereitung nicht mit dem lernmittelfrei vorgegebenen Religionsbuch begnügen, sondern werden aus der Angebotsfülle heutiger Religionsbücher auch noch andere Bücher zur Vorbereitung heranziehen. Dieser „Baustein – Gebrauch" ist durchaus legitim, auch wenn er in seiner „Zettelkasten- oder Steinbruchverwendung" den Funktionen eines Schulbuchs nur eingeschränkt gerecht wird.

Neben Religionslehrern und -lehrerinnen, die im beschriebenen Sinne relativ frei, kreativ und eklektisch mit den Vorgaben der Religionsbücher umgehen, gibt es nach einschlägigen Untersuchungen eine erstaunlich große Zahl an Lehrkräften, die den inhaltlichen Nutz- und Informationswert der Schulbücher besonders hoch einschätzen und deshalb für differenzierte Strukturierungsvorschläge und methodische Planungshilfen dankbar sind.

Es versteht sich fast von selbst, dass von dieser Lehrergruppe, die bei ihrer Arbeit nicht selten unsicher und überfordert wirkt, ganz überwiegend das lehrgangsmäßig strukturierte, stärker informierende und orientierende Lehrbuch geschätzt wird. Hier überwiegt dann die *Steuerungs- und Entlastungsfunktion* des Religionsbuchs, der freilich insofern Grenzen gesetzt sind, als ein Schulbuch nicht mit einem Lernprogramm verwechselt werden darf, bei dem alle methodischen Anweisungen und inhaltlichen Materialien direkt auf das gewählte Ziel ausgerichtet sind.

Von daher gleicht die Arbeit mit dem Religionsbuch einer Gratwanderung „zwischen Offenheit und Eingrenzung" (G. Ringshausen), die je nach Art des Buches mehr oder weniger strukturierte Spielräume und begrenzt offene Lernfelder ermöglichen soll, mit und in denen Lehrer wie Schüler frei umgehen können.

Wer seine Kinder danach fragt, was sie eigentlich mit dem großartigen Religionsbuch im Unterricht alles treiben, erfährt natürlich nichts Direktes von diesen Schulbuchfunktionen im Vorbereitungsfeld der Lehrkräfte. Eher wird er aus den Berichten der Kinder heraushören können, wie sich der *Schulbucheinsatz im konkreten Unterrichtsprozess* vollzieht. Hier kommt es ganz wesentlich darauf an, in welcher Phase des Unterrichts mit dem Religionsbuch gearbeitet wird.

- In der *Einstiegsphase* wird z. B. die *Motivierungsfunktion* eine große Rolle spielen, wobei sich die Mehrzahl der heute gebrauchten Religionsbücher gerade in dieser Hinsicht als äußerst brauchbar erweisen. Sie bieten in der Regel nicht nur eine Vielzahl an Texten, Sentenzen und „Überlege-Aufgaben" mit provokativem, fragwürdigem und kritischem Impulsgehalt, sondern zeigen vor allem auch eine vielgestaltige Auswahl an Fotos, Kunstbildern, Illustrationen, Grafiken und Karikaturen, durch die auch diejenigen, die das Buch scheinbar nur flüchtig durchblättern, zum bedenklichen Innehalten und ansehnlichen Verweilen motiviert und eingeladen werden können.
- In der *Erarbeitungsphase* des Religionsunterrichts wird dann die *Repräsentations- und Informationsfunktion* dominieren, wobei man von einem guten Schulbuch erwarten sollte, dass es die behandelten Inhalte, Fragen und Probleme in verständlicher Sprache sachlich korrekt und didaktisch anregend präsentiert. Gerade für Religionsbücher klingt das einfacher als es in Wirklichkeit ist und hängt jeweils ab von der Art und Anlage des Buches und des Themas, das im entsprechenden Kapitel behandelt wird. Informierende Einheiten und Passagen verlangen dabei eine andere Aufbereitung und Gestaltung als problemorientierte Themenkreise, die indes besonders aufschlussreich für das religionspädagogische Konzept sein können, für das ein Buch steht. Hier stellen sich nämlich für die Arbeit mit dem Religionsbuch etwa die Fragen, wie in ihm die Inbeziehungsetzung von Glaubensfragen und Lebenssituationen „gelöst" ist, welche Stellung und welchen Stellenwert der Bibel eingeräumt wird und nicht zuletzt wie das Buch mit der theologischen Pluralität umgeht. Maßstab für ein gutes Religionsbuch könnte hier sein, inwieweit es mit seinen spezifischen Mitteln Spielräume eröffnet und Hilfen anbietet, in und mit denen die Kinder und Jugendlichen zu eigener Meinung finden können. Dass dabei gerade für Religionsbuchkonzepte, in denen die Schülerinnen und Schüler bewusst als Subjekte im religionsunterrichtlichen Kommunikationsprozess ernst genommen werden, viel auf die vorgeschlagenen und eingesetzten Arbeits- und Sozialformen ankommt, liegt auf der Hand.
- Mit der *Schlussphase* verbinden sich für die Schulbücher vor allem die *Funktion der Übung, Ergebnissicherung, und Kontrolle*, die das Religionsbuch – man denke nur an den Katechismus als Examinierungsbuch oder auch noch an besagtes „Gottbüchlein" – bereits von seinen Anfängen intensiv wahrgenommen hat. Heute ist die Kontrollfunktion der Religionsbücher reduziert und überwiegt stattdessen die Übungs- und Sicherungsfunktion. Wie schon erwähnt ist das der Ort im (Schul-) Alltag, an dem die Eltern besonders der jüngeren Kinder über die Hausaufgaben und häusliche Nacharbeit noch am ehesten Bekannt-

schaft mit den Religionsbüchern machen. Diese kann sich besonders bei Lernschwierigkeiten der Kinder für die gefragten Eltern zu durchaus interessanten und aufregenden Begegnungen mit dem Religionsbuch und seinen Aufgaben, Anregungen und Zumutungen ausweiten. Dessen ungeachtet wird sich der Hauptanteil an Schulbuch-unterstütztem Üben, Wiederholen, Sichern und Kontrollieren im Unterricht selbst abspielen. Das verlangt von den Lehrkräften ein variables, differenziertes und kreatives Repertoire an entsprechenden Methoden, die gleichermaßen erfolgsversprechend wie motivierend sein sollen und vor allem auf keinen Fall den einladenden und anregenden Ruf des „gebrauchten" Religionsbuchs beschädigen oder verspielen dürfen!

Es hat Zukunft, aber in Grenzen

Nach der bedenklichen Beschäftigung und Begegnung mit dem „ordentlichen" Religionsbuch verschwindet es wieder im Schulranzen, und der wird wie immer an seinen Platz in der Ecke gegenüber dem Computer gestellt. Und demgegenüber sieht nicht nur der Ranzen, sondern auch „unser" Religionsbuch mit seiner interessanten und imposanten Vergangenheit doch recht „alt" aus. Dieser Eindruck verstärkt sich, wenn man in dieser Richtung mit dem jüngsten Produkt aus der Computerbranche bekannt gemacht wird: mit dem „digitalen Religionsbuch" im Internet, in dem „ausschließlich SchülerInnen" Themen erarbeiten und digital anbieten, die dann im Religionsunterricht abgerufen und benutzt werden können. Hier eröffnen sich neue Möglichkeiten und zukunftsträchtige Wege, die freilich kaum das Ende des „guten alten Schulbuchs" bedeuten werden; denn dagegen sprechen die unübersehbaren *Vorzüge* dieses Mediums: seine vielseitige Verwendbarkeit, seine „Tendenz zur Kontinuität", seine Einsetzbarkeit ohne großen Aufwand, seine einfache Handhabbarkeit innerhalb und außerhalb des Unterrichts. Diese Vorzüge kommen freilich nur dann voll zum Tragen, wenn sie gepaart sind mit der realistischen Einsicht in die *Grenzen*, die dem Medium Schul- und Religionsbuch gesetzt sind. Dann weiß man, dass das Religionsbuch nur ein Medium unter einer Fülle anderer Medien ist und es deshalb – gleichsam als „Verbundsmedium"- dringend auf mediale Kooperation angewiesen ist. Bescheiden und nüchtern gilt es deshalb auch stets anzuerkennen, dass das Religionsbuch kein religionsunterrichtliches Universal- und Allheilmittel ist, sondern lediglich ein Hilfsmittel, das Lehrkräfte wie Schülerinnen und Schüler nicht unverhältnismäßig eingrenzen darf, sondern zu konstruktivem und kreativem Umgang entbinden will. So hat das herkömmliche Religionsbuch in Grenzen Zukunft und kann sich mit dem ihm eigenen Mitteln einbringen in das Kommunikationsgeschehen christlichen Religionsunterrichts.

Literatur

G. Adam/R. Lachmann: Methodisches Kompendium für den Religionsunterricht, Bd. II, Göttingen 2002

A. Mertin: Internet im Religionsunterricht, Göttingen 2001 (2. Aufl.)

H. Meyer: UnterrichtsMethoden II. Praxisband, Frankfurt a.M. 1987

Didaktische Ansätze für den Religionsunterricht

Bestandsaufnahme und Perspektiven

PETER BIEHL

Im Sinne einer Bestandsaufnahme gebe ich einen Überblick über die bis heute wirksamsten religionsdidaktischen Konzeptionen und erläutere meine These vom notwendigen Zusammenspiel einst konkretisierender Ansätze.

Religion lehren heißt: Zu einer Entdeckungsreise anstiften

Die Leute von Tynset stellen keine Fragen, die Tynset betreffen, weder die Schläfer noch die Liebenden noch der Sterbende noch seine Erben noch der Lehrer. Doch. Der vielleicht doch, dieser Lehrer. Versuche ich es mit ihm, irgendeine Verwandtschaft sollte ich herstellen mit einem Bewohner von Tynset, irgendeine. Nehme ich den Lehrer, meinen Freund, was soll er denken? Er denkt frei, dieser Lehrer, Angehöriger einer schlecht bezahlten, oft geschmähten Kaste. Er denkt:

Nein. Keiner erwartet eine Antwort. Alles ist bereits Antwort. Keiner fragt, denn keiner weiß, daß man überhaupt fragen kann. Alle sind sie nur mit den Antworten groß geworden, denkt der Lehrer, aber es sind keine Antworten auf Fragen, vielmehr sind es Scheinantworten, sie dienen dazu, der Frage zuvorzukommen, die Frage zu verhindern, sind dazu entworfen, den Willen zur Frage im Keim zu ersticken, die Frage so zu verdecken, als gäbe es sie nicht. Zuerst kam die Antwort, so denkt mein Freund, und dann erst die Frage, das steht schon in der Bibel, im elften Buch Mosis und im Lukas-Evangelium und im Friedrichs-Evangelium und in den Korintherbriefen, fünfter Band, und als die Frage kam, kam sie, wie der Poet zur Verteilung der Güter dieser Erde, zu spät, für sie gab es keinen Platz mehr, so denkt der Lehrer. Grinsend saßen schon, gestärkt und geschniegelt, in Chorgewändern und Soutanen und Stolen, in Tiara und Mitra, mit Krummstab und Ring, mit steifen Beffchen und schwarzen Wickelgamaschen, hinter randlosen Brillen und mildem Blick und verschleierten Augen, mit weicher Stimme und runder Gestik und verklärtem Gesang, die Männer Gottes auf den Kisten, in denen die Antworten lagen, wohlverpackt, um in die Welt hinausgeschickt zu werden. Grinsend deuteten sie auf die Kisten, zeigten auf die Adressen. Auf den Vermerk: „Vorsicht! Nicht stürzen!" hatten sie verzichtet, denn sie konnten sich auf ihre Spediteure verlassen.

Das denkt der Lehrer von Tynset, mein Freund. Oder nicht? Doch, das denkt er.

(Wolfgang Hildesheimer, aus: Tynset. © Suhrkamp Verlag, Frankfurt am Main 1967, „Die Leute von Tynset stellen keine Fragen ... Oder nicht? Doch, das denkt er.")

Der Lehrer von Tynset denkt vielleicht daran, dass Kinder mit Fragen, Spontaneität, Phantasie, Einbildungskraft, Neugier in die Schule kommen und ihnen im Laufe der Schulzeit diese wichtigen „Tugenden" angesichts der Aufgabe, ihnen „vernünftiges Denken beizubringen", nach und nach ausgetrieben werden.

Er denkt vielleicht auch an einen Religionsunterricht, der fertige Antworten auf Fragen vermittelt, die gar keiner gestellt hat. Einer der wichtigsten Theologen des letzten Jahrhunderts, Paul Tillich, sprach davon, dass religiöse Erzieher jungen Menschen die religiösen Symbole wie Steine an den Kopf werfen, wenn sie nicht auf Fragen, Interessen und Bedürfnisse der Lernenden bezogen werden. Bei Hildesheimers Bild von den Männern Gottes auf den Kisten handelt es sich um eine Karikatur des Religionsunterrichts, ein Bild, das leider auch Anhalt an der Wirklichkeit hat.

Angesichts dieses Befundes formulieren wir:

**Der Religionsunterricht ist der Ort, an dem wir gemeinsam das Fragen lernen.
Das Fragen-Lernen ist eine der wichtigsten Aufgaben des Religionsunterrichts. Ohne dieses Fragen-Lernen können Schülerinnen und Schüler auch nicht nach Gott fragen, die Wirklichkeit Gottes auf nichts mehr beziehen.**

Zum Fragen-Lernen gehört das Abschiednehmen vom Bescheidwissen. Es hinterfragt Selbstverständlichkeiten. Dem Fragen-Können entspricht ein Lernverständnis, das den Blick schärft für Wahrnehmungen; es umfasst Staunen, Stutzen, Entdecken, Imaginieren, Mit-Leiden, weil nach dem Anderen gefragt wird, Deuten, Vergleichen, die Fähigkeit, Dinge aus verschiedenen Perspektiven zu sehen (man spricht heute von Pluralismusfähigkeit), die Wahrnehmung von Brüchen und Widersprüchen. Fragen-Lernen bedeutet eine „Entselbstverständlichung" (Rumpf) des Lebens.

Das, was wir bei kleinen Kindern beobachten können, muss der Religionsunterricht häufig gegen den Strich einer technisch-instrumentellen-funktionalen Lernkultur erst wieder freilegen. Dass er sich damit durchaus im Rahmen des Bildungsauftrags der Schule befindet, wird in dem Bildungsessay des Pädagogen Hartmut von Hentig deutlich. Er rechnet zu den Maßstäben der Bildung die „Wachheit für letzte Fragen" (von Hentig 1997). Wir können nicht aufhören sie zu stellen. „Gibt es Gott – d.h. einen Schöpfer des Universums und Herrn der Geschichte? Hat die Welt einen Sinn, einen Plan? Was ist dieser Sinn, worin offenbart er sich? Was ist meine Bestimmung in ihm? Warum bin ich? Bin ich frei, von jenem Plan abzuweichen? Wohin führt alles? Was kommt danach?"

Solche Fragen lassen sich nicht mit fertigen Antworten „aus den Kisten“ beantworten. Lehrerinnen und Lehrer sind in diesen Fragen oft genauso ratlos wie Schülerinnen und Schüler. Sie bilden eine Gemeinschaft der Fragenden. Anthropologen beschreiben den Menschen als eine Frage, zu der die Antwort fehlt.

Versuchsweise formulieren wir als Gegenthese: Der Mensch ist Antwort, zu der die Frage fehlt.

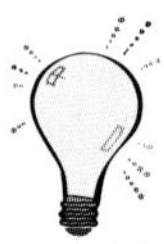

Wir wollen damit darauf aufmerksam machen, dass das Fragen-Lernen sich nicht in einem luftleeren Raum abspielt. Fragen können wir nur stellen, indem wir auf Vorgegebenes, auf Vor-Gabe achten, an der sich das Fragen entzündet.

Wir sitzen alle im gleichen Zug
und reisen quer durch die Zeit.
Wir sehen hinaus, wir sahen genug.
Wir fahren alle im gleichen Zug
und keiner weiß wie weit.

Ein Nachbar schläft, ein andrer klagt,
ein Dritter redet viel.
Stationen werden angesagt.
Der Zug, der durch die Jahre jagt,
kommt niemals an sein Ziel.

Wir packen aus. Wir packen ein.
Wir finden keinen Sinn.
Wo werden wir wohl morgen sein?
Der Schaffner schaut zur Tür herein
und lächelt vor sich hin.

Auch er weiß nicht wohin er will.
Er schweigt und geht hinaus.
Da heult die Zugsirene schnrill!
Der Zug fährt langsam und hält still.
Die Toten steigen aus.

Ein Kind steigt aus. Der Mutter schreit.
Die Toten stehen stumm
am Bahnsteig der Vergangenheit.
Der Zug fährt weiter, er jagt durch die Zeit,
und niemand weiß, warum.

Die erste Klasse ist fast leer.
Ein feister Herr sitzt stolz
im roten Plüsch und atmet schwer.
Er ist allein und spürt das sehr.
Die Mehrheit sitzt auf Holz.

Wir reisen alle im gleichen Zug
zur Gegenwart in spe.
Wir sehen hinaus. Wir sahen genug.
Wir sitzen alle im gleichen Zeug
und viele im falschen Coupe.

Erich Kästner, Das Eisenbahngleichnis, in: Ders., Gesang zwischen den Stühlen,

„Wenn jemand eine Reise tut, dann kann er was erleben", sagt das Sprichwort. Wir formulieren es etwas um: „... dann kann er was erfahren". In unserem Wort „Erfahrung" steckt nämlich das Erfahren. Dabei ist konkret an eine Reise gedacht. Der Mensch macht Erfahrungen, indem er die Welt bereist und Gefahren besteht.

Das Wort „erfahren" leitet sich von „fahren" her. Erfahrung ist das, was einem auf der Fahrt, einer Reise an Gefahren begegnet und was er zu bestehen hatte. „Erfahrung" meint ferner das Ergebnis der Reise, dieses Fahrens, also die Erfahrenheit, als Niederschlag vieler Erfahrungen.

Die Berufung auf Erfahrung geschieht häufig in dem Interesse, sich gegen Neues abzuschirmen.

Für die Erschließung von Religion ist besonders wichtig, dass Erfahren als Prozess einen Vorrang behält.

Dass wir Erfahrungen machen, ist für unser Leben so entscheidend, dass das ganze Leben als Reise dargestellt wird. Im alten Griechenland als Schiffsreise, in christlichen Liedern als Pilgrimsreise, heute als Eisenbahn- oder Fluggleichnis.

Das Leben wird in einem ursprünglichen Sinn als Er-Fahren verstanden. Das Gleichnis Erich Kästners nimmt dieses alte Bild auf. In seinem „Eisenbahngleichnis" ist das, was im letzten Abschnitt als Frage formuliert wurde, schon beantwortet. Es ist ein „Zug nach nirgendwo". Die Reise hat keinen Sinn und kein Ziel. Nicht einmal der Schaffner weiß, wohin die Reise geht. Dem Motiv nach gehört die Erzählung „Der Tunnel" von Friedrich Dürenmatt in diesen Zusammenhang: Das Leben – eine Eisenbahnreise, die in einem Tunnel ins Nichts abstürzt.

Die literarischen Texte können helfen, das Gewohnte zu unterbrechen („Unterbrechung" ist nach Johann B. Metz die kürzeste Definition von Religion) und Neues wahrzunehmen. Sie können, verstärkt im Kontext mit religiöser Sprache, der Wirklichkeit ein Mehr an Möglichkeiten zusprechen.

Fragen, Wahr-Nehmen des Neuen haben daher einen Vorrang.

Religion lehren heißt, zu einer Entdeckungsreise anstiften. Heranwachsende können selbst auf die Reise gehen und Entdeckungen machen. Im Blick auf dieses entdeckende Lernen formulieren wir als zweite Bestimmung des Religionsunterrichts:

Der Religionsunterricht ist der Ort, an dem wir gemeinsam Erfahrungen verstehen und deuten sowie durch Handeln und Gestalten gemeinsame Erfahrungen machen können.

Der *primäre* Ort der Entdeckung und Erfahrung von Religion ist die Lebenswelt der Schülerinnen und Schüler. Religiöse Phänomene und alltagsweltliche Probleme können im unmittelbaren Lebensumfeld der Lernenden in der Region – und vermittelt durch Medien – in der Ferne und Fremde wahrgenommen werden. Die Entdeckungsreise kann auch nach Innen führen, in die innere Welt der Wahrnehmungen, Träume, Sehnsüchte. Erfahrungen mit Religion zu machen, bedeutet aber auch die staunende Annäherung an Erscheinungen und Praktiken, die weder kirchlich noch wissenschaftlich normiert sind. Viele Jugendliche und junge Erwachsene machen Erfahrungen mit religiösen, esoterischen und spirituellen Praktiken außerhalb der Kirchen; sie suchen, probieren und sammeln vielfältige Anregungen und Angebote – auch Magie und Okkultismus gehören dazu – Ausdruck eines neuen religiösen Interesses außerhalb von Kirche. Solche und andere Erlebnisse, Wahrnehmungen und Widerfahrnisse werden für die Betroffenen erst zu Erfahrungen, wenn sie mit Hilfe eines Interpretationsrahmens, also durch sprachlich geleitete und vermittelte Erschließung gedeutet und damit in den bisherigen Erfahrungszusammenhang eingelassen werden. Dieser Interpretationsrahmen ist das Ergebnis der bisher gesammelten Erfahrungen; er ist zugleich gesellschaftlich vermittelt und besteht für eine Gruppe von Personen gemeinsam.

Die Wahrnehmung, das Verstehen und Deuten neuer Erfahrungen kann den Interpretationsrahmen verändern und damit die sprachlich geleitete Deutung und Gestaltung von Wirklichkeit erweitern und vertiefen. Die Frage stellt sich hier noch einmal: Lässt der Interpretationsrahmen Neues zu oder ist er so blockiert, dass immer nur das schon Bekannte wahrgenommen wird? Die Erfahrungsfähigkeit auch junger Menschen kann schon blockiert sein. Auf jeden Fall erfordert die Erfahrungsfähigkeit die Kompetenz, mit (religiöser) Sprache umgehen zu können. Wir können von einer Schlüsselkompetenz sprechen.

Handeln und Gestalten sind Momente der Aktivität, die zu jedem Erfahrungsprozess gehören. Religion zu erfahren bedeutet, das Leben zugleich passiv und aktiv zu erfahren, verstehen und deuten, sowie auch durch

Handeln und Gestalten gemeinsam Erfahrungen machen, bedeutet Empfangen und darstellendes Handeln. Im Handeln vollzieht der Mensch das nach, was er im Glauben empfangen hat.

In der Schule werden Erfahrungen durch teilnehmenden Mitvollzug und durch gemeinsames Handeln gemacht. In ihr sind die Handlungsspielräume allerdings gering (Projektunterricht und seine Vorformen). Daher kommt (künstlerischem) Gestalteten, in dem das Verstehen sinnenfälligen Ausdruck findet, besondere Bedeutung zu.

In der Beanspruchung aller Sinne in religiösen Lernprozessen kommt die Einsicht der Reformpädagogik von der Einheit der Bildung von Kopf, Herz und Hand zur Geltung. Ihre Realisierung kann zu einer schrittweisen Veränderung der instrumentellen Lernkultur hin zu einer kommunikativen Kultur führen.

Alle religionspädagogischen Ansätze seit 1958 sind am Verstehen von Erfahrungen orientiert (erfahrungshermeneutische Grundlage).

Im Zentrum des Romans von Max Frisch „Mein Name sei Gantenbein" steht das Problem der Identität und das Problem der Darstellbarkeit des Unsagbaren. Es wird als Spannung zwischen Erinnerung und Ahnung erfahren und kann nur umschrieben werden.

Darum geht es im „Gantenbein": Auf der Suche nach seiner Identität, die von keinem Bildnis verstellt ist, fabuliert ein Ich auf sein unsagbar Wirkliches zu, indem er seine Erfahrungen in ständig auswechselbaren Geschichten vorstellt. Jede Geschichte ist ein Einfall von Erfahrung, und die Summe der Geschichten kreist um dasselbe Erfahrungsmuster.

„Ein Mann hat eine Erfahrung gemacht, jetzt sucht er die Geschichte dazu – man kann auch nicht leben mit einer Erfahrung, die ohne Geschichte bleibt..."

„Ich probiere Geschichten an wie Kleider!"

„Scheußlich ... Abzuschwimmen ohne Geschichte."

Wir nehmen diesen Einfall auf und formulieren:

Der Religionsunterricht ist der Ort, an dem wir gemeinsam Geschichten und Symbole anprobieren, um zu sehen, ob sie zu unserer Erfahrung passen.
Sinndefinition und Sinndeutung ist nicht mehr Aufgabe von Institutionen, sondern Aufgabe des Individuums.
Es nimmt zur Lösung dieser Aufgabe von den Sinnangeboten der religiösen und kulturellen Tradition nur das in Anspruch,

was von unmittelbarer Bedeutung zur Deutung der Biografie im Kontext von Umbrüchen, Übergängen und unvorhersehbaren, überraschenden Widerfahrnissen ist.

Für diese Aufgabe ist ein großes Reservoir an Storys und Symbolen erforderlich, die sich nicht beliebig „herstellen" lassen. Wir sind daher auf den Schatz jüdisch-christlicher Symbole und Geschichten angewiesen.

Die zentralen Erfahrungen und Konflikte des Lebens, die vorsprachlichen Gefühle und Stimmungen lassen sich offenbar nicht ausdrücken, ohne auf die religiösen Traditionen zurückzugreifen.

Die Geschichten können neue Kontexte mit gegenwärtigen Geschichten bilden. Hans-Martin Gutmann hat durch seine Analysen populärer Kultur (große Hollywood-Filme, Songs, Comics…) nachgewiesen, dass sie voller Anspielungen, Zitate und Weiterentwicklungen religiöser Symbolkomplexe nicht auskommt.

Hartmut von Hentig zeigt, dass „Geschichten" zum ersten Bildungsanlass werden; denn die Menschen leben von Geschichten nicht weniger als von Brot. Die Bibel ist das erstaunlichste Beispiel dafür, dass und wie der Mensch Geschichten braucht. „Die Bibel war und ist Erinnerung, Selbst-Vergewisserung, Lebensgesetz, Weltdeutung und in alledem das, was man mit einem dunklen Wort Offenbarung nennt." (von Hentig).

Das Verstehen von (biblischen) Geschichten ist konstitutiv für Erfahrungen mit christlicher Religion. Das Verstehen richtet sich in erster Linie auf das Leben selbst und deutet es mit Hilfe von Geschichten. Der Lernende versteht sich nicht unmittelbar, sondern im Spiegel des Anderen und auf dem längeren Weg über den Schatz kultureller und religiöser Symbole und Geschichten. Das Selbstverstehen ist zeichenvermittelt.

Der Lernende versteht sich selbst, indem er das, was Storys und Symbole zu verstehen geben, in Annäherung und Distanzierung so in das Verstehen einholt, dass er den ihm gegebenen Sinn sich entweder reflexiv aneignet und weiterentwickelt oder aber kritisch abweist.

Der Prozess des Verstehens ist unabschließbar und auf das Weiterverstehen des Selbst und der gemeinsamen Lebenswelt angelegt.

Warum spielen in diesem Prozess neben Geschichten *Symbole* eine wichtige Rolle?

Die ursprüngliche Bedeutung von Symbol (das griechische Wort heißt „zusammenfallen", „zusammenpassen") erläutern wir an einer Szene aus dem alten Griechenland: Zwei Freunde nehmen für längere Zeit Abschied voneinander, sie ritzen ihre Namen auf eine Tonscherbe und brechen sie in zwei Stücke. Jeder bekommt eine Hälfte mit. Das Brechen von Ton und Namen drückt Abschied aus. Jede Hälfte weist auf die Freundschaft, ist ein sinnliches Erkennungszeichen, der Freundschaft, das diese in die Gegenwart hineinziehen kann. Nach langer Zeit treffen sich die Freunde wieder. Sie setzen die Tonstücke wieder zusammen, Ton und Namen ergänzen sich.

Symbole waren ursprünglich Fragmente, Bruchstücke, die auf das fehlende Ganze verweisen. Die Fraktur mit ihren Ecken und Kanten verweist in unverwechselbarer Weise auf das Fehlende. In ihrer fragmentarischen Natur weisen sie über sich hinaus; es sind Zeichen mit einem mehrfachen Sinn.

Sie entsprechen damit dem *fragmentarischen* Charakter unserer Identität, sie entsprechen ferner dem anthropologischen Sachverhalt, dass der Mensch *Frage* ist, auf die die Antwort noch aussteht. Der Vorgang des Zusammensetzens der Scherben macht deutlich, dass Symbole einen *kommunikativen* Sinn haben. Ihr Sinn wird nur in Interaktionen wahrnehmbar.

Aus diesem Grunde entspricht eine *kommunikative Didaktik* dem Verstehen von Symbolen am besten. Drei Faktoren bestimmen die Beziehungen religiöser Lernprozesse:

- Die biografische Struktur des Ich
- die soziale Dimension der Lerngruppe und
- die Struktur der Symbole (das gilt auch für Storys).

Diese Faktoren stehen in einem gegenseitigen Wirkungszusammenhang.

- Lernprozesse sind nur sinnvoll, wenn die drei Elemente gleichgewichtig berücksichtigt und ausbalanciert werden. Subjekt, Gruppe und Symbol/Story geraten in eine alle Seiten verändernde Bewegung. Die Beziehungsebene ist daher genauso wichtig wie die Inhaltsebene. Beide Aspekte können unterschieden, aber nicht getrennt werden. Der Beziehungsaspekt artikuliert die Beziehungen zwischen den Mitgliedern der Lerngruppe. Ist diese gestört, können auch die Inhalte nicht wahrgenommen werden.

Das Gelingen der *Entdeckungsreise Religionsunterricht* hängt nach dem Gesagten vom Zusammenspiel vielfältiger Faktoren ab: Sie muss Raum schaffen zum Fragen und Wahrnehmen, zum Entdecken, Verstehen und Deuten, zum Handeln und Gestalten.

... und Religion entdecken

Die christliche Religion und ihre Nachbarreligionen Judentum und Islam sind durch drei spezifische Merkmale bestimmt: Grundlegende Überlieferungen (Heilige Schriften), Symbole, Riten und Feste sowie sittliche Weisungen (Gebote). Überhaupt sind Religionen durch drei fundamentale Kategorien geprägt: die geschichtliche, die symbolische und die lebensweltliche. Wer Religion verstehen will, muss sich also mit diesen drei Kategorien auseinandersetzen. Es ist nicht schwer, nach dem, was wir vorher über Lernstrukturen gesagt haben, zu erkennen, dass gerade die dreigestaltige Struktur des Religiösen durch das Lernen im Dreieck von Subjekt, Gruppe und Inhalt optimal gefördert werden kann.

Moderne Pädagogik und Religion passen zusammen.

Es gibt allerdings einen wichtigen Vorbehalt: Religion lässt sich nicht an ihrer pädagogischen und gesellschaftlichen Verwertbarkeit messen. Sie hat einen „Mehrwert", einen Überschuss an Verheißungen. Gerade wenn sie diese Eigenständigkeit und Widerständigkeit bewahrt und das Gewohnte durchbricht, können von ihr kritische wie schöpferische Impulse ausgehen.

Wir haben jetzt Kriterien zur Beurteilung der verschiedenen Konzepte gewonnen, die im Laufe der Geschichte entwickelt worden sind, um Religion und Pädagogik im Religionsunterricht zu verbinden.

Wenn wir die Geschichte der Religionspädagogik überblicken, lassen sich zwei Grundtypen von Konzeptionen unterscheiden: Die einen sind auf Verkündigung ausgerichtet, die anderen auf Erfahrung. Der erste Typ geht von einem Verständnis des Religionsunterrichts als „Kirche in der Schule" aus; das aber entspricht nicht mehr dem im letzten Abschnitt entwickelten Selbstverständnis modernen Religionsunterrichts. Der zweite Grundtyp (seit etwa 1958) besteht aus verschiedenen Formen, die ziemlich rasch nacheinander entwickelt wurden und konkurrierende Ansätze für ein Gesamtkonzept des Religionsunterrichts darstellten. Der hermeneutische Religionsunterricht, in dessen Mittelpunkt die reflektierte Auslegung biblischer Texte stand; der thematisch-problemorientierte

Religionsunterricht (nach 1968), in dem vor allem gesellschaftliche und sozialethische Probleme theologisch bedacht wurden; auf katholischer Seite die Korrelationsdidaktik, in der Glaube und Leben wechselseitig aufeinander zu beziehen sind, die Symboldidaktik (seit 1980) und der didaktische Elementarisierungsansatz (ab 1982).

Es stellte sich heraus, dass keine Konzeption alleine das gesamte Aufgabenfeld der Religionsdidaktik abdecken konnte. Es handelt sich bei diesen Ansätzen vielmehr um sich wechselseitig ergänzende (komplementäre) Unterrichtsformen bzw. didaktische Strukturen. Die hermeneutisch reflektierte Erschließung von Traditionen, die für eine Religion grundlegend sind, die Erschließung ihrer gegenwärtigen Lebensformen, zentralen Symbole und Rituale sowie ihrer ethischen Maximen durch problemorientiertes Lernen sind keine Gegensätze, sondern zusammengehörende Aspekte.

Vielfältige Wege führen zu vollständigerem Entdecken

Von den genannten neueren Unterrichtsformen ist wohl die *traditionserschließende* die bekannteste: Der hermeneutische Unterricht begann in der Regel mit der wissenschaftsgeleiteten Arbeit an einem biblischen Text (etwa durch den Vergleich ihrer unterschiedlichen Fassungen in den Evangelien). In einem nächsten Schritt wurde nach der Bedeutung dieser Texte für die Gegenwart gefragt, meistens in einem Unterrichtsgespräch. Häufig erfolgte diese Vergegenwärtigung über die Frage nach Grundsituationen menschlichen Lebens (So konfrontierte schon 1939 Martin Rang die Sturmstillungsgeschichte mit dem Untergang der Titanic).

Problematisch ist hier, dass durch die wissenschaftsgeleitete Arbeit am Text dieser in die Vergangenheit „abgeschoben" wird. Ist diese Distanzierung erst einmal erfolgt, ist es didaktisch fragwürdig, ob die Annäherung in einem zweiten Schritt gelingt.

Daher gibt man heute kreativen Verfahren den Vorrang vor analytischen Verfahren: Der Leser wird herausgefordert, in einem schöpferischen Umgang mit einem Text Mutmaßungen über seine Intention anstellen. Dann beginnt der Text an ihm zu arbeiten.

Spannend ist dann die Frage, ob die schöpferischen Gestaltungen der Lernenden, etwa in einem Rollenspiel oder einer Pantomime, dem Erfahrungsmuster der Vorlage entsprechen. Hier kommen analytische Verfahren (historisch-kritische, sozialgeschichtliche, feministische) ins Spiel. Sie schaffen – nach der Aneignung – Distanz und ermöglichen – bei aller inneren Beteiligung, die schon aufgebaut ist – ein genaueres Hinsehen.

- Der *problemorientierte* Unterricht stellte Themen, Situationen und (gesellschaftliche) Probleme statt Texte in den Vordergrund. Dem Ansatz entsprechend bewährte sich dies besonders bei Themen der Ethik; die Themen waren u.a. Weltarmut, Hunger, soziale Gerechtigkeit, Mitbestimmung, Entwicklungshilfe, Frieden, Gewalt. Die Struktur wurde in dieser Richtung weiterentwickelt.

  Sie besteht heute aus folgenden Elementen: Analyse der Situation und Bestimmung des anstehenden Problems, Beschaffung von Informationen („Medien"); Reflexion auf die strittigen Sach- und Normentscheidungen; Urteilsbildung anhand theologischer bzw. sozialethischer Kriterien; Diskussion der unterschiedlichen Lösungsmöglichkeiten. Neudefinition des Problems. Konsequenzen für eine Veränderung der Einstellung und des Verhaltens. Darstellung von „Verlockungsmodellen", in denen bestimmte Verhaltensänderungen schrittweise realisiert wurden; Gestaltungen, die andere zur Verhaltensänderung motivieren können oder Erprobung eigener Handlungsmöglichkeiten („Wir pflanzen einen Baum").
- Die *symboldidaktische* Struktur hat besondere Bedeutung für die Glaubenslehre gewonnen, etwa bei dem Thema Schöpfung. Dieses Zentralsymbol der jüdisch-christlichen Symbolwelt besteht aus einem Symbolkomplex: Licht, Wasser, Geist, Garten („Paradies"), Arche, Regenbogen. Die didaktisch fruchtbare Möglichkeit besteht darin, von elementaren Symbolen wie Licht und Wasser einen Zugang zum Symbolkomplex zu finden. Weitere zentrale Symbole des christlichen Glaubens sind Exodus, Kreuz und Auferstehung, Reich Gottes, Dreieinigkeit und die Symbolhandlungen Taufe und Abendmahl.

  Im Unterricht geschieht etwa Folgendes:
  - Ein überraschender ganzheitlicher Zugang ermöglicht, dass die Lernenden lebensweltliche Phänomene staunend wahrnehmen bzw. ein religiöses Symbol in seiner irritierenden Andersheit entdecken und ihre eigenen (Vor-)Erfahrungen mit dem Symbol darstellen.
  - Durch die fokussierende Wirkung der Symbole werden die lebensweltlichen Erfahrungen auf menschliche Grunderfahrungen hin konzentriert. Diese werden sogleich wieder auf lebensweltliche Vollzüge zurückbezogen, so dass ihr geschichtlich und gesellschaftlich bedingter Wechsel erkennbar wird.
  - Durch einen selbsttätigen Umgang mit dem Symbol wird der Zugang zu tiefer liegenden bzw. umfassenderen (religiösen) Dimensionen der Wirklichkeit eröffnet.
  - Durch einen kreativen Umgang und entsprechende Medien kann das in seinem anthropologischen und religiösem Sinn erschlossene Symbol für die Lernenden seinen spezifischen theologischen Sinn gewinnen.

- Das von ihnen Gestaltete und Erarbeitete wird mit Hilfe analytischer Verfahren kritisch in Beziehung zur biblisch-christlichen Tradition gesetzt, um die theologische Urteilsfähigkeit zu fördern.
- Die in den Lernprozessen gewonnenen Erfahrungen und Einsichten werden in einer Gestaltungsaufgabe oder in einem Handlungsbezug „erprobt“ (Transfer).

Grundsätzlich sind die drei didaktischen Strukturen gleichgewichtig; faktisch wird jeweils eine den Vorrang gewinnen, abhängig von den Intentionen des Unterrichts.

... Daher: Konzeptionelle „Vernetzung“ und Offenheit für Neues

Die Lage der Religionsdidaktik entspricht der Lage postmoderner Gesellschaften. Die Zeit der „Groß-Konzeptionen“, die alle Aufgabenfelder des Religionsunterrichts abdecken, ist vorbei. Die Religionsdidaktik ist aus pluralen Entwürfen zusammengesetzt. Wir suchen nach Wegen, die zu Vernetzungen und Verschränkungen führen. Das Zusammenspiel zwischen traditionserschließender, symboldidaktischer und problemorientierter Struktur ist der integrative Kern eines offenen Ensembles didaktischer Strukturen. Das Zusammenspiel wird den Herausforderungen der Praxis wie den spezifischen Merkmalen der Religion gerecht; es erweist sich auch angesichts der Aufgabe interreligiösen Lernens als fruchtbar.

Der schnelle gesellschaftliche Wandel macht es erforderlich, von einem „offenen Ensemble“ zu sprechen. Die Didaktik muss sich durch neue Entwürfe schnell auf diese Suchbewegungen einstellen können.

Literatur

P. Biehl: Religionsdidaktische Konzeptionen, in: Gottfried Bitter u.a. (Hg.). Neues Handbuch Religionspädagogischer Grundbegriffe, München 2001

H. M. Gutmann: Der Herr der Heerscharen, Die Prinzessin der Herzen und der König der Löwen, Gütersloh 1998

H. von Hentig: Bildung, Darmstadt 1997

C Religionsunterricht: Der Blick über den Tellerrand

„Ohne Fragen würde der Religionsunterricht nicht entstehen"

Ein Beispiel zeitgemäßer katholischer Religionspädagogik

Rainer Oberthür

„So ein Haus kenne ich vom Video von meiner Taufe", meinte ein Grundschulkind zu ihrer Lehrerin beim Besuch einer Kirche. Für viele Kinder heute sind direkte Begegnungen mit Religion und Glaube selten oder gar exotisch. Geblieben sind oftmals nur Erfahrungen aus zweiter Hand, vermittelt durch Medien statt über wirkliche Menschen. Wird da der Religionsunterricht nicht zu einer gewaltigen Herausforderung für alle? Ja sicherlich, ist meine Antwort aus Erfahrung: Ich kenne kein schwierigeres Fach in der Grundschule – aber es gibt für mich auch kein schöneres! Im Folgenden skizziere ich meine Erfahrungs- und Lernprozesse mit Grundschulkindern im Religionsunterricht. Ich verbinde dabei meine religionspädagogischen Überlegungen mit konkreten Äußerungen von Kindern aus diesem Unterricht.

Religionsunterricht von den Fragen der Kinder her…

> „Man fragt, damit man eine Antwort findet."
>
> „Wenn man eine Frage hat und sich nicht traut, sie zu stellen,
> kann man keine Antwort bekommen."
>
> „Wenn man nicht fragt, kann man nicht antworten."
>
> „Es gibt Fragen, die kann man nicht beantworten,
> aber es ist gut, darüber nachzudenken."
>
> „Wenn einer einem eine Antwort gibt, ohne dass der gefragt hat,
> so ist das keine Antwort."
>
> „Es gibt Fragen, die man nicht beantworten kann.
> Aber es gibt auf alle Fragen eine Antwort."
>
> „Fragen sind der Weg zur Antwort."
>
> „Wer fragt, weiß schon etwas."
>
> „Der Religionsunterricht besteht ja meistens aus Fragen."
>
> „Ohne Fragen würde der Religionsunterricht nicht entstehen."

Diese erstaunlichen Kindersätze aus einem 4. Schuljahr zur Bedeutung von Frage und Antwort allgemein und speziell im Religionsunterricht spiegeln die Wege religiösen Lernens wider, die wir im Laufe der Grundschulzeit mit den Kindern zu gehen versuchen: Wege von den Fragen der Kinder bzw. der Menschheit hin zu Antworten vor dem Hintergrund unserer christlich-jüdischen Glaubenstradition. Mir gefällt das „Bild" des Kindes, dass der Religionsunterricht erst aus den Fragen heraus entsteht.

Nicht allein der Ausweis als „ordentliches Lehrfach" der Schule im Stundenplan, sondern erst eine gemeinsame Haltung des Fragens und Nachdenkens über das Leben, über die Welt und über Gott, über Religion und Glaube lässt den Religionsunterricht erst richtig beginnen.

Dieselben Kinder, die uns mitunter als religiös eher unerfahren und wenig gebildet begegnen, wie es das Eingangsbeispiel extrem vor Augen führt, kommen mit Fragen in den Religionsunterricht, die ihre tatsächlichen religiösen Bedürfnisse, ihr Interesse an Auseinandersetzungen mit den großen Fragen der Menschheit eindrucksvoll zeigen. Dass sie vom traditionellen religiösen Grundwissen und von unmittelbarer religiöser Erfahrung häufig weit entfernt sind, steigert ihr Interesse oftmals sogar. So fragen sie:

> Wer bin ich?
>
> Woher kommt die Welt?
>
> Wer hat den Urknall gemacht?
>
> Warum gibt es Krieg?
>
> Warum müssen Menschen sterben?
>
> Wohin kommen wir, wenn wir tot sind?
>
> Wie sieht Gott aus?
>
> Warum stelle ich diese Fragen?

Die Kinder brauchen eine vertrauensvolle Atmosphäre, in der solche Fragen ankommen und ihren Platz haben dürfen. Ebenso brauchen sie Hilfen, damit die Fragen in ihnen „geweckt" werden und sie sie zur Sprache bringen können: Beispielsweise die „Kleine Frage" aus Erich Frieds gleichnamigem Gedicht – „Glaubst du/du bist noch zu klein/um große/Fragen zu stellen?" – ist ein hervorragender „Fragen-Wecker". Sie hilft den Kindern vorzüglich, den großen Fragen auf die Spur zu kommen und sie in sich zu entdecken. Das sind zum Teil Fragen, die als Sachfragen erscheinen, hinter denen sich aber Sinnfragen verbergen: „Wann hat die Welt angefangen?"– „Kommt man im Weltall an ein Ende?" Das sind zum Teil philosophisch anmutende Fragen, die eine Nähe zur religiösen Frage haben: „Sehen unsere Augen richtig? Warum heißt der Tisch Tisch? Was ist Zeit?"

Und hinter vielen Kinderfragen steckt die Frage nach Gott, hinsichtlich des Anfangs und Ende der Welt, also der Herkunft und Zukunft der Schöpfung, hinsichtlich der Unsichtbarkeit, Unbegreifbarkeit und Verborgenheit Gottes, gerade auch angesichts des Leids auf der Welt.

So stellten Kinder in einem Gedankenspiel einer direkten Begegnung Fragen an Gott:

> Warum werden Menschen krank?
> Warum lässt du manche Kinder behindert auf die Welt kommen?
> Warum gibt es so viel Ausländerhass auf der Welt?
> Warum lässt du den Krieg nicht Frieden werden?
> Warum werden so viele Tiere getötet?
> Warum hast du böse Menschen erschaffen?
> Wieso liebst du auch Mörder?
> Bestimmst du das Unglück? Bist du die Hilfe?

In ähnlicher Weise formulierten Grundschulkinder zu folgendem Impuls Fragen an Jesus: „Stell dir vor, du würdest Jesus begegnen. Was würdest du gerne von ihm wissen wollen?" In den Fragen vermischen sich sachliche und biblisch-theologische Aspekte mit persönlich-existenziellen Bezügen:

> Wer ist dein Vater, Josef oder Gott?
> Wieso bist du Gottes Sohn?
> Möchtest du mein Freund sein?
> Hörst du mich, meine Gebete an oder hörst du mich gar nicht?
> Was wird in 10 Jahren mit mir sein?
> Hast du die Kraft von Gott, die Kranken zu heilen?
> Kannst du meinen Bruder gesund machen?
> Warum kannst du nicht machen, dass es keinen Krieg mehr gibt?
> Warum bist du ans Kreuz genagelt worden?
> Hattest du Schmerzen, wo sie dich ans Kreuz genagelt haben?
> Hattest du Angst vor dem Tod?
> Wie hast du das gemacht mit der Auferstehung?
> Gibt es ein Leben nach dem Tod?
> Mein erster Papa ist gestorben. Ist er oben bei dir im Himmel?

Aber nicht immer werden Fragen tatsächlich als Fragen formuliert. Hinter vielen nachdenklichen Äußerungen von Kindern verbergen sich tiefgründige Fragen. Drei Beispiele – unabhängig voneinander entstanden, aber um dieselben Fragen kreisend – zeigen, dass ein aufmerksames Hören auf die Kinder notwendig ist, um solche Äußerungen im Gespräch aufzugreifen.

> „Ich kann mir gar nicht vorstellen, dass es mich nicht gibt.
> Ich denke dann immer, dass ich sonst wohl als jemand anders geboren wäre.
> Aber ich wäre dann ja gar nicht ich!"

Dies sagt die 8-jährige Lena und rührt mit ihrem Nachdenken am unergründlichen Geheimnis der eigenen Existenz. Warum bin ich ich? Warum bin ich überhaupt? Auch wenn sie es nicht ausspricht: Im Wundern über die eigene Existenz spürt sie, dass wir Menschen uns nicht selbst verdanken, dass wir Geschöpfe sind. Weil ich nicht aus mir selbst bin, weil ich geschaffen bin, bin ich ich.

> „Gott kann sich nicht selber schaffen, bevor er geboren ist.
> Ich kann mir das nicht vorstellen, wenn er nicht da ist,
> wie er dann schon was machen kann."

Die 7-jährige Elisa bewegt die Frage nach dem Geschaffen-Sein des Schöpfers. Denn sie erlebt und erfährt, dass alles, was ist, auch einen Anfang hat. Ihr Gedanke, dass Gott bereits vor allem Anfang und vor aller Zeit ist, berührt das tiefe Geheimnis eines das Ganze umfassenden und zusammenhaltenden Gottes.

„So mittendrin ist man ja Gott, im Bauch oder im Herzen," meint Daniel mit 6 Jahren. „Warum?" frage ich nach. Daniels Antwort:

> „Gott hat ja die Menschen geschaffen. Dafür brauchte er Lebendigkeit.
> Und Gott hat dann ein bisschen Lebendigkeit von sich den Menschen gegeben."

Daniel bringt die Erfahrung seiner selbst unmittelbar mit der Existenz Gottes zusammen und überrascht mit einer biblischen bzw. schöpfungstheologischen Begründung in eigenen Worten. Gott gibt von seiner Lebendigkeit ab und erschafft so den Menschen nach seinem Abbild.

Im Gespräch mit den Kindern sind wir nicht selten in der ungewöhnlichen Situation, den Kindern ihre eigene Fragen und Gedanken selbst verständlicher zu machen.

So wie Kleinkinder schon vor dem eigenen Sprechen die Eltern unglaublich gut verstehen, sind Kinder oft sozusagen sich selbst in Worten oder auch Bildern voraus, können etwas intuitiv sagen oder malen, aber nicht unbedingt darüber sprechen.

Was die Kinder bewegt, was für sie (bereits) Thema ist und zum Thema des Religionsunterrichts werden kann, zeigen mir am besten ihre Fragen. Somit helfen sie bei der Planung und Durchführung des Unterrichts. Wer nun aber meinte, dass in einem fragenorientierten Unterricht die Kinder allein die Inhalte bestimmen, dass die Orientierung an zentralen Inhalten von Religion und Glaube zugunsten einer Beliebigkeit geopfert wird oder gar dass die Kinder in dieser Art Religionsunterricht nicht inhaltlich und gedanklich gefordert werden, hätte mich gründlich missverstanden.

... Religionsunterricht auf Antworten hin

Meine erstaunlichste Erfahrung und Erkenntnis aus zwölf Jahren Religionsunterricht ist die Intensität, mit der ein Ansatz, die Fragen und eigenen Antworten der Kinder und damit sie selbst ernst zu nehmen, in die Sache hineinführt, in die Fragen und Antworten von Religion und Glaube, wie sie in unserer christlich-jüdischen Glaubensüberlieferung gestellt und gegeben werden.

Im Religionsunterricht geht es weder um ein Eintrichtern und Überstülpen fertiger Antworten noch um eine Verabsolutierung der Perspektiven und Wahrheiten der Kinder, wohl aber um ein aktives Hineinverwickeln der Schüler in einen Frage- und Antwort-Prozess, also um eine Weiterführung jener Erfahrungs- und Lerngeschichte der Menschen mit Gott und mit Jesus, dem Bild des lebendigen und unsichtbaren Gottes.

Die folgenden Beispiele können das veranschaulichen.

Kinder haben ein großes Interesse an der Frage nach Gott und ein Gespür für die Größe dieser Frage. Sie verweigern sich allzu banalen Antworten, denn sie ahnen, wie hilflos diese Antworten gegenüber der Tiefe der Frage sind. Kinder sind auf ihre Weise „Gottsucher". Sie wollen in Worten und Bildern den für sie unverstehbaren Gott „begreifen". Sie wollen Gott als Unsichtbaren schauen, nach Gott als Unbegreifbaren tasten, von Gott als Unaussprechbaren reden. Sie wollen Gott in Gegensätzen als nah und fern, groß und klein, allmächtig und ohnmächtig erfahren.

Sehr deutlich wurde uns das, als wir Kindern die Gelegenheit gaben, Sätze über Gott mit doppelten Sinn zu schreiben. Die Kinder bekamen als Sprachhilfe Anregungen von uns:

Gott ist kein mächtiger König,
aber er ist stark, weil er sich klein macht.
Gott ist keine mächtige Stimme,
sondern eine verwundbare Stille.
Gott ist nicht die Antwort auf alle Fragen,
aber er ist bei allen, die nach ihm fragen.

Nun schrieben die Kinder:

Gott selber hat keine Leiden,
aber er leidet unter dem Leid der Menschen.

Gott hat kein Ende,
aber es ist für ihn wie ein Ende,
wenn einem Menschen das Ende naht.

Gott ist nicht da, aber da.
Gott ist still, aber spricht.

Gott ist groß,
auch im kleinsten Tier.

Gott ist weit,
aber mir nah.

Man kann Gott zwar nicht sehen,
aber man kann Gott in Träumen hören.

Gott ist nicht laut,
sondern leise.

Gott ist klein,
aber groß in der Liebe.

Gott ist sehr hoch am Himmel,
ist aber ganz nah bei mir.

Gott ist kein Lebewesen,
aber er ist verletzbar.

Wir können Gott nicht sehen,
aber er hinterlässt seine Spuren.

Gott ist nicht überall,
aber bei jedem in der Nähe.

„Gott ist weit, aber mir nah" – Sagen Sie einmal in sechs Worten etwas Wesentlicheres über Gott! Ein zehnjähriges Kind macht es uns vor. Die Gottessätze der Kinder haben mit ihren Gottesfragen zu tun, die auch noch unsere Fragen sind: Wie ist Gott da, obwohl wir ihn nicht sehen können? Wie können wir Gott in unserem Leben erfahren und erkennen? In welcher Beziehung steht Gott zu uns Menschen? Wie können wir uns seine Größe vorstellen angesichts des Leidens auf der Welt? Die Kinder finden erstaunliche Antworten auf diese Fragen und verweigern sich einer naiven Rede von einem Gott, der die Menschen vor allem Leid bewahrt, sie in all ihrem Tun bestätigt, der überall (und nirgends) ist. „Gott ist nicht überall, aber bei jedem in der Nähe", sagt ein Kind. Das ist die im tiefsten Sinne biblische Vorstellung der verborgenen Anwesenheit Gottes. Gott ist immer da, wo die Menschen sind.

„Was heißt es zu glauben?" Zu dieser Frage gaben Kinder im 4. Schuljahr vielfältige Antworten: „Ganz fest an Gott glauben, an einen Weg zu Gott glauben, fühlen, lieben, denken, hoffen, im Glauben die Kraft erhalten, gesund zu werden." Die Kinder betonten, dass das Zweifeln mit zum Glauben gehöre. Der Zweifel macht den Glauben für sie glaubwürdig: „Wenn man nie Zweifel an Gott hat, kann man nicht glauben, weil es dann Wissen wäre." „Man glaubt auch an den Zweifel. Ohne Zweifel gibt es keinen Glauben."

Die größte Infragestellung des Glaubens ist das schuldlose Leiden der Menschen. Ich erinnerte die Kinder an das schreckliche Schicksal der Juden in unserem Land und an die damit verbundene Glaubensanfrage.

> Ich erzählte von Juden, die sich in einem Keller in Köln während des Krieges verstecken mussten und las ihnen das erschütternde Glaubenszeugnis vor, das an einer Kellerwand gefunden wurde:
>
> „Ich glaube an die Sonne,
> auch wenn sie nicht scheint.
> Ich glaube an die Liebe,
> auch wenn ich sie nicht fühle.
> Ich glaube an Gott,
> auch wenn er schweigt."
>
> Mit Hilfe dieser sprachlichen Vorbilder konnten die Kinder genauer aufschreiben, was für sie Glauben heißt:
>
> Ich glaube an die Hoffnung,
> auch wenn sie nicht da ist.
> Ich glaube an den Frieden,
> auch wenn noch immer Krieg herrscht.
> Ich glaube an das Leben,
> auch wenn der Tod da ist.
> Ich glaube an die Ewigkeit,
> auch wenn ich sterben muss.

Ich glaube ans Fragen,
auch wenn mich keiner versteht.

Ich glaube an die Liebe,
auch wenn sie sich nicht zeigt.

Ich glaube an das Reden,
auch wenn die Welt schweigt.

Ich glaube an Gott,
auch wenn er manchmal schweigt.
Ich glaube, ihn zu verstehen,
auch wenn ich ihn nie gehört habe.

Ich glaube an die Liebe,
auch wenn nur der Hass da ist.
Ich glaube an den lieben Gott,
auch wenn er alles über uns ergehen lässt.

Ich glaube an Wunder,
auch wenn sie nicht geschehen.

Zu glauben heißt zu hoffen und nicht
aufzugeben.
Zu glauben heißt fragen, auch wenn
man stumm ist.

Die Kinder haben Hoffnung trotz allen Leids, sie sehen das Licht im Angesicht aller Erfahrungen der Dunkelheit, sie setzen auf die Liebe entgegen allem Hass. Dieses trotzige „Dennoch“ macht auch vor Gott nicht halt. Obwohl den Kindern Gott verborgen bleibt, vertrauen sie auf Gott und erfahren sie Ermutigung durch Gott. Weil sie die Wirklichkeit nicht außer Acht lassen, den Zweifel und das Leid mit in ihrem Glauben aufnehmen und Gott nicht als billige Vertröstung und Garant einer heilen Welt verstehen und erfahren wollen, kommen sie zu außergewöhnlichen Bekenntnissen.

Oft verblüffen die Kinder uns mit bewegenden Geschichten. So schrieb Yannick nach intensivem Umgang mit den Gleichnissen Jesu ein selbst ausgedachtes Gleichnis, wie es Jesus hätte erzählen können.

Einmal sagten die Jünger zu Jesus: „Jesus, du hast viel von Gott erzählt. Erzähle uns einmal von dem Himmelreich." Da erzählte Jesus: „Es war einmal eine Mutter, die hatte großen Kummer. Ihr dreijähriger Sohn hatte eine schwere Grippe und der Arzt befürchtete, dass das Kind sterben müsse. Aber die Mutter versorgte und pflegte das Kind, auch wenn sie wusste, dass es bald sterben würde. Doch sie gab nicht auf. Die letzten Tage seines Lebens sollte der Junge so schön wie möglich haben. Doch eines Tages sagte der Arzt, dass es dem Jungen wieder viel besser ging und zwei Wochen später war er wieder ganz gesund. Diese Geschichte habe ich euch erzählt, weil ich will, dass ihr merkt, dass die Liebe stärker als der Tod ist." Damit endete Jesus die Geschichte und alle verstanden, dass, wenn sich eine Mutter so um ihr Kind sorgt, dass das wirklich wie im Himmelreich ist.

Yannick erzählt eine ergreifende Geschichte von der Hoffnung wider alle Hoffnung. Die Liebe der Mutter überwindet den Tod. Sie ist konkret erfahrbar und wird zugleich zum Sinnbild für das Himmelreich, für ein Leben bei und mit Gott. Das entspricht der Botschaft Jesu vom bereits unter den Menschen angebrochenen, jedoch noch nicht vollendeten Reich Gottes, der inhaltlichen Mitte der Gleichnisse Jesu.

Auch die folgende Geschichte von Mira ist ein Beispiel einer eigenständigen Kinder-Theologie. Nach Erfahrungen und Auseinandersetzungen mit biblischen Wundererzählungen forderten wir Kinder im 4. Schuljahr zu eigenen Geschichten heraus: „Schreibe eine Wundererzählung von Jesus, wie sie in der Bibel stehen könnte. Verwende eine Sprache, wie du sie aus der Bibel kennst!"

Das Heil-wunder

Einmal kam eine Frau zu Jesus nach Hause. Sie hatte ein kleines Mädchen dabei. Das Mädchen trugen zwei Männer auf einer Liege. „Was ist mit ihr?", fragte Jesus sehr interessiert und ernst. „Sie kann nicht laufen, nicht hören, nicht sehen und nicht sprechen. Sie kann sich überhaupt nicht mehr bewegen. Sie isst fast nichts mehr und trinkt nicht!", antwortete die Frau. Jesus sagte: „Was ist nur, Vater, wieso lässt du sie nicht leben?", rief Jesus. „Wahrscheinlich hat er sie vergessen!", sagte einer der Männer. „Das kann nicht sein, Gott vergisst keinen!", sagte Jesus. Jesus ging zu der Liege und bückte sich. Das Mädchen machte die Augen auf, und obwohl es blind war, sah sie Jesus. Jesus berührte erst die Augen und dann alles, womit sie nichts anfangen konnte. Das war der Anfang eines neuen Lebens.

Mira entwirft in dichten Sätzen eine bewegende Situation und steigert die Dramatik durch das vielfache Leiden des Mädchens. Jesus begegnet dem Kind mit äußerster Ernsthaftigkeit. Nun wendet er sich mit einer eindringlichen, vielleicht anklagenden Frage an Gott (erst sagt er, dann ruft er). Dann jedoch verteidigt er Gottes Güte und Gerechtigkeit und wird selbst aktiv, um für das Vertrauen gegenüber Gott glaubwürdig einzustehen und im eigenen Handeln die Barmherzigkeit Gottes sichtbar werden zu lassen. Jesus wird zum Bild des unsichtbaren Gottes. Dabei macht er sich klein. Noch bevor das Mädchen von Jesus berührt wird, sieht es ihn mit offenen und blinden Augen. Jesus berührt alles, womit das Mädchen nichts „anfangen" konnte, und ermöglicht so den „Anfang eines neuen Lebens".

Diese letzte Doppeldeutigkeit zeigt, dass in der Geschichte jeder Satz seine Bedeutung hat. Dabei behauptet und beweist Mira nichts, sie erzählt eine Geschichte, die Mut zum Leben macht. Sie erzählt von einer Wahrheit, die mehr ist als ein materialistisch-äußerlicher Blick auf die Welt. Ihre Geschichte bezeugt ihren Glauben als Ausdruck eines tieferen „Wissens". Es ist ein Wissen, das Fragen aufwirft und neue Fragen entstehen lässt.

Kommen wir zuletzt zur Frage nach Gott zurück.

Kurt Marti schrieb das folgende Gedicht:

großer gott klein

großer gott:
uns näher
als haut
oder halsschlagader
kleiner
als herzmuskel
zwerchfell oft:
zu nahe
zu klein –
wozu
dich suchen?

wir:
deine verstecke

Nachdem die Kinder dieses Gedicht kennen gelernt hatten, schrieben sie selbst eindrucksvolle Gottes-Gedichte, die für sich sprechen.

alter gott jung

alter gott:
bist alt
älter als alles
oder jung
jünger
als das jüngste der welt
gottes kindheit unendlich?
zu alt
zu jung
wozu
dich wissen?

wir:
ahnen dich

Christine

wissender gott hilfloser

wissender gott:
weißt alles
kannst helfen
hilfst allen
bist gut
hilfloser gott:
bei bösen Menschen
bei kriegen
da bist du
wie ein krümel dreck

Magdalena

dunkler gott hell

dunkler gott:
dunkler
als Nacht oder Finsternis
heller
als Licht oder Sonne
zu hell
zu dunkel
wozu
sich suchen?

wir:
dir nahe

Philipp

gott oben gott unten

schaust du nach oben
siehst du ihn
der dich wärmt und schützt
schaust du nach unten
siehst du ihn
der dich hält und dich stützt

Eric

Diese Unterrichtserfahrungen zeigen exemplarisch: Wir geben den Kindern prägnante Sätze, Gedichte und Geschichten (und natürlich oft auch Bilder), die ihnen helfen, selbst zur Sprache (bzw. zu einem Bild) zu kommen. Wir geben ihnen Worte, so dass sie zu Wort kommen.

Die Texte – oft sind es auch elementare Sätze aus der Bibel wie z.B. die Psalmworte „Ich bin wie ein zerbrochenes Gefäß." oder „Du bist Sonne und wärmst uns." – berühren zentrale Inhalte, Fragen und Erfahrungen des christlichen Glaubens. Zugleich stehen sie im Zusammenhang mit den Fragen und Erfahrungen der Kinder. Wenn die Kinder diesen Inhalten begegnen, entdecken sie ihre eigenen Fragen und Erfahrungen darin und können einen Schritt in der Entwicklung ihrer persönlichen und religiösen Identität gehen. Wenn die Inhalte auf die Kinder „treffen", wird jener Prozess des Erfahrens und Fragens fortgesetzt, aus dem heraus die Texte entstanden sind. In solch einer Art doppelten Bewegung ereignet sich religiöses Lernen und Erfahren.

Den hier vorgestellten Religionsunterricht verstehe ich als Konkretisierung der von kirchlicher bzw. staatlicher Seite beschriebenen Zielsetzungen. Der Grundlagenplan für den katholischen Religionsunterricht der Grundschule (hrsg. von der Zentralstelle Bildung der Dt. Bischofskonferenz, München 1998), eine Vorgabe und Orientierung für zukünftige Lehrpläne in den einzelnen Bundesländern, beschreibt u.a. als Ziel des Religionsunterrichts: „Er trägt dazu bei, dass die Kinder über sich nachdenken und sich annehmen, zur Beziehung mit anderen fähig werden, mit Erscheinungsformen von Kultur und Zivilisation vertraut werden und eigenständig umgehen. ... Er begleitet den religiösen Weg der Kinder. Er fördert ihre religiöse Wahrnehmungs-, Gestaltungs- und Urteilsfähigkeit". Unterschieden werden dann einzelne Zieldimensionen, z.B.: „Darum ermutigt der Religionsunterricht die Kinder, nach sich, nach dem Zusammenleben mit anderen, nach dem Woher und Wohin ihres Lebens und in diesem Zusammenhang nach Gott zu fragen. Darum macht der Religionsunterricht vertraut mit Ausdrucksformen des Glaubens in Bildern und Gesten, Symbolen und Metaphern, in Geschichten, in Liedern, Gebeten und Feiern; er erschließt die Sprache der „heiligen Zeichen", der Liturgie und hilft den Kindern, eine eigene Sprache zu finden. Darum eröffnet der Religionsunterricht Zugänge zur lebensbedeutenden und befreienden Kraft des Wortes Gottes in den biblischen Überlieferungen".

Der Religionsunterricht ist im Fächerkanon der Schule unverzichtbar, denn er fördert im Rahmen des Bildungs- und Erziehungsauftrags der Schule auf spezifische Weise fächerübergreifende Qualifikationen. Der Grundlagenplan nennt in diesem Zusammenhang sieben Begriffspaare: Wahrnehmen und Staunen/Fragen und Suchen/Erkunden und Erleben/Verstehen und Sich verständigen/Unterscheiden und Bewerten/Anteil nehmen und Miteinander leben/Sich ausdrücken und Einander mitteilen.

Ein so verstandener Religionsunterricht setzt voraus, Kinder als Subjekte ihres eigenen religiösen Lernens wahrzunehmen, die eine oft überraschende theologische Produktivität entfalten. Der Pädagoge und Physiker Martin Wagenschein hat das eindringlich auf den Punkt gebracht: „Wir müssen mit dem Kind von der Sache ausgehen, die für das Kind die Sache ist."

Ein solcher Religionsunterricht vermeidet es jedoch, mit Kindern etwas zu „veranstalten", was sie nur wenige Jahre später müde lächelnd als „Kinderkram" abwerten.

Nein, es geht im Religionsunterricht um Fragestellungen, Herausforderungen und „Zumutungen", denen wir uns in jedem Lebensalter sinnvoll und mit persönlichem Gewinn stellen können, wenn auch mit jeweils anderem Erfahrungshintergrund und neuen Antworten. So kann der Religionsunterricht zum Auftakt und zur Grundlage eines lebenslangen religiösen Lernens werden.

Wenn wir uns auf diese Prozesse einlassen, brauchen wir zunächst Geduld, mit uns selbst, mit den Kindern, mit der Abkehr vom „Bescheidwissen" als Erwachsener und Lehrer, mit dem Aushalten offener Fragen. Belohnt werden wir – so unsere Erfahrung – dann aber mit veränderten Rollen aller Beteiligten, mit einem gegenseitigen Lernen, bei dem wir die Kinder und ebenso sehr die Kinder uns ermutigen.

„...und ich möchte Sie, so gut ich es kann bitten, Geduld zu haben gegen alles Ungelöste in Ihrem Herzen und zu versuchen, die Fragen selbst lieb zu haben, wie verschlossene Stuben und wie Bücher, die in einer fremden Sprache geschrieben sind. ... Leben Sie jetzt die Fragen. Vielleicht leben Sie dann allmählich, ohne es zu merken, eines fernen Tages in die Antwort hinein."

Rainer Maria Rilke

Literaturhinweise und Quellen

Die Kinderäußerungen kommen aus dem Unterricht an der KGS Höfchensweg in Aachen, den ich mit Alois Mayer erteile. Die meisten sind ausführlicher veröffentlicht in:

R. Oberthür: Die Seele ist eine Sonne. Was Kinder über Gott und die Welt wissen, München 2000 (2. Aufl)

ders.: Kinder und die großen Fragen. Ein Praxisbuch für den Religionsunterricht, München, 2001 (4. Aufl.)

ders.: Kinder fragen nach Leid und Gott. Lernen mit der Bibel im Religionsunterricht, München, 2000 (2. Aufl.)

Für die Übernahme der Kinderfragen an Jesus danke ich Ragna Heisterkamp.

Erich Fried: Kleine Frage, in: Ders., Lebensschatten, Verlag Klaus Wagenbach, Berlin 1981

Kurt Marti: Werkauswahl in fünf Bänden, Gedichte „Namenszug mit Mond", Zürich 1996

„Du hast da was an der Stirn...!"

Konfessionelle Kooperation in Theorie und Unterrichtspraxis in Niedersachsen

LENA KUHL

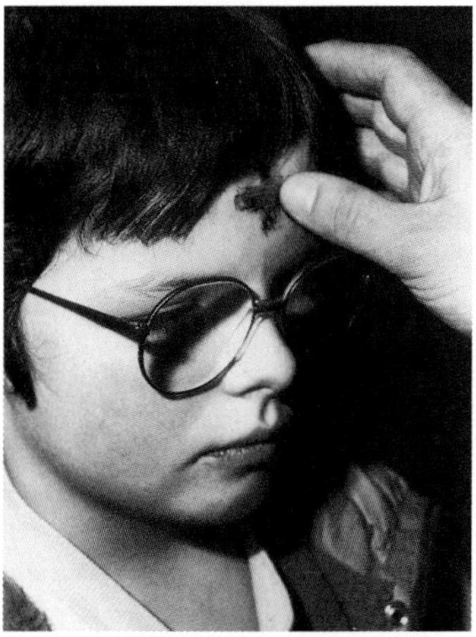

„Aschermittwoch", in: Michael Klöcker, Katholisch – von der Wiege bis zur Bahre. Eine Lebensmacht im Zerfall?, Kösel-Verlag, München 1991, Nr. 21.

Eine Begebenheit vor einigen Jahren in einer Hildesheimer Grundschule: Eine evangelische Schülerin zeigte am Morgen des Aschermittwochs auf das Aschekreuz an der Stirn eines katholischen Mitschülers und wies ihn darauf hin: „Du hast da was an der Stirn...!" Sie wollte damit zum Ausdruck bringen, dass dieser „Schmutz" dort nicht hingehöre. Die katholischen Kinder hatten in einer Andacht vor dem Unterricht das Segenszeichen mit Asche an der Stirn erhalten, was sie z.T. deutlich sichtbar, z.T. bereits verwischt mit in die Schule brachten. Im Rahmen des Deutsch-, Sach- oder Mathematikunterrichts gab es nur wenig Raum für Erklärungen oder Erzählungen dazu, und so blieb es bei einer kurzen Entgegnung, die längst nicht die Fragen der Kinder klären konnte. Im Religionsunterricht desselben Tages waren die evangelischen und die katholischen Schülerinnen und Schüler jeweils für sich, das Gespräch zwischen den fragenden, wissbegierigen evangelischen Kindern und den katholischen „Experten" war nicht mehr möglich. Eine direkte Begegnung in einem gemeinsamen Religionsunterricht hätte erheblicher organisatorischer Maßnahmen und Absprachen bedurft, die so schnell nicht erfolgen konnten, also verblieb sie. Das war 1995.

Drei Jahre später hätte das möglicherweise ganz anders ausgesehen. Im Januar 1998 schuf ein neuer Organisationserlass für den Religionsunterricht und den Unterricht Werte und Normen in Niedersachsen die rechtlichen Voraussetzungen für ganz neue Kooperationsmöglichkeiten, auf die sich die evangelische und die katholische Kirche verständigt haben. Unter bestimmten Voraussetzungen und auf Antrag können evangelische und katholische Schülerinnen und Schüler für einen festgelegten Zeitraum gemeinsam unterrichtet werden. Eine Äußerung wie die oben genannte in Bezug auf das Aschekreuz hätte unter solchen Bedingungen sicher andere Konsequenzen als im geschilderten Beispiel. Sie fände Zeit und Raum, um ein wirkliches Gespräch in Gang zu bringen, das weitgehend von der Neugier und dem Frage- und Mitteilungsbedürfnis der Schülerinnen und Schüler bestimmt und gelenkt würde – eine echte Lernchance!

Bei dem niedersächsischen Erlass handelt es sich im Unterschied zu ähnlichen Bestimmungen in anderen Bundesländern übrigens nicht nur um eine Regelung in Mangelsituationen – also zu wenige Kinder oder zu wenig Lehrkräfte einer Konfession, sondern um Regelungen echter Kooperation, die die inhaltliche Seite des Religionsunterrichts in den Mittelpunkt stellt. So heißt es in dem Erlass u.a.:

„Wenn für eine Klasse, eine Lerngruppe oder einen Schuljahrgang besondere curriculare, pädagogische und damit zusammenhängende schulorganisatorische Bedingungen vorliegen, die einen gemeinsamen Religionsunterricht für Schülerinnen und Schüler verschiedener Religionsgemeinschaften erforderlich machen, so kann die Schulbehörde einen entsprechenden Antrag der Schule im Einvernehmen mit den zuständigen kirchlichen Stellen genehmigen."

Sehr bewusst sind die schulorganisatorischen Bedingungen nur im Zusammenhang mit den pädagogischen aufgeführt, damit sie nicht Oberhand gewinnen und der Erlass zum Spar-Erlass verkommt. Die Bedingungen, die hier Vorrang haben und von den Schulen bei der Antragstellung genannt werden, sind sehr unterschiedlich.

So spielt sehr häufig der *Integrationsgedanke* eine Rolle: die Eingangsstufe einer Schule hat oft Erhebliches in dieser Hinsicht zu leisten. Da gibt es Klassen, die aus Kindern von sechs oder sieben Ortschaften zusammengesetzt sind, auch Klassen in weiterführenden Schulen, die erst mühsam zu wirklichen Klassengemeinschaften finden müssen. Oder es treffen unverhältnismäßig viele Aussiedler, Russlanddeutsche, Flüchtlings- oder Asylbewerberkinder in einer Klasse zusammen, manchmal sogar so, dass die konfessionelle Trennung die ohnehin schon vorhandenen Abgrenzungen noch verstärken würden.
Pädagogische Gründe können auch in anderer Hinsicht gegeben sein, beispielsweise wenn die Schule versucht, in *Offenen Formen* des Unterrichts, in Phasen der Projekt- und Freiarbeit oder sogar klassen- und jahrgangsübergreifend Reformgedanken zu realisieren.
Zunehmend haben die genannten Gründe auch mit dem für die Schule formulierten *Schulprogramm* zu tun, das sehr individuell auf die besonderen Bedingungen vor Ort zugeschnitten ist. Alle diese Bedingungen können gute Gründe für die Antragstellung auf konfessionelle Kooperation sein.

Die Genehmigung der Schulbehörde ist an das Einvernehmen der kirchlichen Stellen gebunden und wird mit sehr konkreten Erwartungen an die ökumenische Zusammenarbeit verbunden:

- Die Kirchen setzen auf Zusammenarbeit.
- In allen Fällen behält der Religionsunterricht sein Profil als evangelischer oder katholischer Unterricht.
- Konfessioneller Religionsunterricht achtet und pflegt die religiöse Identität einer konfessionellen Minderheit.
- Auf Lehrkräfte richten sich besondere religionspädagogische Anforderungen.
- Der Erlass dient nicht der Einsparung von Lehrkräften für die Fächer evangelische oder katholische Religion.

Es wird in diesen Ausführungen sehr deutlich, dass der konfessionelle Unterricht die Regel ist, während der gemeinsame eine Ausnahme bildet, die extra beantragt werden muss und nicht für die gesamte Schulzeit durchgeführt werden soll.
Jedes Kind, jeder Jugendliche soll ausreichend Zeit und Möglichkeiten haben, in einer Lerngruppe seiner eigenen Konfession religiöse Orientierung zu suchen.

Wie einzelne Stimmen aus der Elternschaft deutlich machen, entspricht das wohl auch dem Wunsch und der Vorstellung von den Eltern, die ihre Konfession bewusst leben. So war von einer evangelischen Mutter im katholischen Emsland zu hören: „Meine Tochter erlebt sich als evangelisches Kind überall als Exotin, in der Nachbarschaft, bei Freundinnen und in der Schulklasse. Es ist gut, dass sie wenigstens ab und zu im Religionsunterricht die Erfahrung macht, dass auch andere Kinder so sind wie sie." Dasselbe würden sicher viele katholische Eltern im weitgehend evangelisch geprägten Norddeutschland formulieren. Die Denkschrift der Evangelischen Kirche „Identität und Verständigung" aus dem Jahre 1994 benennt in ihrem Titel die beiden Ziele, die für den Religionsunterricht bedeutsam sind. Mit Hilfe der Kooperationsregelungen sind beide im Blick und können realisiert werden.

Aber wie weit geht das Gemeinsame in dem gemeinsamen Unterricht nun ganz konkret? Geht es nur um die Information über die jeweils andere Konfession und das gegenseitige Kennen lernen? Soll möglichst nur das zur Sprache kommen, was Christen gemeinsam glauben und worin keine Differenzen zu finden sind? Sollten im Zusammenhang der Kooperation evtl. alle Kinder, also auch die evangelischen zu der oben erwähnten Andacht am Aschermittwoch mitgehen? Können auch sie solch ein Asche-Segenskreuz bekommen und wollen sie es? Geht es darum, allmählich die Unterschiede einzuebnen? Ein Vergleich der in den Rahmenrichtlinien festgelegten Themen des evangelischen und katholischen Religionsunterrichts stellt viele Parallelen fest, die bei einer Reihe von Religionslehrerinnen und -lehrern zu dem Urteil führt: „Es ist sowieso kaum ein Unterschied da." Festzustellen ist dabei:

- Es gibt kein Thema, das nicht auch von der jeweils anderen Konfession verantwortet werden könnte.
- Unterschiede gibt es in den Akzentsetzungen aus nachvollziehbaren Gründen: (z.B. Reformation, Martin Luther, Rechtfertigungslehre, eher in evangelischen Lehrplänen; das Thema Heilige, Feste und Bräuche, Sakramente, eher in kath. Plänen).
- Insgesamt gibt es in evangelischen Rahmenrichtlinien eine stärkere Tendenz zu biblischen und religionskundlichen Themen, in katholischen eher zu Traditionselementen und ethisch-sozialen Themen.

Solch ein Vergleich zeigt sicher sehr *viel Gemeinsames*, zumal auch bei den Unterschieden in den letzten Jahren deutliche Annäherungen zu beobachten sind. Er lässt aber nur einen begrenzten Einblick in die inhaltliche Struktur der Fächer zu. Er sagt nichts darüber aus, wie die Themen und Inhalte unterrichtlich umgesetzt werden, welche Intentionen damit verbunden sind, welche theologischen Akzente und persönliche Färbung die einzelne Lehrkraft vermittelt. Zum konkreten Unterricht gehört darüber hinaus auch das, was die Schülerinnen und Schüler einbringen. Sicher ist es nicht nur das Aschekreuz an der Stirn, was einen „Stolperstein" im Religionsunterricht bildet. Wie sieht es mit der Marienverehrung aus? Welche Traditionen bestimmen eine evangelische und eine katholische Taufe? Was bedeutet der Namenstag im Leben einer Familie? Und was erzählen Kinder, die in der Nähe eines Wallfahrtsortes leben? Regional können in dieser Beziehung große Unterschiede beobachtet werden. Keine Lehrerin und kein Lehrer kann davon ausgehen, dass der Bezug zu religiösem Leben im Alltag völlig verloren gegangen ist. Die große Mobilität in unserer Gesellschaft sorgt dafür, dass wir keineswegs von einheitlichen Bedingungen ausgehen können. Flüchtlings- und Aussiedlerkinder bringen über die normale Fluktuation hinaus ihre besonderen religiösen Traditionen ein.

Eine Arbeitsgruppe aus evangelischen und katholischen Religionspädagog*innen* hat sich mit den Plänen für den Unterricht in der Grundschule genauer befasst und herausgearbeitet, welche *konfessionellen Besonderheiten* zu einem Thema möglicherweise vorhanden sind, wenn auch nur regional, und das sicher ohne den Anspruch auf Vollständigkeit. Dabei ist nicht beabsichtigt, diese Besonderheiten und Unterschiede zu zementieren oder als Ziele für den Unterricht zu formulieren. Die Lehrkräfte sollen lediglich einen Hinweis darauf bekommen, dass in diesen Zusammenhängen Kinderfragen oder -beiträge zu erwarten sind und dass ein Gespräch mit der Kollegin bzw. dem Kollegen der anderen Konfession Klarheit über regionale Bräuche, Traditionen und deren Tragweite bringen kann. Die folgende Zusammenstellung zeigt etwas aus dieser Arbeit für die Themen des ersten Schuljahres:

Themen/Inhalte	*Konfessionelle Besonderheiten (auch regional)*
Wir leben und lernen gemeinsam	– Namenstage, Namenspatrone – Segenszeichen, Kreuzzeichen – Taufkerze, Taufkleid – Salbung mit Chrisam
Jesus redet in Bildern von der Liebe Gottes (Der gute Hirte)	– Hirtenstab des Bischofs
Menschen zeigen die Liebe Gottes (Martin, Nikolaus)	– Heiligenverehrung – Heiligenbilder
Advent und Weihnachten	– Marienverehrung – Die Krippe in der Kirche und zu Hause
Im Vertrauen Neues wagen – Abraham und Sara	– Menschen segnen: Großeltern, Eltern, Lehrer/innen
Jesus wendet sich den Menschen zu (Bartimäus, Levi)	– Krankenheilungen – Wallfahrtsorte und -bräuche
Aus Trauer wird Freude – Passion und Ostern	– Kreuzwegstationen und -prozessionen – Feier der Osternacht – Wegkreuze – Osterkerze – Osternacht mit Weihe des Wassers Verbindung zur Taufe
Wir erleben Gottes gute Schöpfung	– Bittprozessionen vor Christi Himmelfahrt – Erntebittsonntag

Für die Unterrichtsplanung der evangelischen und katholischen Religionslehrerinnen und -lehrer bedeutet der Unterricht in gemischt konfessionellen Lernguppen noch größere Offenheit für Situatives, genaues Hinhören bei Kinderbeiträgen und vor allem das Einplanen von zeitlichen und inhaltlichen Freiräumen. Insbesondere in der Eröffnungsphase eines neuen Themas sollte planmäßig Raum sein für erste Äußerungen der Schülerinnen und Schüler, Assoziationen, Eindrücke, Reaktionen und Einfälle. Die Lehrerin bzw. der Lehrer gewinnt dabei Gesichtspunkte für die Planung des weiteren Unterrichts, kann sich selbst die nötigen Informationen holen und die sich ergebenden Gesprächslinien weiter verfolgen.

So weit die Darstellung der Voraussetzungen in Niedersachsen. Was ist in der Realität seit 1998, seit dem Erscheinen des Organisationserlasses im Zusammenhang des Religionsunterrichts geschehen? Über 500 Schulen aller Schulformen, davon etwa die Hälfte Grundschulen, haben im Zeitraum bis heute Anträge auf Kooperation für einige ausgewählte Klassen gestellt. Die meisten lassen ein ehrliches Bemühen des Lehrerkollegiums um gegenseitige Akzeptanz der Konfessionen und Achtung voreinander erkennen. Nur wenige Anträge blieben ohne eine im Einvernehmen mit den Kirchen erteilte Genehmigung, weil sie entweder für die gesamte Schulzeit gestellt wurden oder weil die Beachtung der Minderheit aus den Voten nicht gesichert erschien. Das ist zunächst die formale Seite, die aber auch deswegen bereits erfreulich ist, weil eine Offenlegung vieler bereits vorher existierender „Grauzonen“ die Situation des Religionsunterrichts transparenter macht.

Darüber hinaus sind andere Entwicklungen zu beobachten, z.B. die, dass der Religionsunterricht wieder im Gespräch ist, im Gespräch der Eltern an Elternabenden und im Gespräch der Kolleginnen und Kollegen in Fachkonferenzen. Eltern thematisieren vielerorts das, was ihnen am Religionsunterricht wichtig ist. Eine (nicht etwa kirchliche) Grundschule in Hannover feiert ihr 100jähriges Bestehen und bietet im Rahmen ihres Festprogrammes eine „ganz besondere Veranstaltung“ an: „Sinn und Aufgabe des Religionsunterrichts in der Schule”, dabei handelt es sich um eine Diskussion mit prominenten Vertreterinnen und Vertretern der Kirchen und politischen Parteien. Offensichtlich geht man von einem großen Interesse in der Elternschaft und in der Öffentlichkeit aus.

Vielerorts kooperieren Religionslehrerinnen und -lehrer im wirklichen Sinne des Wortes. Das, was vorher unreflektiert und eher selbstverständlich geschah („Du als einzelne katholische oder evangelische Lehrkraft, als Minderheit, kannst natürlich bei uns mitmachen!"), wird neu bedacht und in gegenseitiger Achtung neu gestaltet. Kolleginnen und Kollegen lernen Fremdheiten aneinander kennen, die vorher nur geahnt aber nicht benannt wurden, und überwinden sie manchmal im Gespräch.

So trifft sich eine Gruppe von evangelischen und katholischen Religionslehrerinnen einer Grundschule regelmäßig, um den Unterricht gemeinsam vorzubereiten. An einem der ersten Treffen äußert eine katholische Kollegin sehr zaghaft: „Ich habe sonst jede Religionsstunde begonnen mit einer Bekreuzigung und den Worten: »Im Namen des Vaters, des Sohnes und des Heiligen Geistes«. Wie ist das jetzt eigentlich, wenn ich auch evangelische Kinder in der Lerngruppe habe?“ Diese Fragestellung zeigt einerseits die Offenheit der Gespräche in dieser Gruppe und sie sorgt andererseits für eine engagierte, aber vorsichtig geführte Diskussion, sicher nicht nur im interkonfessionellen Miteinander. Inhaltliche und didaktische Fragestellungen geben auch den Fachkonferenzen in den Schulen eine neue Qualität, die z.T. beispielhaft für andere Fächer gesehen wird. Hilfreich in all diesen Gesprächen ist ein Absatz des Erlasses:

„Dieser Religionsunterricht ist schulrechtlich Religionsunterricht der Religionsgemeinschaft, der die unterrichtende Lehrkraft angehört und nach deren Grundsätzen der Religionsunterricht erteilt wird. Voraussetzungen für die Genehmigung sind die Zustimmung der beteiligten Klassenelternschaften und die Zustimmung der in der Klasse, in der Lerngruppe oder in dem Schuljahrgang unterrichtenden Religionslehrkräfte nach Beratung in der zuständigen Fachkonferenz."

Diese Bestimmung, dass der Religionsunterricht durch die Konfession der unterrichtenden Lehrkraft festgelegt wird, ist mehr als nur eine juristische Bestimmung.

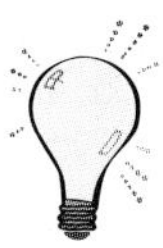

Ein Religionsunterricht, der nicht Religionskunde sein will, trägt den Charakter, die Färbung, den Geschmack der Religiosität, mit der die Lehrkraft groß geworden ist und lebt. Wenn wir Kinder in ihrer Selbstentwicklung fördern wollen, müssen wir ihnen gegenüber so erkenntlich, so sehr Gegenüber sein auch in dem, was und wie wir glauben, dass wir für sie merk-würdig sind.

„Die Religionslehrenden müssen in unaufdringlicher Form ihre Person einsetzen, um ihre Rolle wahrzunehmen“, formuliert Isolde Karle in einem Aufsatz über die Identitätsbildung in der „Zeitschrift für Pädagogik und Theologie“ (Heft 1, 2001) und nennt Religionslehrer*innen* „greifbare Vorbilder”, zu deren „Professionalität“ es gehöre, „sich dieser Wirkung und Funktion ihrer Person bewusst zu sein und ihr soweit als möglich Rechnung zu tragen.”(S. 21f.). In absehbarer Zeit wird sich daher die konfessionelle Ausrichtung des Religionsunterrichts nicht grundsätzlich ändern. Einen „allgemeinen”, einen „christlichen”, „konfessionslosen”, „konfessionsübergreifenden“ oder „konfessionsverbindenden“ Religionsunterricht gibt es möglicherweise in unseren Wunschträumen, aber in der Realität nicht. Der Erlass schützt die Lehrkräfte vor Überforderung, indem er klar zum Ausdruck bringt: Der Unterricht geschieht aus der eigenen Konfession heraus, vom eigenen Standpunkt her, er ist konfessionell gebunden, auch wenn Schülerinnen und Schüler der anderen Konfession daran teilnehmen. Trotz dieser grundsätzlichen Festlegung muss von einer erhöhten Anforderung ausgegangen werden. Es ist viel Wissen nötig, es muss Fantasie und Kreativität aufgebracht werden, damit die jeweils andere Konfession authentisch von ihren eigenen Wurzeln hört und Kontakt zu einer gelebten Praxis des Glaubens bekommen kann.

Gespräche mit Kolleginnen und Kollegen der anderen Konfession gewinnen an Bedeutung, der Bedarf an Fortbildung ist erheblich gewachsen.

Trotz einer insgesamt guten Entwicklung und positiver Auswirkungen auf den Religionsunterricht gibt es viele Fragen und ungelöste Probleme sowohl in der Praxis als auch in der Theorie, von denen hier einige noch einmal zusammenfassend aufgeführt werden:

- Wie kann gewährleistet werden, dass der Religionsunterricht nicht zu einem gemeinsamen Unterricht mit dem „kleinsten gemeinsamen Nenner" verkommt?
- Möglicherweise gibt es Inhalte und Aspekte der anderen Konfession, zu denen ich als Lehrkraft überhaupt keinen Zugang habe oder die ich aus theologischen oder religionspädagogischen Gründen völlig ablehne. Wie gehe ich damit im Unterricht um, wenn sie dennoch zur Sprache kommen?
- Müssen Eltern, Schülerinnen und Schüler, die grundsätzlich die Kooperation befürworten, auch jede konfessionelle Engführung akzeptieren?
- Wie sollten Unterrichtsmaterialien und Arbeitshilfen für den Religionsunterricht in gemischt konfessionellen Lerngruppen gestaltet sein, damit sie hilfreich sind?
- Kooperation im Kollegium gelingt dann gut, wenn die „Chemie stimmt". Wie kann sie unterstützt werden, wenn das nicht der Fall ist?
- Wie können insbesondere fachfremd unterrichtende Lehrkräfte diese erhöhten Anforderungen bewältigen? Fachdidaktische Fort- und Weiterbildung ist in Niedersachsen erheblich reduziert und erschwert.
- Wie kann verhindert werden, dass die Kooperation im Religionsunterricht durch die Schulleitung oder in der Gesamtkonferenz „verordnet" wird? Die rechtliche Möglichkeit, sich dagegen zu wehren, reicht oft nicht aus.
- Wie müssen Rahmenrichtlinien für den Religionsunterricht konzipiert sein, wenn sie der konfessionellen Kooperation Räume eröffnen wollen?

Diese noch offenen Fragen sollten nach der Erprobungszeit des Organisationserlasses von drei oder vier Jahren nicht dazu führen, dass alles auf die Grundlagen von vor 1998 zurückgeführt wird. Die Erfahrungen müssen ausgewertet und für andere fruchtbar gemacht werden. In Gesprächen muss weiter nach Problemlösungen gesucht werden. Die unterschiedlichen Positionen sind erfahrungsgemäß keineswegs immer mit den konfessionellen Linien gleichzusetzen, sie beleben aber das interkonfessionelle Gespräch und halten es in Gang.

Religionsunterricht für Schülerinnen und Schüler jüdischen und islamischen Glaubens

Jörgen Nieland

Wenn der Ratsvorsitzende, Manfred Kock, vor dem Verfassungsgericht erklärt: „Religiöse Bildung gehört zum Auftrag der Schule und der Religionsunterricht als ordentliches Lehrfach ist ein unerlässliches Angebot dieser religiösen Bildung“, beschreibt er bewährte Tradition und verbreitetes, anerkanntes Verständnis. Wer so für den Religionsunterricht eintritt, muss auch jüdischen und islamischen Religionsunterricht fordern, wenn es auf deutschen Schulen Schülerinnen und Schüler jüdischen und islamischen Glaubens gibt.

Die Schule vermittelt Kenntnisse und Fähigkeiten, sie richtet sich an konkrete Menschen und hilft zur Entwicklung von Identität und sozialer Verantwortung, von Eigenständigkeit und Gemeinsamkeiten. Dabei berücksichtigt die Schule Herkunft, Situation und Zukunft der einzelnen Schüler; dazu gehören wesentlich die familiären, kulturellen, religiösen Vorgaben und Bindungen.

Der freiheitliche, plurale, demokratische Rechtsstaat der Bundesrepublik hat für diese Bildungsaufgabe der Schule im Grundgesetz, in Landesverfassungen und Schulgesetzen eine breite Basis von Werten und Orientierungen gegeben, wozu z. B. auch die Freiheit des Glaubens und des Gewissens gehört (Artikel 4, Grundgesetz). Gleichzeitig ist dieser Staat zur religiösen und weltanschaulichen Neutralität verpflichtet. Für die zum Auftrag der Schule gehörende religiöse Bildung hat deshalb der Staat den Religionsgemeinschaften eine Mitwirkung eingeräumt.

Weil auf der Basis des eigenen Glaubens und der Mitwirkung der eigenen Religionsgemeinschaft im Rahmen des Angebots der Schule niemand wegen „seines Glaubens, seiner religiösen Anschauung benachteiligt oder bevorzugt werden" darf (Artikel 3, Grundgesetz), muss es bei einer entsprechenden Zahl von Schülerinnen und Schülern an deutschen Schulen islamischen und jüdischen Religionsunterricht geben.

So weit eigentlich alles klar, aber die Wirklichkeit ist z. T. weit davon entfernt. Während trotz mancherlei Einwände in den letzten Jahrzehnten der evangelische und katholische Religionsunterricht Anerkennung und

Ansehen als ordentliches Lehrfach hat, gibt es Vorbehalte, Unsicherheiten und Ängste, Zögern, Bedenken und Einschränkungen vor allem dem Islam gegenüber. Die Ursachen sind vielfältig, vor allem fehlt die Anerkennung der Pluralität von Kulturen, Religionen und Weltanschauungen in unserer Gesellschaft. Es fehlt die Anerkennung der Zuwanderung verbunden mit der Aufgabe der Integration, es gibt bei geringer Sicherheit und Gewissheit über die eigene Position die Angst vor Fremdem, sowie die Unsicherheit Juden gegenüber nach den schrecklichen Folgen des Antisemitismus während des Nationalsozialismus. Aber die jüdischen und islamischen Schülerinnen und Schüler sind da mit ihren Bedürfnissen und Rechten, mit ihren Bindungen und ihrer Suche nach Orientierung, Perspektive und Identität.

So wollten jüdische Schülerinnen und Schüler vor Jahren schon ihr Engagement, ihre Kenntnisse und ihre verarbeiteten Erfahrungen wie die christlichen Schüler in den Unterricht der gymnasialen Oberstufe und als Abiturfach einbringen. Damit wurde in Nordrhein-Westfalen am Ende der 80iger Jahre eine sehr langsame Entwicklung eingeleitet, die Grundlage und Modell für eine viel breitere Umsetzung der berechtigten Anliegen und die notwendige Ausweitung des Religionsunterrichts sein könnte.

Für eine kleine Gruppe jüdischer Schülerinnen und Schüler wurde ein Lehrplan durch eine staatlich beauftragte Kommission für die Jahrgangsstufen 11–13 einschließlich der Beschreibung der Anforderungen im Abitur erarbeitet. Bei der Erarbeitung waren Rabbiner und Religionslehrer beteiligt, der Entwurf wurde den jüdischen Gemeinden und dem Landesverband zur Stellungnahme zu Inhalten und Zielen zugeleitet. Auf der Basis des nach diesem Verfahren in Kraft gesetzten Lehrplans konnte mit Lehrern mit akademischem Abschluss nach der Überprüfung ihrer fachdidaktischen Eignung jüdischer Religionsunterricht als ordentliches Lehrfach vom Staat finanziert erteilt werden und war er als Abiturfach anerkannt.

Was mit einem zentralen Kurs für eine ganze Region in Düsseldorf begann, weitete sich durch die Zuwanderung vor allem der Juden aus Russland mit Standorten in anderen Großstädten Nordrhein-Westfalens aus.

Seit 1999 kann mit einem entsprechend erstellten Lehrplan für die Sekundarstufe I auch jüdische Religionslehre in dieser Stufe als Basis für den Oberstufenunterricht erteilt werden. Auch dieser Unterricht wird in der Regel zentral für die Schülerinnen und Schüler aus verschiedenen Schulen organisiert und kann deshalb nur selten parallel zu dem evangelischen und katholischen Religionsunterricht an der Einzelschule durchgeführt werden. Im Rahmen der Schule erhalten so die jüdischen Schülerinnen und Schüler die Vertiefung ihrer religiösen Bildung. Der Lernort Gemeinde erfährt die Ergänzung durch den Unterricht nach den

Bedingungen, Vorgaben und Möglichkeiten der Schule. Das Judesein und das Judentum sind präsent in der Schule, Dialog und Verständigung zwischen Religionen und Weltanschauungen über Wertsetzungen und Handlungsdispositionen sind möglich. Die Chancen für Integration und Identitätsbildung, für Wahrnehmung von Differenzen und Gemeinsamkeiten, zum Austausch über Vergangenheit und Zukunftsgestaltung sind gegeben.

Anders und problematischer, langsamer und noch nicht so erfolgreich, verlief auch in Nordrhein-Westfalen die Entwicklung zur Einführung islamischen Religionsunterrichts, obwohl die Erfahrungen und das Modell mit dem jüdischen Religionsunterricht hätten genutzt werden können.

Bestimmt wurden die bildungspolitischen und fachdidaktischen Überlegungen zur religiösen Bildung der Muslime durch die große Zahl der Kinder aus türkischen „Gastarbeiterfamilien". Auch für die Schule war nicht so sehr Integration, sondern Vorbereitung auf die Rückkehr in die Türkei die Schwerpunktsetzung; dazu gehört die Förderung der Muttersprache und die Orientierung der religiösen Erziehung stärker am Vorbild in der Türkei als am Religionsunterricht in deutschen Schulen. So entstand ein eigenartiges Konstrukt: religiöse Unterweisung im Rahmen des muttersprachlichen Ergänzungsunterrichts durch Lehrerinnen und Lehrer aus der Türkei, die häufig zwar als Sprachlehrer, aber eben nicht als Religionslehrer ausgebildet waren. Die Verantwortung für eine religiöse Bildung auch für diese Schülergruppe war erkannt, doch diese Form des integrierten Unterrichts ist ein Sonderfall mit Randstellung in der Schule, ist im Konzept nicht zuzuordnen der Fächergruppe aus evangelischem und katholischem, jüdischem Religionsunterricht und praktischer Philosophie (oder Ethik bzw. Werte und Normen). Die Unterrichtssprachen sind Türkisch, Arabisch, Bosnisch, Unterrichtseinheiten sind für diesen Unterricht staatlich erarbeitet.

Als Schulversuch läuft zusätzlich seit dem Schuljahr 1999/2000 in Nordrhein-Westfalen „Islamische Unterweisung" als eigenständiges Fach in deutscher Sprache in den Jahrgangsstufen 1–10. Auch hier werden Lehrkräfte für den muttersprachlichen Unterricht oder andere Lehrkräfte muslimischen Glaubens eingesetzt und fortgebildet.

Es wird erprobt und auf verschiedenen Ebenen erörtert, wer der Partner des Staates auf Seiten des Islam ist, wie man den Wünschen der unterschiedlichen Richtungen des Islam gerecht werden kann, obwohl eigentlich Konzept, Organisation und Gestaltung aus dem Vergleich z. B. zum Judentum klar sein könnten:

Eine staatliche Kommission müsste im Kontakt mit den verschiedenen islamischen Gruppierungen und Organisationen einen Lehrplan erstellen. Der Entwurf müsste den für das Bundesland zuständigen muslimischen

Gemeinden, Moschee-Vereinen und Verbänden (Landesverbände des Zentralrats der Muslime, des Islam-Rats und der Aleviten) vorgelegt werden mit dem Ziel, die Zustimmung für eine große Mehrheit der im Bundesland lebenden islamischen Schülerinnen und Schüler zu erhalten. Von den unterschiedlichen islamischen Gruppierungen kann und muss im Interesse der Schülerinnen und Schüler und im Blick auf eine erfolgreiche Zusammenarbeit mit dem Staat eine interne Verständigung und Zusammenarbeit wie z. B. zwischen den evangelischen Kirchen eines Bundeslandes erwartet werden.

Der islamische Religionsunterricht nach einem so erarbeiteten und genehmigten Lehrplan ist ein Angebot der Schule wie der evangelische und der katholische Religionsunterricht. Inhalte, Ziele und Anforderungen sind durch den Lehrplan und das spezifische Bekenntnis der Lehrkraft bestimmt, von diesem Angebot an muslimische Schülerinnen und Schüler können sich diese auch befreien lassen – wie die evangelischen und katholischen Schüler von ihrem Religionsunterricht – in der Regel mit der Verpflichtung, ein anderes Fach der Fächergruppe meistens praktische Philosophie oder Ethik zu besuchen. Deshalb ist die Sorge, in einem Land nicht wenigstens für eine breite Mehrheit der Muslime einen Lehrplan im Konsens mit den Vertretern der Religionsgemeinschaften zu erreichen, unbegründet, und kein Muslim würde gegen seine Überzeugung zu einem islamischen Religionsunterricht in der Schule gezwungen.

Als ordentliches Lehrfach ist dieser Religionsunterricht in deutscher Sprache zu erteilten und von Lehrkräften muslimischen Glaubens, die eine entsprechende religionspädagogische akademische Ausbildung erfahren haben und staatliche Lehrkräfte sind.

Neben den Lehrplänen für jüdischen und islamischen Religionsunterricht in Übereinstimmung mit den jeweiligen Religionsgemeinschaften werden deshalb dringend Ausbildungsstätten in Hochschulen und Studienseminaren für jüdische und islamische Religionslehrerinnen und -lehrer benötigt.

Für die *Gestaltung* des islamischen wie des jüdischen Religionsunterrichts ist wichtig: dieser Unterricht geschieht im Rahmen der Schule, d. h. im Rahmen der Wertordnung des Grundgesetzes und der Bildungs- und Erziehungsziele der Schule; er vermittelt Wissen über die Tradition der Religion, die Grundlegung und die Wirkungsgeschichte sowie über gegenwärtige Erscheinungsformen und Praxis; er stellt die Bezüge zur gegenwärtigen Situation der Schülerinnen und Schüler, zu ihren Fragen und Erfahrungen, zu ihren Sorgen und Hoffnungen im Blick auf ihre Zukunft her.

Damit hat dieser Unterricht im Lehrplan und bei der Gestaltung drei wichtige Bezugspunkte: Die Lebenswirklichkeit der Schülerinnen und Schüler in ihrer gesellschaftlichen Situation, die muslimische bzw. jüdische Gemeinde mit ihren Riten, Festen und Veranstaltungen und den Religionsunterricht der anderen Religionsgemeinschaften und Konfessionen einschließlich der gemeinsamen Beiträge der Religionen zum Schulleben.

Gemeinsam ist für beide Religionen als Basis für Glaube und Unterricht die Schrift. Für den Islam noch dominanter der Koran, während für die Juden das Zusammensehen von schriftlicher und mündlicher Tora, von Schrift und Auslegungs- und Wirkungsgeschichte stärker ist.

Für beide Fächer, deren Unterrichtssprache Deutsch ist, spielt daneben die heilige Sprache, das Hebräische und das Arabische, eine große Rolle als Sprache der Tora bzw. des Korans, als Sprache der Gebete und der Verständigung der Gläubigen. Deshalb bestimmt das Sprachelernen, das Lesen und Zitieren in Hebräisch bzw. Arabisch Teile des Unterrichts dieser Religionen.

Bei aller Nähe zu den Gemeinden muss allerdings der Unterschied zu dem Lernort Gemeinde deutlich sein und bleiben. Der Religionsunterricht an der Schule ist nicht der Unterricht der Koranschule, der Religionsunterricht ist nicht wie z. B. die Vorbereitung der Bar/Bat-Mitzwah; die Beheimatung geschieht in der Gemeinde. Die Schule greift auf, setzt dies aber nicht voraus, sie vermittelt Wissen und Erfahrungen und fördert vor allem den Dialog auf der Basis des eigenen Standpunktes als Beitrag zur Begegnung und zum Zusammenleben zwischen Menschen unterschiedlicher Religionen.

Deshalb auch brauchen wir für den in der Gesellschaft der Bundesrepublik zunehmend präsenten Islam und nach der schlimmen Vergangenheit des Antisemitismus jüdischen und islamischen Religionsunterricht in der Schule zur Begegnung, zum Austausch und zu gemeinsamem Tun, zum Wahrnehmen und Anerkennen der Differenzen mit dem Bemühen um Verstehen, zum Würdigen des Anderen nicht zuletzt zur bewussteren Profilierung der eigenen Position und Bindung.

Bei vielen Gemeinsamkeiten in den Aussagen zum jüdischen und islamischen Religionsunterricht gibt es auch charakteristische Unterschiede.

Der Islam in Deutschland ist neu, es muss entwickelt werden, was eine islamische Identität in der pluralen, aber vom Christentum beider Konfessionen geprägten, stark säkularen Gesellschaft der Bundesrepublik ist. Um so wichtiger ist die Einbindung dieses religiösen Elements in die Schule nicht nur für die islamischen Schülerinnen und Schüler. Nur in der Einbindung in den Lern- und Erziehungsprozess wie in das Leben in dieser Gesellschaft kann diese Identität als Identität von Muslimen in Deutschland entstehen. Dabei ist das Verhältnis und der Kontakt zu den Herkunftsländern bzw. zu den islamischen Ländern anders als der Bezug des Judentums zu Israel. Das Verhältnis von Diaspora und Israel – Israel als Land und als Staat – haben für den jüdischen Religionsunterricht einen besonderen Stellenwert. Ganz anders ist natürlich nach der Schoa auch die Frage des Judesein in Deutschland eine existenziellere, eine belastendere als die Suche nach einer Identität von Muslimen in Deutschland ohne diese Vergangenheit von Juden und Deutschen.

Um der jüdischen und islamischen Schülerinnen und Schüler willen brauchen wir an deutschen Schulen diesen islamischen und jüdischen Religionsunterricht. Wir brauchen ihn wegen der Aufgabe der religiösen Bildung für alle, wir brauchen ihn für den Dialog zwischen den Religionen und zur Erprobung der Toleranz auf der Basis von Verbindlichkeiten eigener Positionen in diesem wichtigen Erprobungs-, Lern- und Handlungsfeld gesellschaftlichen Lebens und als Anerkennung der prägenden und bildenden Kraft der Religionen, die in dieser Gesellschaft Anhänger haben.

Grundsätzlich ist dieser jüdische bzw. islamische Religionsunterricht das Fach für die Schülerinnen und Schüler jüdischen bzw. islamischen Glaubens; nach Beratung ist er nach Entscheidung der unterrichtenden Lehrkraft auch offen für die, die diese Religion mit ihrer Tradition, ihren Wertsetzungen und ihren Deutungen von Welt und Menschsein kennen lernen wollen. Allerdings darf bei den Teilnehmern am jüdischen Religionsunterricht nicht eine falsche Erwartung geweckt werden. Während durch Bekenntnis zum Islam eine Konversion zum Islam möglich ist, ist in der Regel das Judesein und Judewerden an zusätzliche Bedingungen geknüpft.

Literatur

Islamische Religionsgemeinschaft Hessens e.V. (Groß IRH). IRH-Schriftenreihe Nr. 1, Frankfurt 1999

Kulturelle Integration unter Wahrung der religiösen Identität... in Juristenzeitung (JZ) 1999, S. 741-758

P. Schreiner/K. Wulff (Hg): Islamischer Religionsunterricht – Ein Lesebuch Comenius-Institut Münster 2001

Religion im Schulprogramm

Eine unverzichtbare Dimension des Lernens in einer sich verändernden Schule

GÜNTER BÖHM

Schulerneuerung hat seit Mitte der achtziger Jahre des 20. Jahrhunderts ein neues Stichwort. Mit dem Begriff des *Schulprogramms* fasst die einzelne Schule die Summe ihrer Bemühungen zusammen, „gute Schule" zu sein. Sie formuliert ihr Leitbild, umschreibt ihr pädagogisches Konzept und bringt die Grundzüge ihrer Unterrichtsarbeit und die Elemente ihres Schullebens in einen schlüssigen Zusammenhang. Sie versteht sich dabei als gemeinsam lehrende und gemeinsam lernende Institution. Sie geht methodisch von einer gründlichen Bestandsaufnahme aus, ermittelt Vorzüge und Schwachstellen, erörtert Innovationsbedarf, legt eine Reihenfolge der Entwicklungsvorhaben fest und gibt sich in einer abgestimmten Zeitfolge Rechenschaft über das Erreichte.

Auf diese Weise verändert sich nicht nur das Profil einer Schule, sondern auch ihre Atmosphäre, ihr Arbeits- und Lebensstil. Schule wird zu einem „Haus des Lernens“: ein Ort, „an dem alle willkommen sind, die Lehrenden wie die Lernenden in ihrer Individualität angenommen werden, die persönliche Eigenart in der Gestaltung von Schule ihren Platz findet“ (Bildungskommission NRW, Zukunft der Bildung, Schule der Zukunft, 1995). Auf die Arbeit der Fächer hat dieser Prozess der Schulselbstentwicklung erhebliche Auswirkungen. Die folgenden Ausführungen erläutern dies am Beispiel des Faches Religionslehre.

Es gilt, neu bewusst zu machen, dass Religion konstitutives Element von Schule ist

Religion in der Schule umfasst mehr als Religionsunterricht. Wenn nach unserer Verfassung im Zusammenhang mit dem ordentlichen Unterrichtsfach Religionslehre den Religionsgemeinschaften Mitwirkungsrechte in der Schule zuerkannt werden und die Erteilung dieses Faches an die Übereinstimmung mit ihren Grundsätzen gebunden wird, ist damit festgeschrieben, dass bei keinem Schulprogramm das Fach Religionslehre zur Disposition steht und dass das Grundrecht der Religionsfreiheit in der Schule von Schülern, Lehrern und Eltern positiv wahrgenommen werden darf und soll. Das bedeutet:

In die im Zusammenhang mit den gegenwärtigen Bemühungen um Schulprogrammentwicklung grundlegende Diskussion der *Erziehungsgrundsätze* und des *schulischen Leitbildes* ist einzubringen, was vom christlichen Glauben her zu Erziehung und Bildung heute zu sagen ist.

Dies umfasst u.a.
- die unantastbare Würde jedes Kindes und Jugendlichen, aber auch die Würde der Unterrichtenden und aller an Schule sonst Beteiligten,
- die Verpflichtung zur Fürsorge für Behinderte und Förderung der Schwachen,
- das Wissen um die Vorläufigkeit von Regelungen und den Verbesserungsbedarf von Einrichtungen und von daher die Aufforderung, an Reformen tätig mitzuwirken,
- das Bewusstsein, dass Lehrerinnen und Lehrer für Schülerinnen und Schüler nicht nur als Berufsträger, sondern als Personen wichtig sind,
- die Überzeugung, dass vom Schöpfungsauftrag Gottes her Schule um eine Bildung für Kopf, Herz und Hand bemüht sein muss,
- die Wachsamkeit gegen Tendenzen einer Verplanung von Schule und Schulzeit und der Einsatz für Freiräume neben und in der Schule,
- die Gestaltung des Lebens in der Schule unter den Impulsen des Konziliaren Prozesses, d.h. als Beitrag zur Bewahrung der Schöpfung, Einsatz für den Frieden, Mehrung von Gerechtigkeit

Die drei großen *Leitvorstellungen für die Schule von morgen* – sie soll *Schule der Wissensgesellschaft, Schule der Bürgergesellschaft, Schule des Kindes sein* – sind daraufhin zu prüfen, wie menschendienlich sie sind. Es gilt, Schule sowohl vor einer Selbstüberforderung als auch vor resignativer Selbstaufgabe zu bewahren und in ihr zeichenhaft zu realisieren, dass Leben unter der Verheißung des Evangeliums als Geschenk und herausfordernde Gestaltungsaufgabe erfahren wird.

Im Prozess der *Ausformulierung* von Grundsätzen, Regeln des Zusammenlebens und eines schulischen Leitbildes sollte die religiöse Dimension entweder ausdrücklich benannt werden, andernfalls sollte darauf geachtet werden, dass zumindest Anknüpfungsmöglichkeiten gegeben sind. Ob Religion und Religionsunterricht im ausformulierten Schulprogramm in einem eigenen Kapitel oder – als identifizierbarer Aspekt – in einer Themenauflistung erscheint, sollte im Einzelfall entschieden werden.

Religion hat mit allen Bereichen unserer Kultur zu tun – von der Kunst über die Literatur und die Gesellschaft bis zur ethischen Dimension von Naturwissenschaft und Technik. Es besteht aber die Gefahr, dass dieser grundlegende Zusammenhang gesellschaftlich in Vergessenheit gerät.

Im innerschulischen Gespräch insbesondere mit Eltern könnte u.a. argumentativ dargelegt werden:

- Wenn Schule heute angesichts der Pluralität der Weltanschauungen und Lebensformen Heranwachsenden zu ethischer Orientierung und Wertevermittlung verhelfen soll, hat ein Fach, in dem Frage nach der Bestimmung des Menschen zentral gestellt wird, eine entscheidende Funktion.

Zugleich ist allerdings darauf hinzuweisen, dass Religion und Glaube nicht in Ethik aufgehen.

- Wenn Traditionsabbruch und weitgehender Wegfall stützender Institutionen die Entscheidungsfähigkeit – und damit das Verständnis für Differenz – zu einer Basiskompetenz für künftiges selbstbestimmtes Leben machen, kommt dem Fach Religionslehre heute besondere Bedeutung zu.
- Da sich – wie die EKD-Synode in Friedrichroda 1997 formulierte – „eigene Überzeugungen nicht im Niemandsland der Gleich-Gültigkeit ...bilden", ist gerade heute ein Religionsunterricht gefordert, der Dialogbereitschaft mit Positionalität verbindet. Nur verbohrte Unbelehrbarkeit kann einem solchen Fach heute noch Indoktrinationsabsichten unterstellen. Auf tiefe Überzeugungen zu stoßen – so der Berliner Tagesspiegel bei der Debatte um eine Veränderung der Struktur des Religionsunterrichts in Berlin – sei heute weniger eine Gefahr, eher eine (seltene!) Chance.
- Die Denkschrift der EKD zum Religionsunterricht „Identität und Verständigung" (1994) hat in der Aufnahme von Befragungsergebnissen unter Jugendlichen herausgestellt,

dass die existenziellen Fragen der Heranwachsenden mit zentralen Themen der Theologie korrespondieren:

„Was ist das Geheimnis des Anfangs von allem Sein?

Was kommt nach dem Ende: Gibt es ein Weiterleben nach dem Tode?

Warum ist das Leben zwischen Anfang und Ende voller Leiden?

Was bedeutet dabei der Glaube an Gott?

Existiert Gott, oder ist er nur eine Fiktion?

Was hilft hier die Kirche, die sich mit ihrer Theologie als gottkundig ausgibt?

Wie steht es mit der Gerechtigkeit als ethischem Grundproblem?"

Mit diesen Fragen und den Antworten des christlichen Glaubens hat der heutige Religionsunterricht in allen Schulformen sein Elementarcurriculum. Er ist bei seiner Sache, wenn er ungeachtet der unterschiedlichsten Ausgangslagen und bei aller Vielfalt methodischer Zugänge darauf bezogen bleibt.

Die Bearbeitung gegenwärtiger Schlüsselprobleme kommt nicht ohne die ethische und religiöse Dimension aus

Der Erziehungswissenschaftler Wolfgang Klafki hat bereits 1985 gefordert, den herkömmlichen schulischen Bildungsbegriff um die intensive Beschäftigung mit gegenwärtigen „Schlüsselproblemen“ zu erweitern. Schulprogramme, die zur Zukunftsfähigkeit der Schülerinnen und Schüler beitragen wollen, nehmen die Arbeit an diesen Problemfeldern über die Absprache von Fächern in zeitgleichen Unterrichtssequenzen oder in fächerübergreifenden Projekten als neue didaktische Aufgabe planmäßig auf. Die Bindung an eine klar umrissene Mitte ermöglicht für den Religionsunterricht eine umfassende Offenheit für solche aus gegenwärtigen gesellschaftlichen und individuellen Problemlagen aufbrechenden Fragestellungen. Ihre Bearbeitung macht in vielen Fällen die Berücksichtigung der ethischen und der religiösen Dimension unverzichtbar. Als Beispiele von Elementen für ein so entstehendes *zweites Curriculum*, ergänzend zu den Fachlehrgängen, können benannt werden:

- Materielle Produktivität und Lebenssinn: Ist der Mensch nur das wert, was er leistet?
- Ausbeutung der Erde oder Bewahrung der Schöpfung?
- Unbegrenzter technologischer Fortschritt oder Akzeptanz der Endlichkeit des Menschen?
- Wie weit reicht die Verfügbarkeit über den Menschen in Wissenschaft und Forschung? Was ist Menschenwürde?
- Konkurrenz als allgemein geltendes gesellschaftliches Prinzip oder Ausbau der Solidargemeinschaft?
- Menschliche Aggressivität und Notwendigkeit und Praxis von Friedensarbeit

- „Kultur der Zärtlichkeit“: Sexualität und Erotik in personalem Bezug
- Umgang mit Leid, Behinderung, ständiger Lebensbedrohung, z.B. im heutigen Verkehr

Religiöse Symbole und Feste strukturieren den Schulalltag

In einer Phase steigender Beschleunigung bei wachsender Zeitverknappung kann Religion in der Schule dazu beitragen, die Menschendienlichkeit von „Sonntagsinseln und Sabbaträumen“ (*tempi* – Bildung im Zeitalter der Beschleunigung. Zentralstelle Bildung der Deutschen Bischofskonferenz und Abt. Bildung im Kirchenamt der EKD, 2000) neu bewusst zu machen und ihr in einem Schulprogramm einen anerkannten Platz sichern. Über Schulgottesdienste und Kurzandachtsformen wie Pausengebet und Frühschicht, über Feiern, angelehnt an das Kirchenjahr, und Zeiten der Ruhe – manchmal sogar in einem eigens dazu eingerichteten *Raum der Stille* – trägt Religion zu einem Kontrastrhythmus zu der massiv durch Prüfungs-, Zeugnis- und Versetzungstermine belasteten Erfahrung von *Schul-Zeit* bei. Weitere Möglichkeiten bieten Religiöse Schulwochen und Besinnungstagungen, Teilnahme von Schülergruppen an Kirchen- und Katholikentagen, Kontakte mit Stätten religiöser Kultur (Moscheen, Synagogen). Zusammen mit den Fächern Deutsch, Geschichte und Politik kann Religion als Teil eines Schulprogramms initiierend und unterstützend am Aufbau einer schulischen Gedenkkultur mitwirken, z.B. das Gedächtnis der ehemaligen jüdischen Gemeinde am Ort wach halten. Vereinzelt geben Schulen über ein Praktikum in diakonischen Einrichtungen Gelegenheit, diakonisches Handeln als Lebensäußerung des christlichen Glaubens unterrichtsbegleitet im praktischen Vollzug kennen zu lernen und sich früh zu einem sozial-verpflichteten Handeln ermutigen zu lassen. Unter der Perspektive *Öffnung von Schule* kann auch die Zusammenarbeit mit Kirchengemeinden und diakonischen Einrichtungen legitimes Element eines Schulprogramms sein.

Der moderne Religionsunterricht im Schulprogramm lebt von und für Kooperation

Bei der Erarbeitung eines Schulprogramms sollten die bereits geübten und in Zukunft angestrebten Formen der *Kooperation* zwischen Evangelischer und Katholischer Religionslehre Eingang finden. Die Schulpraxis ist hier auf dem Wege zu mannigfachen Formen der Zusammenarbeit – von kooperierenden Fachkonferenzen über ökumenische Gottesdienste bis zu gemeinsamen Unterrichtsphasen. „Wenn Kinder oder Jugendliche mit anderer Konfessions- oder Religionszugehörigkeit in dieselbe Schule oder sogar in dieselbe Klasse gehen, dann kann es nicht mehr einleuchten, über diese Konfessionen oder Religionen nur in deren Abwesenheit zu sprechen", betont zu Recht der Tübinger Religionspädagoge Friedrich Schweitzer. Solche – Differenz und Gemeinsamkeit sorgfältig beachtende – verantwortete Maßnahmen sind abzugrenzen von einem aus Gründen organisatorischer Vereinfachung von Schulleitern verfügten, häufig „ökumenisch" titulierten Religionsunterricht im Klassenverband, der eindeutig die Rechtslage verletzt. Nicht weniger wichtig und schulprogrammrelevant ist die erweiterte Zusammenarbeit mit Ethik/Philosophie und – hoffentlich in absehbarer Zeit – mit Islamischer Religionslehre.

Religion gehört zu den Profil-Fächern im Schulprogramm

Die Fortschreibung von Schulprogrammen wird die künftige Fächerprofilbildung berücksichtigen müssen. Bei *vorgegebenen* Fächerprofilen, unter denen eine Schule nur noch *wählen* kann, wird Religionslehre zum allgemeinen Fächerkern gehören. Stellt ein Bundesland die Profilbildung stärker in die Hand der einzelnen Schule, ist der Einbezug von Religionslehre in die Profilfächergruppe vorstellbar (z.B. bei einem naturwissenschaftlichen Schwerpunkt zur Wahrnehmung der religiösen und ethischen Implikationen). Eine solche Denkmöglichkeit setzt allerdings Parallelreligionsgruppen im Jahrgang voraus.

Nachsatz

Wenn Ernst Tilly, ein für den Religionsunterricht ebenso wie für Schulentwicklung engagierter westfälischer Schulleiter (in: ru intern 1/2001) Religion in der Schule „das Salz in der Suppe" nennt, mag dies für manchen Praktiker angesichts der häufig höchst schwierigen Realbedingungen des Faches zu hoch ansetzen. Dass es aber darum gehen muss, Religion aus der unverdienten Beiläufigkeit in der Schule herauszuholen und ihre Relevanz gerade in der gegenwärtigen gesellschaftlichen Situation um der jungen Menschen willen neu bewusst zu machen – darüber sollte es eine gemeinsame Überzeugung geben, und die Arbeit an Schulprogrammen bietet eine einmalige Chance dafür. Eine die Religionslehrerinnen und Religionslehrer dabei fachlich und als Personen stützende Kirche hätte die Zeitansage verstanden.

D | Der Religionsunterricht öffnet sich

Religionsunterricht als fachübergreifender und fächerverbindender Unterricht

ALBRECHT WILLERT

Die Frage nach der Offenheit

Die schon lange Jahre andauernde Debatte um den konfessionellen Religionsunterricht, veranlasst auch durch die unterschiedlichen Gegebenheiten in den verschiedenen Bundesländern und Landeskirchen, erfuhr 1989 eine zusätzliche Belebung durch die schulische und kirchliche Situation in den neuen östlichen Bundesländern. Eine deutliche Entkirchlichung der Gesellschaft, Erfahrungen mit einem in den schulischen Raum hinein nahezu obrigkeitsstaatlich verfügenden Staatswesen und das Selbstverständnis der evangelischen Landeskirchen führten zusammen zu einer großen Reserve gegenüber der Möglichkeit eines konfessionellen Religionsunterrichts. In dieser Debatte sind Stimmen zu vernehmen, die von der Sorge getragen zu sein scheinen, dass diese Ausprägung des Religionsunterrichts an öffentlichen Schulen einer kirchlichen Steuerung, gar Indoktrination unterliege, Bevormundung darstelle, Offenheit nicht erlaube.

Das Angebot zum Dialog

Diese Sorge wird ernst genommen, aber nicht geteilt. Dazu berechtigen die Wahrnehmung der fachdidaktischen Diskussion; die Erfahrungen aus mehr als zwanzig Jahren alltäglicher schulischer Praxis des konfessionellen Religionsunterrichts als Religionsphilologe; die Erfahrungen in der Lehreraus- und -weiterbildung; die Analyse des aktuellen (1997) Lehrplans für das Fach Evangelische Religionslehre in der Oberstufe des Gymnasiums und der Gesamtschule in Nordrhein Westfalen. Zusammen ergibt sich so ein anderes Bild: Im evangelischen Religionsunterricht ist die unvoreingenommene und kritische Auseinandersetzung mit christlicher und kirchlicher Tradition möglich und intendiert; andere religiöse Traditionen und Orientierungen sowie Weltanschauungen werden am Dialog beteiligt.

Die Angebote und Anforderungen all dieser „Dialogpartner" können in offener Auseinandersetzung miteinander verglichen, sollen auf die heutige Lebenswelt der Schüler*innen* bezogen und sodann beurteilt werden. Die Rolle des „christlichen Glaubens biblisch-evangelischer Prägung" – nicht die der christlichen Kirche(n)! – ist in diesem Dialog herausgehoben, wenn von seiner „Mittelpunktstellung" gesprochen wird, die sich sowohl auf die Vermittlung von Kenntnissen als auch auf die kritische Einschätzung bezieht.

Der „Einfluss" der Landeskirche ist, wenn überhaupt wahrnehmbar, nur marginal. Respekt vor anderen religiösen oder weltanschaulichen Positionen, nicht aber religiöse Indifferenz ist die Sache dieses Faches. Der Lehrplan spricht vom „dialogischen Selbstverständnis".

Dass dieser Dialog aus einer konfessionellen Position heraus geführt werden kann und soll, ist Gegenstand dieses Aufsatzes. Das Beispiel der innerschulischen Kooperation verschiedener Fächer kann zur Veranschaulichung dienen.

Einbeziehung und Miteinander

Beispiele aus dem Religionsunterricht der Oberstufe eines Gymnasiums am Nordrand des Ruhrgebietes vermögen diese Erfahrungen und diese Überzeugung zu illustrieren. Im Besonderen geht es dabei um Formen des fachübergreifenden und fächerverbindenden Religionsunterrichts. Was ist unter diesen Begriffen zu verstehen?

Vom *fachübergreifenden* Unterricht wird in Lehrplänen und Richtlinien seit einiger Zeit gesprochen, wo in einem Fach von einer Lehrperson Inhalte, Gegenstände, Methoden und Medien berücksichtigt werden, die für dieses Fach nicht typisch sind, sondern sich eher einem anderen Fach zuordnen lassen. Häufig handelt es sich dabei um das andere Fach der Lehrperson. Bislang war das etwa dann der Fall, wenn die Geschichte der evangelischen Kirche in der Zeit des Dritten Reiches behandelt wurde und es erforderlich war, Inhalte der Außen- und Innenpolitik, der Rechtspolitik, der Sozialgeschichte und der Geistesgeschichte einzubeziehen. Wenn der Religionsunterricht in dieser Weise über seinen Tellerrand hinausschaut, bleibt allerdings die Lerngruppe unverändert, und es bleibt auch bei der einen Lehrkraft.

Dass solch fachübergreifender Unterricht zustande kommt, ist abhängig vom Gegenstand, von den Interessen aller am Lernprozess Beteiligten, von der fachlichen Kompetenz der Lehrperson wie der Lernbereitschaft der Lerngruppe.

Beim *fächerverbindenden* Unterricht kommt – um im Bild zu bleiben – ein zweiter „Teller“hinzu: Was und wer sich auf diesem Teller befindet, wird nicht nur betrachtet, sondern einbezogen in die Planung und Durchführung des Unterrichtes: Ein weiteres Fach mit seinen spezifischen Inhalten und Methoden, mit seinen Schüler*innen* und seiner Lehrperson treten in diese Kooperation ein. Die Bedingungen für das Gelingen des fächerverbindenden Unterrichts sind die gleichen wie für den fachübergreifenden Unterricht. Hinzu kommt ein allerdings gehöriges Maß an organisatorischer Vorbereitung.

Beispiel: Religion und Literatur

In einem Grundkurs Evangelische Religionslehre lautet das Rahmenthema für das Kurshalbjahr 12.2: Kirche – Erfahrungen – Traditionen – Vorstellungen. Während der Stunden, die der gemeinsamen Planung vorbehalten sind, wird bekannt, dass sich ein Deutschkurs der gleichen Stufe mit Brechts Bühnenstück „Leben des Galilei“ befassen wird. Einzelne Schüler weisen ferner auf die Reaktion der Medien auf eine Erklärung des Papstes Johannes Paul II. mit dem Titel „Mea culpa – die sieben Vergebungsbitten des Papstes“, vorgetragen in einem Gottesdienst am 11.03.2000, hin. Da aus organisatorischen Gründen eine *fächerverbindende* Kooperation weder mit dem Deutschkurs noch mit einem Grundkurs Katholische Religionslehre zustande kommt, fällt die Entscheidung, die Arbeit *fachübergreifend* anzulegen:

Phase 1: Helle und dunkle Seiten/Zeiten der Kirchengeschichte
(Erschließen des Schüler*innen*-Vorverständnisses)

Phase 2: Die Mea-Culpa-Erklärung als Entdeckungszusammenhang
a. Identifikation der Anlässe für eine Bitte um Vergebung
b. Konturen des Selbstverständnisses der römischen Kirche

Phase 3: Der Fall Galilei – Galileis Verhalten und das Auftreten der Kirche
a. Brechts Bühnenstück
b. Der historische Fall Galilei
c. Das Selbstverständnis der Kurie und ihre Handlungsmöglichkeiten
d. Galilei über den Umgang der Christen mit der Bibel und den Autoritäten

Phase 4: Luthers Kirchen- und Schriftverständnis
a. Schriftverständnis und das „Sola Scriptura“-Prinzip
b. Obrigkeit – Gehorsam – Widerstand

Phase 5: Glaube – Kirche – neuzeitliche Herausforderungen
a. Die Verantwortung des Wissenschaftlers für seine Forschungsresultate an Beispielen aus der Bioethik

Es lohnt sich, die *Phase 3* genauer vorzustellen. Sechs von fünfzehn Schüler*innen* waren Mitglieder auch des Deutschkurses. Wenn schon eine Kooperation der Kurse nicht realisierbar war, wollten wir wenigstens eine gewisse Gleichzeitigkeit der unterrichtlichen Behandlung in beiden Kursen erreichen – auch im Hinblick auf die anstehende Religionsklausur. (Wir mussten vermeiden, dass die Deutsch-Kursler aus einem großen Vorsprung in Brecht-Lektüre-Erfahrung Vorteile zogen.) Verfahren wurde so, dass einzelne zentrale Szenen aus dem Bühnenstück als Kopie allen vorlagen, während für die Klärung der größeren Handlungszusammenhänge die Deutsch-Kursler als Referenten zur Verfügung standen. Wir machten zudem Anleihen beim Deutschunterricht, indem wir Inhaltsangaben anfertigten, Einzelaussagen in Form von Standbildern präsentierten, Figurenkonstellationen analysierten und grafisch umsetzten und indem wir „Tagebuch-Eintragungen" des „kleinen Möches", einer Figur des Stückes, verfassten. Solch ein Methoden-Transfer konnte gelingen, da die Schüler*innen* wie die Lehrkraft in beiden Fächern, Religion und Deutsch, über Methodenkompetenz verfügten. (Das zweite Fach des Lehrers ist Deutsch.)

Der Lerngruppe wurde deutlich, dass Brecht nicht in erster Linie an der Aufarbeitung des historischen Falles Galileis gelegen war; diesen benutzte er zur Zeit der Niederschrift 1938/39 vielmehr als Aufhänger, um anlässlich der Entdeckung eines Verfahrens zur Uran-Spaltung durch Otto Hahn und seine Mitarbeiter auf die Risiken des technischen Fortschritts hinzuweisen. Bezogen auf den historischen Kontext hatten die Schüler*innen* das Verhalten der Kirche gegenüber Galilei spontan und pauschal verurteilt: „Die" Kirche sei eben fortschrittsfeindlich. Differenzierter wurde allmählich erfasst, dass die Erkenntnisse des Kopernikus, Keplers und Galileis nicht nur die Mittelpunktstellung der Sonne im Planetensystem bestätigten, sondern mit dem Ende des geozentrischen Weltbildes ein jahrhundertelang bestehendes weltanschauliches Paradigma von weitreichender Bedeutung revolutionierten. Es blieb bei der negativen Einschätzung der Reglementierung wissenschaftlicher Neugier und wissenschaftlichen Forschens, aber das Ausmaß der Umwälzung gewann an Konturen. Vor diesem Hintergrund stießen Galileis Aussagen zum Umgang mit der Bibel auf ebenso große Zustimmung wie Luthers Rede vom mehrfachen Schriftsinn.

Die abschließende Phase leitete bereits in das folgende Halbjahresthema „Konfliktfälle christlicher Ethik" über.

Beispiel: Religion und Naturwissenschaft

Das Beispiel für einen fächerverbindenden Unterricht stammt aus einem Leistungskurs Evangelische Religionslehre, dessen Mitglieder zur Hälfte auch einen Grundkurs Biologie belegt haben. Den Fachlehrer Biologie zeichnet aus, dass er seit Jahren schon seine Kurse in der Oberstufe an

Fragestellungen der Wissenschaftstheorie heranführt und sich zudem als katholischer Christ an ethischen Fragen interessiert zeigt. So entwickeln sich spontane Einzelkontakte zwischen beiden Kursen, als es um die Frage der Wissenschaftlichkeit der Theologie und des Selbstverständnisses der Naturwissenschaften, um das spannungsvolle Verhältnis von Glauben und Wissen geht. Systematisch wird die Zusammenarbeit beider Lehrer und beider Kurse, als sich dann „die Biologen“ mit Genetik befassen, während es zugleich im Religionskurs um Fragen des (christlichen) Menschenbildes und des Tier-Mensch-Verhältnisses geht. Daraus ergibt sich folgender gemeinsamer Plan (eine gemeinsame Doppelstunde pro Woche):

Phase 1: Was unterscheidet den Menschen vom Tier, macht ihn zum Menschen? – Die Diskussion der Kategorien „Würde“ und „Nutzen“

Phase 2: Was ist biologisch-medizinisch eigentlich „Krankheit“?
(mit einer Übersicht über Erbkrankheiten)

Phase 3: Dank Medizin- und Gentechnik ein leidfreier Mensch? – Möglichkeiten und Grenzen medizinischer Diagnostik und Therapie am Beispiel eines Themenabends des Fernsehsenders „arte“

Phase 4: Schulöffentliche Präsentation der Thematik durch eine Ausstellung und einen Themenabend beider Kurse; Pressearbeit

Phase 5: Ethische Probleme am Anfang des menschlichen Lebens – Seminarveranstaltung und Podiumsdiskussion mit Fachleuten

In der Phase 1 war es erforderlich, dass der Biologie-Kurs von seinem eigentlichen Arbeitsplan abwich und in Form von Exkursen Materialien aufarbeitete, die seitens des Religion-Kurses durch philosophische und theologische Texte ergänzt wurden. Im Kontrast zur Rhetorik vieler Lehrpläne und vieler Bildungspolitiker zeigten sich erwartungsgemäß in dieser Phase typische organisatorische Schwierigkeiten für die Kooperation im schulischen Alltag: Grundkurse haben drei, Leistungskurse fünf Wochenstunden Unterricht; die Halbjahresplanung der jeweiligen Kurse folgt den Absprachen der Fachkonferenzen, auch den obligatorischen Vorgaben der Lehrpläne; unter diesen Bedingungen sind fächerverbindende Aktivitäten nur begrenzt zu realisieren. Im Prinzip empfiehlt sich eine zeitlich klar umrissene Projektarbeit als Block im jeweiligen Kursprogramm. Als weiterer Bedingungsfaktor zusätzlich ernst zu nehmen ist die Motivation der beteiligten Schüler*innen*: alle sind „begeistert" von der Kooperation der Fächer. Manche monieren thematische Wiederholungen, einige haben Religion nicht belegt, sind an religiösen Fragestellungen auch nicht interessiert. Sehr viel kommt deshalb darauf an, dass die Beteiligung möglichst vieler Schüler*innen* in allen Phasen der Planung und Durchführung gelingt, dass die Befriedigung erlebt werden kann, wenn Wissen verschiedener Fächer miteinander verküpft wird. Zu dieser Motivation trug im Beispiel bei, dass zum Krankheitsbegriff Recherchen einzelner Schüler*innen* bei niedergelassenen Ärzten angestellt und als Referate eingebracht wurden. Dabei wurden Kontakte geknüpft, die zu den Einladungen zur abschließenden Podiumsdiskussion führten: Eine Frauenärztin mit einer Praxis für pränatale Diagnostik, ein Chefarzt für Geburtshilfe, ein Jurist, ein katholischer Geistlicher nahmen teil. Als motivierend erlebt wurden ferner die gelegentliche Auflösung des traditionellen Unterrichts zu Gunsten von „Sonderschichten", in denen der auf Video aufgezeichnete arte-Abend gesehen und besprochen wurde; die Durchführung einer 90minütigen Seminareinheit für die Schüler*innen* der Jahrgangsstufen 10–13 als Vorbereitung auf die Podiumsdiskussion; die Kontakte mit der Presse, um bereits zwei Wochen vorher regelmäßig auf diese schulische Veranstaltung hinzuweisen: Eine Teilnehmerzahl von circa 100 Personen hinterließ bei allen Beteiligten ein gutes Gefühl.

Eindrücklich bestätigten die Fachleute auf dem Podium, was sich im Unterricht bereits abgezeichnet hatte: Nüchternheit ist angeraten, wo es um den Realismus der Erwartungen an die Gentechnik, Gentherapie und medizinischen Möglichkeiten geht. Erneut nachzudenken, ohne in Fatalismus und Resignation zu verfallen, ist über Krankheit, Behinderung und Leiden als Elemente menschlichen Lebens. Mit großer Aufmerksamkeit spürten die Schüler*innen* den Interessen nach, die in die Voten von Politikern, Wissenschaftlern, Pharmalobbyisten eingeflossen waren. Viel Verständnis und Sympathie weckten theologische Positionen, die Partei für die Belange kranker, behinderter und alter Menschen ergriffen und von deren Würde handelten.

Im Rückblick stellten die Mitglieder des Religion-Kurses mit einiger Verwunderung fest, in welchem Maße es erforderlich war, sich fachlich „auf fremden Terrain" zu informieren, um mit Kategorien christlicher Ethik sachlich angemessen und überzeugend argumentieren und urteilen zu können. Talkshows im Fernsehen zum Thema in den folgenden Wochen wurden wegen ihrer phasenweisen Oberflächlichkeit sehr kritisch wahrgenommen.

Perspektiven und Partner

Zwei Beispiele aus der schulischen Arbeit stehen für viele.

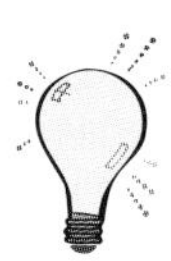

Solch ein Unterricht ist dialogisch angelegt und offen dafür, die sich allmählich entwickelnden individuellen und mehrheitsfähigen Positionen der Schüler*innen* wahrnehmbar zu machen. Hier liegt die große Chance eines konfessionellen Religionsunterrichts, der nicht nur sichtet, sondern auch Position bezieht, wo das begründet und begründbar möglich ist.

Weiteren Kooperationen eröffnen sich erfreuliche Möglichkeiten: Dialogpartner für das Fach Religion könnte angesichts der „Visualisierung" der Lebenswelt der Schüler*innen* durch Werbung, TV, Video, Film, CD und DVD das Fach *Kunst* sein; traditionell kooperiert wird mit dem Fach *Geschichte*; mit der *Philosophie*, einem nahezu affinen Fach, zusammen zu arbeiten, ist eigentlich unverzichtbar; Perspektiven eröffnen sich ferner mit dem Fach *Musik* hinsichtlich der Analyse und Interpretation musikaler Gestaltung religiöser Lebensformen und Inhalte – um nur einige Fächer aufzuzählen.

Vieles davon wird seit Jahren von vielen Kolleginnen und Kollegen bereits praktiziert, vergleichsweise unspektakulär und nahezu selbstverständlich. Aus diesem Personenkreis ist allerdings dann auch immer wieder einmal zu vernehmen, dass die schon angesprochenen Empfehlungen der Schulpolitiker, der Schulbürokratie, der außerschulischen Pädagogen und dann eben auch der Lehrpläne in guter Absicht über das Ziel hinausschießen, weil sie nicht die alltäglichen Bedingungen schulischen Arbeitens ernst nehmen. Die organisatorischen Schwierigkeiten sind z.T. erheblich, die Anforderungen an die fachliche Kompetenz und Lernbereitschaft der beteiligten Lehrpersonen groß.

Und schließlich ist auch die Motivationslage unserer Schüler*innen* nicht zu ignorieren: Bei ihnen besteht ein sehr feines Gespür für auf Außenwirkung setzenden Aktionismus („Schon wieder ein Projekt!") und hohles Gerede, das durch plakative Rede die Sache verdunkelt. Sie sind es leid, wenn unkoordiniert an ihrer Schule Lehrpersonen Projekte, Aktivitäten, Exkursionen „ansetzen", ohne für eine verträgliche Dosierung im Schuljahr zu sorgen.

Religion in Gottesdienst und Unterricht

Von den zwei Seiten einer Medaille

MICHAEL WERMKE

Im Folgenden möchte ich zunächst auf die besondere Bedeutung des Schulgottesdienstes für das Schulleben hinweisen und dann auf das didaktische Interesse des Religionsunterrichts an Formen gelebter Religion in der Schule eingehen. Abschließend sollen einige praktische Hinweise für die Vorbereitung von Schulgottesdiensten gegeben werden.

Schulgottesdienste und das Schulleben

Dass seit Anfang der neunziger Jahre am Goethegymnasium in Hildesheim regelmäßig Abiturgottesdienste angeboten werden, ist in mehrfacher Hinsicht bemerkenswert, zugleich jedoch gar nicht so ungewöhnlich. Auch die Tatsache, dass es nicht die Religionslehrkräfte der Schule oder der Pfarrer der benachbarten St.Lamberti Kirche gewesen sind, die die Initiative ergriffen haben, ist ebenso überraschend wie auch bezeichnend: Es waren Schülerinnen und Schüler eines damaligen Religionskurses, die ihrer Religionslehrerin den Vorschlag machten, einen Abiturgottesdienst für die Abiturientinnen und Abiturienten, ihren Eltern und Lehrkräften anzubieten. Nun findet alljährlich ein Abi-Gottesdienst statt, vor der offiziellen Verabschiedung und jedes Mal gut besucht. „Oh, wie schön ist Panama", „Durchbruch", „Der Versuchung widerstehen", „Wo ist meine Zeit geblieben?", „Ich hebe meine Augen auf", so die Themen der Hildesheimer Abiturgottesdienste in den ersten Jahren. Sie machen deutlich, worum es den Beteiligten ging: um Abschied und Neuanfang, um Vergangenheit und Zukunft, um Sicherheit und Wagnis.

Ein weiteres Beispiel: „Nur zu Weihnachten ist meine Kirche so voll wie beim Einschulungsgottesdienst", stellen Pastorinnen und Pastoren vermehrt mit Überraschung fest. Die Einschulung, früher eine eher profane Veranstaltung in der Turnhalle mit Schultüte, kurzer Ansprache des Schulleiters und einer kleinen Aufführung der vierten Klassen, hat sich zu einem Familienfest entwickelt, zu der die Verwandten aus nah und fern anreisen und bei dem auch der Besuch des Gottesdienstes nicht fehlen darf. Der Geschichte von Swimmy, dem kleinen Fisch, der lernt, dass die Solidarität ihm die Angst vor dem Unbekannten nimmt, lauschen die Schulanfänger immer wieder mit höchster Konzentration.

Was verbindet nun diese zwei Beispiele? Ist es lediglich eine Attitüde der modernen Selbststilisierung, die eben auf eine geistliche Inszenierung einer lebensgeschichtlichen Schwellensituation nicht verzichten will? Gespräche am Rande solcher Veranstaltungen machen deutlich:

Es ist mehr als der Wunsch nach der festlichen Gestaltung eines Übergangs zwischen zwei bedeutsamen Lebensabschnitten. Der Gottesdienst bietet den Ort der Einkehr, des Sich-Seiner-Selbst-Bewusst-Werdens, der Rückschau und Vorausschau, des Dankes; es ist der Ort, wo Schülerinnen und Schüler, ihre Eltern und ihre Lehrkräfte sich und ihre Zukunft unter den Segen Gottes stellen.

Schulgottesdienste haben zuallererst den Charakter einer eigenständigen Kasualie, sie besitzen fernab jeder pädagogischen Verzweckung einen Selbstwert. Als gemeinsame Veranstaltung von Schule und Kirche kommt Schulgottesdiensten, seien es Buß- und Bettaggottesdienste oder Einschulungsgottesdienste, Gottesdienste zum Schulabschluss, zu Weihnachten oder am Reformationstag und zu Fronleichnam, jedoch auch für das Schulleben eine besondere Bedeutung zu.

Schulfeiern und Schulfeste, aber eben nicht nur religiöse, sind wichtig und gut für die Schule. Sie stiften Identität für den Einzelnen und für die Gemeinschaft, sie formen das Ethos der Schule, sie unterscheiden zwischen Alltag und Feiertag im Schulleben, sie haben eine höchst bedeutsame pädagogische Funktion, sie liefern einen konkreten Beitrag zur fächerübergreifenden Zusammenarbeit, sie legen möglicherweise bislang unerkannt gebliebene Befähigungen und Energien von Schülerinnen und Schülern frei, sie leisten einen wesentlichen Beitrag zur Integration unterschiedlicher Lebenswelten, aus denen die Schülerinnen und Schüler sowie die Lehrerinnen und Lehrer stammen.

Über all dies Gute, was Schulfeiern und -feste leisten, weist der Schulgottesdienst jedoch hinaus. So macht Christian Grethlein darauf aufmerksam, dass Schulgottesdienste und auch Schulandachten neben den schon genannten Integrationsfunktionen auch eine „hierarchiekritische, die Institution Schule transzendierende Funktion“ besitzen. Der Schulgottesdienst erfüllt diese Funktion,

„wenn er sich zum einen auf konkrete schulische Anliegen, etwa die besonderen Übergänge im Schuljahr und auch aktuelle Themen, bezieht, aber diese zum anderen zugleich in eine weitere nichtschulische Perspektive, nämlich die des Evangeliums rückt; wobei Perspektive im doppelten Sinn wörtlich als „kritisch durchschauen" und auf Zukunft hin „durchsehen" verstanden ist. Eine Schule, die solch einen Schulgottesdienst pflegt, bringt für Schülerinnen und Schüler, aber auch für Lehrerinnen und Lehrer deutlich zum Ausdruck, dass sie sich selbst nicht genügt, sondern auch um ihre Begrenztheiten weiß, dieses Wissen aber gestalten will und kann."

So erfahren wir Menschen im christlichen Gottesdienst, „dass alles seine gute Ordnung hat und wir in ihr geborgen sind – trotz allem, was abgerissen und abgebrochen scheint", ohne jedoch den „tragfähigen Grund" des durch den christlichen Gottesdienst geschenkten Vertrauens letztlich erfassen zu können.

Religionsunterricht und die Schulgottesdienste

> „Denn wir müssen schon vom ersten Moment an praktische,
> nicht theoretische Christen formen,
> wenn wir wirkliche Christen haben wollen."

Dieser aus dem Jahr 1657 stammende Satz des großen Pädagogen Johann Amos Comenius aus seinem Hauptwerk „Didactica Magna" besitzt eine höchst beachtliche Frische und Originalität: Wir, die Unterrichtenden, schreibt Comenius, haben von Anfang an praktizierende, nicht theoretisierende Christen zu bilden, wenn wir wirkliche Christen haben wollen; also Christen, die ihr Leben im Vertrauen auf das Wort Gottes hin wagen. Christliche Bildung meint hier Bildung zur christlichen Praxis, sie leitet an zu einem Leben in der Religion und nicht zu einem Leben, das Religion allenfalls aus einer Außenperspektive kennt. Religion soll praktiziert, nicht theoretisiert werden.

In heutiger Lesart wendet sich Comenius gegen einen Religionsunterricht, der nur die „Papierform" von Religion in Betracht zieht. Gegen einen Religionsunterricht, der darauf rekurriert, dass gelebte Formen überwiegend kirchlich tradierter Religion schlicht den Schülerinnen und Schülern (und auch den Lehrenden!) präsent sind, dass die Schüler*innen* in den kirchlichen Traditionen des Christentums aufgewachsen und in ihnen beheimatet sind.

Also ein Religionsunterricht, der es sich zum Bildungsauftrag gemacht hat, zur Reflexion über Religion anzuregen, sich zu den Formen und Traditionen der eigenen Religiosität in ein begründetes Verhältnis zu setzen, dabei jedoch die Formen jugendlicher Religiosität übersieht! In diesem Unterricht findet Religion in erster Linie Gestalt durch Texte, denen unterstellt wird, dass sie zu den Formen gelebter Religion Jugendlicher in einem Korrespondenzverhältnis stehen. Dieses Verständnis von Religionsunterricht kann jedoch weder dem Phänomen Religion noch der sich verändernden Religiosität Jugendlicher gerecht werden. Solch ein Religionsunterricht formt allenfalls theoretische Christen, wie Comenius lehrt.

Zunächst also die Frage, wie der Religionsunterricht dem Phänomen Religion gerecht werden kann, bzw. wie Religion im schulischen Kontext Thema werden kann.

Hierzu erklärt Christoph Bizer:

„Zu haben ist Religion nur im Modus der Gegenwärtigkeit, im Kontakt mit expliziten religiösen Vollzügen. Wenn Religion, dann auch in der zeitgenössischen Schule, unterrichtlich, im Prinzip, in der Ausübung von Religion." Ein schulisch sachgemäßer Religionsunterricht, so erkennt auch Bizer, könne es sich schon lange nicht mehr erlauben, „den aneignenden Zugriff auf die Begehungsformen konkreter Religion unterrichtlich immer nur vorauszusetzen, um sich dann vornehm in berührungsängstlicher Intellektualität auf literarische und reflexive Bearbeitungsgänge zu beschränken."

Wenn also Religion auch in der Schule bzw. für die Schule nur in gelebter Form zu haben ist, muss im Religionsunterricht Raum geschaffen werden für die Gestaltwerdung von Religion.

Wie kann man sich das vorstellen? In einer Klasse in der Sekundarstufe I wird eine Unterrichtseinheit zum Thema Psalmen durchgeführt. In einer letzten Stunden sollen die Schülerinnen und Schüler einen eigenen Psalmtext formulieren. Nach einigen kleinen Lockerungsübungen mit kreativen Schreibübungen wird die Grundstruktur von Psalmentexten rekapituliert und an der Tafel festgehalten. Nachdem der nun geplante Unterrichtsablauf mit den Schülerinnen und Schüler geklärt ist, wird das Licht im Klassenraum wird ein wenig verdunkelt, eine ruhige/beruhigende Musik eingeschaltet und ein Dia mit einer Abbildung von Sieger Köder „Jesus und die Sturmstillung" an die Wand projiziert. Nachdem sich die Schülerinnen und Schüler in das Bild „eingelesen" haben, wird der biblische Text Mk 4 vortragen und die Schülerinnen und Schüler beginnen mit Hilfe der an der Tafel stehenden Hilfe einen (Psalm-) Text zu schreiben. Nach einer vorher verabredeten Zeit wird der Schreibvorgang beendet und die Lehrkraft stellt die – entscheidende – Frage, was denn nun mit diesen Texten geschehen könnte. Die Vorschläge der Schülerinnen und Schüler können hier nun sehr unterschiedlich sein. Einige werden nicht bereit sein, ihre Texte zu verlesen, weil sie zu persönlich sind. Andere werden hingegen ihren Psalm veröffentlichen wollen. Man wird also darüber diskutieren, welche Präsentationsform die angemessenste ist und warum das so ist. Wollen wir alle aufstehen, wenn Texte verlesen werden? Soll die Musik wieder eingeschaltet werden? Wie könnte der Abschluss gestaltet werden? Einen Moment schweigen, sich dann wieder hinsetzen? Vielleicht über die soeben gemachten Erfahrungen sprechen?

Wie diese Entscheidungsfindungen im Unterrichtsprozess auch immer verlaufen, entscheidend ist, dass die Schülerinnen und Schüler in doppelter Weise in das Geschehen involviert sind: Sie erleben in der Innenperspektive – also beim Abfassen ihres Psalmtextes oder beim Vortrag – Religion, befinden sich jedoch zugleich in der Außenperspektive, in einer Beobachterposition. Bezogen auf ein ähnlich gelagertes Unterrichtsbeispiel schreibt Bernhard Dressler:

> „Mittels der „probeweisen Ingebrauchnahme einer religiösen Sprachform können die Schüler für die Möglichkeit religiöser Erfahrungen öffnen, ohne dass ihnen der Weg zurück in die skeptisch-analytische Distanz verbaut wäre. Religiöse Gestaltungsformen haben ihre eigenen Dynamiken, evozieren nicht nur bestimmte Atmosphären, sondern sind auch gesättigt mit Vor-Erfahrungen, aus denen heraus sie tradiert werden. Es ist weniger wahrscheinlich, dass ein über eine intellektuelle Einsicht oder eine existentielle Betroffenheit angestoßener religiöser Überzeugungsinhalt mittels religiöser Ausdrucksformen Mitteilbarkeit und Konstanz erhält. In dem Sinne, dass religiöses Lernen von außen nach innen verläuft, über Gewohnheiten und Gestaltungen schrittweise religiöse Tiefendimensionen heranführt, kann man eher: wie das Sprachsystem allererst kognitive Erfahrungen konstituiert, konstituiert in analoger Weise das Religionssystem allererst religiöse Erfahrungen und verleiht ihnen nicht nur nachträglich Ausdrucksformen. Wer den Gebrauch religiöser Zeichen lernt, wird – der Möglichkeit nach – religiös."

Der Religionsunterricht ist der Ort, wie Christoph Bizer sagt, wo Schülerinnen und Schüler „in Kontakt", in Berührung mit Religion gebracht werden, „als probeweises, freies Herantasten an ihre Formen. Aneignung heißt hier: subjektiv-modifizierende Aneignung ihrer Begehungsformen, immer begleitet von Reflexion, was in der postmodernen Moderne sofort auch heißt: distanzierende Reflexion, die den Ausstieg – während aller Arbeitsprozesse – immer freihält."

Schulgottesdienst und Religionsunterricht

Aber wäre das nicht schon genügend Religion im Sinne gestalteter, gelebter Religion im Religionsunterricht? Der kirchliche Gottesdienst bzw. Schulgottesdienst ist unter didaktischer Perspektive anders zu betrachten. Verfolgt der Religionsunterricht das Ziel, gelebte Religion zum Thema zu machen und damit zur Reflexion anregen zu wollen, ereignet sich im Gottesdienst der Vollzug von Religion. Die Verkündigung, ob in Predigt, Lesung etc. hat nicht die Funktion, zum selbstkritischen bzw. selbstthematisierenden Umgang mit Religion anzuleiten, sondern es bildet, wie es Wolfgang Neuser formuliert,

> „die eine Richtung der vertikalen Beziehung, nämlich die Anrede Gottes an uns. Ihr entspricht unsere Antwort in Gebet, Lied und Bekenntnis. Kommunikation – verbal und nonverbal – ereignet sich aber auch horizontal, indem die Gottesdienstteilnehmern und -teilnehmerinnen miteinander singen, beten und bekennen, oder indem sie sich bei den Händen fassen, ein Netz aus Wollfäden knüpfen, Fürbitten notieren, das Abendmahl miteinander feiern oder auf andere Weise miteinander essen. ... Eigentlich ist jedes Wort, jedes Tun Teil des Beziehungsgeflechts zwischen Gott und Mensch und den Feiernden untereinander. Auch der Gottesdienstraum – sei er eine Kirche oder eine Sporthalle – und seine Gestaltung, die Aktion und die Kontemplation sind Komponenten der gottesdienstlichen Erfahrung im seelischen wie im körperlichen, im geistigen wie im emotionalen Bereich."

– wobei sich natürlich auch im Gottesdienst ein Lernprozess, vielleicht auch ein Lernzuwachs vollziehen kann.

Religionsunterricht und Schulgottesdienst bilden also zwei eigenständige Räume, in denen nach je eigenen Regeln – der Didaktik und der Liturgik – mit Religion hantiert wird, sie sind jedoch zumindest aus didaktischen Interessen aufeinander bezogen. Im Religionsunterricht wird Religion unter einem ständigen Perspektivenwechsel „probeweise in Gebrauch genommen". Religion, die biblische Glaubensüberlieferung, zielt auf Glaubensvollzug im (Schul-)Gottesdienst. Was im Religionsunterricht als gelebte Religion zur Diskussion steht, wird im Schulgottesdienst vollzogen.

Hier im Schulgottesdienst wird – so Wolfgang Neuser – der Raum geboten, „für das Erlebnis der göttlichen Zuwendung, für Lobpreis und Klage; Gottesdienst ist der genuine Ort geistlicher Erfahrung. Hier brauchen die Schüler und Schülerinnen keine (Lern-)Leistungen zu bringen, ihnen wird Gottes Leistung für uns, das Evangelium, gebracht. Sie können aus- und aufatmen, sie empfangen – umsonst." Der Religionsunterricht ist freilich der Ort, wo dies alles thematisiert werden kann.

Anregungen für die Praxis

Viele Lehrerinnen und Lehrer schrecken vor dem organisatorischen Aufwand der Vorbereitung eines Schulgottesdienstes zurück. Aber auch hier gilt, dass gemeinsame Kooperation, eine gut strukturierte Zeitplanung und eine klare Aufgabenteilung das Problem ziemlich zügig verkleinert.

Die Zusammenarbeit mit den Schülerinnen und Schülern kann sehr unterschiedlich verlaufen. Grundsätzlich ist eine möglichst große Schülerbeteiligung zu empfehlen: Die Schüler bestimmen das Thema des Gottes-

dienstes und setzen im Gottesdienst dieses Thema durch entsprechende Schülerbeiträge in Beziehung zu ihrer Situation. Ähnliches gilt für die musikalische Gestaltung. Die Schülerinnen und Schüler sollten sich selbst darum kümmern, welche Lieder gesungen, wie sie begleitet werden sollen (Orgel, Gitarre, Band etc.), und mögliche Musiker (Schulband o.ä.) selbst ansprechen. Daneben gibt es einen festen Rahmen, der Begrüßung, Eingangsgebet oder Glaubensbekenntnis, Fürbitte, Vater Unser und Predigt umfasst.
Folgende „Checkliste" soll den Planungsweg eines Gottesdienstes zum Schulabschluss skizzieren:

November – sechs Monate vor dem Abschlussgottesdienst
- Klärung offizieller Termine (Prüfungen, Entlassung etc.)
- Absprache mit Kolleginnen und Kollegen über Vorbereitung
- Festlegung des Gottesdiensttermins
- Mitteilung an Schulleitung über Termin des Gottesdienstes
- Mitteilung an die interessierten Schülerinnen und Schüler über Vorbereitungstermine und Gottesdiensttermin
- Klärung des Vorbereitungsortes (z.B. Gemeindehaus)
- Ökumene
- Kontakt zu Kirchengemeinde/Klärung der Termine

Anfang März – erstes Treffen der Vorbereitungsgruppe
- Brainstorming zum Thema und Auswahl eines Bibeltextes
- Aufgabenverteilung (Wer macht was bis wann?)
- liturgischer Ablauf (s.u.)
- Bildung von thematischen Arbeitsgruppen
- Arbeitsaufträge an die einzelnen Gruppen, was bis zum nächsten Treffen zu tun ist
- Protokolle und Adressenliste

Ende März/Anfang April – Zwischentreffen
- Zusammentragen der Arbeitsergebnisse der Arbeitsgruppen
- Detaillierte Planung des Gottesdienstes
- Stand der Organisation (Musiker etc.)
- Protokoll

Mitte/Ende Mai – letztes Treffen
- Abfrage des Standes der Dinge
  (steht alles? inhaltlich und organisatorisch)
- Erstellen eines Plakates, der Liederzettel, der Einladungen
- Kopien der Texte für alle
- Kollekte
- Benachrichtigung der Presse
- Protokoll

Generalprobe

- Sprech- und Bewegungsproben aller Beteiligten
- 1–2 Tage vor dem Gottesdienst
- Klärung letzter offener Fragen

Abschlussgottesdienst

- Treffen etwa 2 Stunde vor Beginn
- letzte Prüfung der technischen Anlage (Mikrofon etc.)
- Auslegen der Zettel mit den Liedern und Gebeten
- innere Einstimmung, Orgelvorspiel
- anschließendes Nachtreffen

Als Grundmodell kann folgende Liturgie empfohlen werden:

- Vorspiel (Orgel)
- Begrüßung (hierfür kann man auch Eltern gewinnen)
- Lied
- Gebet/Glaubensbekenntnis (Apostolikum; Schülerinnen und Schülern)
- Lied
- 1. Schülerbeitrag zum Thema
- Lied oder Musik (Schulband)
- 2. Schülerbeitrag zum Thema
- Musik
- 3. Schülerbeitrag zum Thema
- Lied
- Predigt (Pastorin, Pastor)
- Lied
- Fürbitten und Vater Unser (Schülerinnen und Schüler)
- Segenslied
- Sendung und Segen (Pastorin, Pastor)
- Nachspiel (Orgel)

Schulgottesdienste zählen trotz erfreulicher Entwicklungen der letzten Jahre immer noch zu den Stiefkindern von Schule und Kirche. Die Verantwortung für solche Gottesdienste wird immer noch hin- und hergeschoben zwischen den Pastorinnen und Pastoren und den Religionslehrerinnen und -lehrern: Sind die einen durch unterrichtliche Belastung nicht bereit, eine mögliche, aber nicht pflichtgemäße Veranstaltung wie einen Gottesdienst mitzuplanen oder mitzutragen, ziehen sich die anderen wegen der hohen Belastung des Pfarramtes zurück.

Auf dem Hintergrund dieser Erfahrung schreibt der ehemalige Verdener Schulpfarrer Albert Gerling mit Blick auf seine Abiturgottesdiensterfahrungen: „Aber ich möchte dennoch Mut machen, in dieser Frage aufeinander zuzugehen, denn Abiturgottesdienste haben *Auswirkungen* auf Abiturientinnen und Abiturienten, die oft noch Jahre später bei Ehemaligentreffen oder in Briefen auf „ihren" Abiturgottesdienst Bezug nehmen. Er ist für viele eine positive Erfahrung mit Kirche, die in einer entscheidenden Situation ihres Lebens nicht abseits steht, sondern ihre Fragen ernst nimmt und versucht, aus dem christlichen Glauben heraus Antwort zu geben."

Literatur

C. Bizer: Das Wort Gottes und der Unterricht, in: Der Evangelische Erzieher 5/94, S. 391–399

A. Gerling, M. Wermke (Hg.): Gottesdienste zum Schulabschluss, Loccum 1998

W. Neuser: Gottesdienst in der Schule. Grundlagen, Erfahrungen, Anregungen, Stuttgart 1994, S.42

M. Wermke (Hg.), Rituale und Inszenierungen in Schule und Unterricht, Münster 2000 (2. Aufl.); enthält die zitierten Beiträgen von B. Dressler und Chr. Grethlein

Religionsunterricht und kirchliche Handlungsfelder

VOLKER ELSENBAST

Wozu Konfer, wenn ich Reli habe? Oder: Was willst du in der Jugendgruppe? Du hast ja ohnehin jeden Dienstag Konfer! – Solche Fragen und Bemerkungen geben zu denken und veranlassen zur Positionierung. Der folgende Beitrag macht auf die Dynamiken in und zwischen den drei großen Handlungsfeldern aufmerksam, auf denen Kirche und Gemeinde mit Jugendlichen in Berührung geraten: Religionsunterricht, Konfirmandenarbeit, Jugendarbeit. Nach einer Skizzierung der Eigentümlichkeiten wird mit einigen Schlaglichtern das Wechselspiel zwischen ihnen beschrieben.

Verschiedene Welten

Religionsunterricht, Konfirmandenarbeit und Jugendarbeit weisen eine Reihe von Gemeinsamkeiten und eine Reihe von Unterschieden auf. So gehören Religionsunterricht und Konfirmandenarbeit zum jeweils schulischen und gemeindlichen *Bildungs*bereich, während Jugendarbeit in ihren vielfältigen Formen mehr ist als kirchliche Bildungsarbeit und sich auch auf gesellschaftsdiakonische Aktivitäten der Kirche und ihrer Gemeinden erstreckt. Ist der Religionsunterricht Teil des staatlichen schulischen Bildungsauftrages und hat die Kirche darin an ihm Anteil, dass er gemäß den Grundsätzen der Religionsgemeinschaften zu erteilen ist, so ist sie im Blick auf die Konfirmandenarbeit Herrin im eigenen Haus. Was wiederum die kirchliche Jugendarbeit betrifft, so hat die Kirche hier je nach Teilbereich der Jugendarbeit eine weitgehend unabhängige Gestaltungsfreiheit, muss jedoch – wo sie z.B. subsidiär tätig ist – Förderkriterien oder andere Vorgaben berücksichtigen.

Das Ausmaß der Institutionalisierung und der institutionellen Absicherung unterscheidet die drei Handlungsfelder erheblich. *Religionsunterricht* ist ein durch das Grundgesetz gesichertes ordentliches Schulfach innerhalb eines hoheitlichen Bereiches des Staates: Im Unterschied zu anderen Nationen herrscht in Deutschland Schulpflicht und keine Unterrichtspflicht, auch mit der beamteten Lehrerschaft steht Deutschland nahezu singulär da. Das Schulrecht und die Lehrpläne weisen auf die große Regelungstiefe und -breite hin. Die Religionsfreiheit ist durch das Recht gesichert, sich vom Religionsunterricht abmelden zu können.

Die Arbeit mit *Konfirmandinnen und Konfirmanden* gehört zu den unabweisbaren Aufgaben der Pfarrer*innen* und der Gemeinden. Mithilfe von Rahmenordnungen und Rahmenplänen ist die Konfirmandenarbeit je nach Landeskirche in unterschiedlichem Umfang geregelt. Mit der Konfirmation ist zwar der Erwerb gewisser Rechte verbunden: Patenamt, Abendmahlszulassung. Dennoch treffen Jugendliche ihre Entscheidung, sich konfirmieren zu lassen, eher im Rahmen gewisser Erwartungen seitens der Eltern und Verwandten; auch die Gleichaltrigen und die Konfirmationsfeier spielen eine Rolle. Die Traditionslenkung sollte weder über- noch unterschätzt werden, dürfte aber geringer sein als früher. Die nach wie vor vorhandene Stabilität von Konfirmation und Konfirmandenarbeit beruht nicht mehr auf Selbstverständlichkeiten, sondern ist in höherem Maße von den Entscheidungen der Jugendlichen abhängig geworden. Dennoch kann man für die westdeutschen Landeskirchen davon ausgehen, dass mit den Konfirmandinnen und Konfirmanden die gesellschaftliche Breite der Jugendlichen schulartübergreifend in den Blick kommt.

Das muss und wird wohl in der *Jugendarbeit* nicht so sein: Durch das Prinzip der Freiwilligkeit und die Gestaltung von Angeboten ist Jugendarbeit insofern selektiv, als eben nur informierte und interessierte Jugendliche kommen. Die Freiwilligkeit schließt die Träger von Jugendarbeit ein: Kirchengemeinden oder Verbände müssen entscheiden (bzw. haben ihre Entscheidungen zu überpüfen), ob sie überhaupt etwas und was sie im Blick auf die Jugendlichen innerhalb und außerhalb von Kirche machen. Schließlich eröffnet Jugendarbeit vielfach die Möglichkeit der Selbstorganisation durch die Jugendlichen.

Religionsunterricht wird auf einem hohen professionalisierten Stand erteilt. Die Lehrkräfte sind fachdidaktisch spezialisiert. Religionsunterricht besitzt im Blick auf die Wochenarbeitszeit wie auf die Lebensarbeitszeit der Lehrkräfte einen erheblichen Umfang. In manchen Bundesländern/ Landeskirchen wird der Religionsunterricht auch von Pfarrer*innen* oder anderen kirchlichen Mitarbeitenden erteilt, manchmal überwiegend in einer Schulart, manchmal mit einem vollen Deputat in einem Gestellungsvertrag, manchmal nur mit wenigen Unterrichtsstunden, dafür dann oft an mehreren Schulen.

Die Mitarbeitenden in der *Konfirmandenarbeit* sind fast immer die Pfarrer*innen*, daneben – z.B. für den Vorkonfirmanden- oder vorgezogenen Unterricht – andere kirchliche Mitarbeitende (Gemeindepädagog*inn*en, Religionspädagog*inn*en, Gemeindediakon*inn*en u.a.), Eltern und Jugendliche, andere Gemeindeglieder.

In der *Jugendarbeit* sind die kirchlichen Mitarbeitenden vor den Pfarrer*innen* zu nennen, wahrscheinlich ist sogar der Stellenwert der ehrenamtlich Mitarbeitenden ebenfalls höher zu veranschlagen. An dieser Stelle rückt in den Blick, dass Jugendarbeit zu großen Teilen sich nicht auf nur der Ebene einer oder mehrerer Kirchengemeinde abspielt, sondern auf Kirchenkreis- und Landeskirchenebene besondere Schwerpunkte setzt – im optimaler Weise, wenn die Aktivitäten miteinander abgestimmt und koordiniert sind. In den letzten Jahren wird verstärkt hervorgehoben, dass die Mitarbeit von Jugendlichen in unterschiedlichen Handlungsfeldern – unter anderem auch, aber nicht nur in Konfirmanden- und Jugendarbeit – selbst als ein eigenständiger Bereich oder Dimension von Jugendarbeit anzusehen ist und dementsprechend explizite Formen der Anerkennung und Unterstützung zu etablieren sind.

In Struktur und Inhalt ist der *Religionsunterricht* selbst über die regionalen Unterschiede hinweg relativ homogen: Die naturgemäß vorherrschende Form ist der Wochenstundenunterricht, etwa zwischen 500 und 1000 Stunden Religionsunterricht werden viele Kinder und Jugendliche besucht haben. Lehr- und Arbeitspläne ähneln sich ebenso.

Für die 60 bis 90 Stunden *Konfirmandenunterricht* steht auch der Wochenstundenunterricht im Vordergrund, teilweise wurde er zugunsten anderer Organisationsformen zurückgenommen, und es kommen weitere Formen wie Projekte, Aktionen, Exkursionen, Praktika, Seminare/Rüstzeiten, Freizeiten hinzu. Auch die Christenlehre in den ostdeutschen Landeskirchen, entstanden nach Wegfall des Religionsunterrichts, kann eine Vielfalt von Arbeitsformen aufweisen, die sich an den Kindern und Jugendlichen orientieren.

Statt von *Jugendarbeit* müsste man eigentlich von „Jugendarbeiten" sprechen: Sie reichen von Gestaltungsformen der Jugendspiritualität über Freizeitarbeit, Bildungsarbeit und Kulturarbeit bis hin zu Jugendsozialarbeit. Träger können Kirchengemeinden, evangelisch geprägte Vereine, Verbände, Ämter, Werke und andere mehr sein. Der Formenreichtum spiegelt sich in Offener Arbeit, festen, manchmal nahezu hermetischen Jugendgruppen, Projektgruppen oder Veranstaltungen, sozialen, ökologischen Projekten, internationalen Begegnungen. Man wird im Umfeld einer Schule oder einer Gemeinde mit Sicherheit immer nur einen kleinen Ausschnitt dessen antreffen, was prinzipiell, aber auch vor Ort möglich wäre.

Die Zusammensetzung der (Lern-)gruppen weist auch eine Reihe von Eigentümlichkeiten auf. Je nach Schulstufe, Schulform und Schultyp decken sich die Einzugsbereiche mehr oder weniger.

Im Religionsunterricht kann es vorkommen, dass nicht nur evangelische Schüler*innen* den Unterricht besuchen, die zudem aus mehreren Kirchengemeinden stammen.

In der *Konfirmandenarbeit* kommen Jugendliche aus verschiedenen Schulen mit verschiedenen Bildungsniveaus zusammen. Durch den gemeinsamen Schulbesuch entstandene Freundschaften führen oft dazu, dass nicht-evangelische Schüler*innen* punktuell oder auf längere Zeit am Konfirmandenunterricht teilnehmen und sich gegebenenfalls taufen und/oder konfirmieren lassen.

Für die Teilnehmenden in der *Jugendarbeit* sind Grenzen der Konfession oder Religionsgemeinschaft nur noch begrenzt von Bedeutung.

Zueinander – Miteinander

Alle drei Handlungsfelder sind im Wandel begriffen. Einerseits ist das von Vorteil, denn in der Regel gehen mit solchen Veränderungen auch das Überdenken bisheriger Konzeption und Praxis, das Experimentieren und die Öffnung für neue Erfahrungen und für Anderes einher. Andererseits muss man noch genauer auf das jeweilige Handlungsfeld hinschauen, um erkennen zu können, was gerade der Fall ist: Wird im Religionsunterricht mit Freiarbeit, Stationenlernen, Wochenplan gearbeitet? Welcher Art sind die Schulgottesdienste? Welche Erwartungen an Gottesdienste entstehen durch sie? Welche Ressourcen und Interessen sind in der Jugendarbeit zu finden, an die die schulische Praxis anknüpfen kann?

So kann sich der Religionsunterricht innerhalb der Schule zu anderen Fächern, zu Schulleben und Schulkultur, aber auch zur Religion in der Schule (weiter) öffnen und seinen Beitrag zum Schulprogramm leisten. Mit diesem Schritt ist dann die Öffnung des Religionsunterrichts (und der Schule insgesamt) nach draußen verbunden. Die Konfirmandenarbeit kommt dann oft nur während bestimmter Jahrgangsstufen in den Blick. Aber gerade dann wäre das, was in der Konfirmandenzeit erfahren, gelernt, erlebt wird, auch für den Religionsunterricht wichtig, da es sich bei ihm um die gelehrte Religion, um die Bildungsgestalt von Religion (Bernhard Dressler) handelt, die sich auf die gelebte Religion beziehen kann. Je nach Konzept der Konfirmandenarbeit wird der Religionsunterricht auch auf von den Jugendlichen gestaltete Religion (z.B. Gottesdienste) eingehen können. (Analoges gilt für die Christenlehre und einige Formen der Jugendarbeit).

Ein Berührungspunkt in gleichsam umgekehrter Richtung kommt mit den Unterstellungen in den Blick, mit dem, was im Religionsunterricht gelernt würde, könne man in der Konfirmandenarbeit nichts anfangen, er würde auch der Kirche nichts bringen. Im Extrem wird dann manchmal – oft aufgrund von Berichten der Kinder und Jugendlichen – dem Religionsunterricht attestiert, nicht die richtige Lehre zu vermitteln. Hier deutet sich das grundlegende Problem der wechselseitigen Wahrnehmung an: Fundiert über die anderen etwas zu wissen und es unter Berücksichtigung von Kontextinformationen auch einschätzen zu können, erreicht man erst, wenn man selbst das eigene Feld öffnet, die eigenen Anliegen offenlegt und das entsprechende Vertrauen aufbaut. Schulische Konferenzen, auch die Fachkonferenz, Hospitation und Einbeziehung der Pfarrer*innen* und anderer kirchlicher Mitarbeitender in den Religionsunterricht, Einladungen zu Tagen des Offenen Religionsunterrichts gehören zu den schulischen Möglichkeiten von Information und Kontaktpflege; Einladungen in den Pfarrkonvent, Hospitationen im Konfirmandenunterricht, Informationen und Absprachen zu den Unterrichtsthemen, die Erarbeitung von Unterrichtseinheiten oder Projekten könnten kirchlicherseits eingebracht werden.

Eine bisher kaum beachtete Dimension von Konfirmandenarbeit besteht darin, dass die Konfirmand*innen* Schülerinnen und Schüler sind. Damit ist gemeint, dass Schule einen Großteil ihrer lebensweltlichen Erfahrungen ausmacht: Gefühle des Selbstwerts und Unwerts, Unterforderungen und Überforderungen, Erlebnisreichtum und Langeweile, Freude, Spaß, aber auch verübte, miterlebte, erlittene Gewalthandlungen und Diebstähle können vor der Konfirmandenstunde nicht wie Mäntel und Jacke abgelegt werden, wenn sie denn abgelegt werden. So heißt manchmal das heimliche Thema „Schule aufarbeiten". Damit ist insgesamt in der Arbeit mit Kindern und Jugendlichen zu rechnen.

Anders als für die Konfirmandenarbeit ist die Schule für die Jugendarbeit (und hier kann man Dienst an den Schulen und Schulseelsorge hinzunehmen) verstärkt als Betätigungsfeld oder Kooperationspartner in den Blick geraten. Vor allem die Entwicklung zur Ganztagsschule bietet Möglichkeiten und Erfordernisse, das Schulleben sowohl mit den notwendigen sozialpädagogischen Kompetenzen als auch mit einem entsprechenden fachlichen Niveau (z.B. in den Bereichen Medien, Kultur, Ökologie) von Angeboten zu bereichern. Aber auch ein Schüler-Café macht ein Herumhängen in Kaufhäusern unwahrscheinlicher und ermöglicht andere Begegnungsformen.

Jugendarbeit und Konfirmandenarbeit befanden sich in der Vergangenheit manchmal in einem spannungsreichen Verhältnis. Vom schulähnlichen Konfirmandenunterricht sollte und konnte sich die Jugendarbeit deutlich abheben. Doch mittlerweile haben sich die Formen der Konfirmandenarbeit erweitert und gewandelt, und die Jugendarbeit muss sich auch auf eine veränderte Jugend einstellen, auf die man angesichts der Jugendkulturindustrie kaum noch mit einer einzigen Angebotsform reagieren kann. Ein Schritt ist die Mitarbeit von Jugendlichen in der Konfirmandenarbeit und die Erweiterung des Konfirmandenunterrichts davor und danach mit offenen Angeboten: Die Türe ist eine halbe Stunde früher offen, Mitarbeitende aus der Jugendarbeit stehen zur Verfügung, die Spiel- und Gestaltungsmöglichkeiten der Jugendarbeit können genutzt werden, ebenso im Anschluss gerade an Blockunterricht, der – vierzehntägig – zwei bis drei Stunden dauern kann. Jugendarbeit zum Erkunden durch die Konfirmandinnen und Konfirmanden, Mitgestaltung von Konfirmandenseminaren und -freizeiten, Mitwirkung bei Konfirmandenpraktika. Abschied ist zu nehmen von dem Wunsch nach dem Automatismus, der Jugendliche von der Konfirmandenarbeit direkt in Jugendgruppen oder Junge Gemeinden überleitet. Je nachdem, wieviel Gestaltungs- und Partizipationsgelegenheiten und -anreize den Konfirmand*inn*en zur Verfügung standen, wird eine nur angebotsorientierte Jugendarbeit „für" Jugendliche zu kurz greifen.

Konfirmandenarbeit lässt sich durchaus als eine spezifische Form von Jugendarbeit bezeichnen, in der erstens Bildungsprozesse mit den Lerngegenständen Christentum und Kirche im Mittelpunkt stehen und die es zweitens – auf diesen Prozessen aufbauend und sie auch wieder unterstützend – unter anderem in der Konfirmation ermöglicht, die Beziehung zwischen Kirche/Gemeinde und christlicher Tradition auf der einen Seite und den Jugendlichen (und ihren Eltern) auf der anderen Seite konstruktiv zu gestalten und in ihrer momentanen Gestalt zum Ausdruck zu bringen.

Jenseits der Versäulungen

Die drei Handlungsfelder wirken nach wie vor wie drei Säulen mit eigenen Handlungslogiken und mit eigenen Profil- und Abgrenzungsbedürfnissen. Es ist illusorisch, wenn deren VertreterInnen.damit rechnen und darauf warten, dass andere von sich aus Schritte auf sie zu machen, sie wahrnehmen, sie anerkennen und sie unterstützen. Produktiver sind die eigenen Schritte. Vielleicht ist es ganz heilsam, noch einmal den Religionsunterricht und mit ihm die Schule den Blick öffnen zu lassen auf das, was Kirche ihnen bieten kann. Ein Beispiel mit nur scheinbaren Trivialitäten beschreibt Ina Brinkmann (Gute Ideen für Kirchengemeinde und Schule, in: KiTa aktuell, Nr. 6/ 2000, S. 136):

> „Wie kann ich mit 27 Mädchen und Jungen im Klassenraum Stilleübungen machen, wo doch kaum genügend Platz für alle an Tischen und Stühlen ist? – Mit dieser Frage einer Klassenlehrerin der Grundschule Turmweg, Hamburg-Harvestehude, fing alles an. Nebenan die neugotische Kirche bietet viel Platz im Kirchenschiff. Die Gemeinde nutzt ihn immer wieder für innovative Gottesdienste und hat deswegen einen Teil der Bänke gegen mobile Stuhlreihen getauscht. Im Herbst 1998 kam die Klassenlehrerin zusammen mit der Vikarin der Gemeinde auf die Idee, die Stilleübungen kurzerhand in die Kirche zu verlegen. Viele der Schüler hatten zuvor noch nie einen solch großen und hohen Raum erlebt,

geschweige denn eine Kirche. Nachdem sie ihre anfängliche Neugier auf alle Winkel, Emporen und Skulpturen befriedigt und die Kirche für sich erobert hatten, konnten sie sich sammeln: In einem großen Kreis auf dem Boden zu sitzen oder gar zu liegen, die Augen auf das sternenförmige Kreuzrippengewölbe gerichtet, begeistert die Mädchen und Jungen immer wieder. Inzwischen ist es zu einem für die Grundschüler lieb gewordenen Ritual geworden..."

Autorenverzeichnis

Dr. Ingo Baldermann, Professor (em.) für Ev. Theologie und ihre Didaktik an der Universität-Gesamthochschule Siegen

Dr. Horst-Klaus Berg, Professor (em.) für Religionspädagogik an der Pädagogischen Hochschule Weingarten

Dr. Christoph Bizer, Professor (em.) für Praktische Theologie an der Universität Göttingen

Dr. Peter Biehl, Professor (em.) für Religionspädagogik an der Universität Göttingen

Günter Böhm, Professor, Leitender Regierungsschuldirektor (a.D.) bei der Bezirksregierung Münster

Elisabeth Buck, Diplom-Musiklehrerin, Religionspädagogin, Erlau

Dr. Frauke Büchner, Dozentin am Religionspädagogisch-Theologischen Institut der Kirchenprovinz Sachsen in Drübeck

Dr. Bernhard Dressler, Rektor des Religionspädagogischen Institutes der evangelisch-lutherischen Landeskirche Hannovers in Loccum

Volker Elsenbast, Pfarrer und wissenschaftlicher Mitarbeiter am Comenius-Institut in Münster

Dr. Jürgen Frank, Leiter der Abteilung 'Bildung' im Kirchenamt der EKD, Hannover

Hans Freudenberg, Pfarrer und Leiter des Schulreferates des Evangelischen Kirchenkreises Unna

Dr. Christian Grethlein, Professor für Praktische Theologie an der Universität Münster

Lena Kuhl, Dozentin am Religionspädagogischen Institut der evangelisch-lutherischen Landeskirche Hannovers in Loccum

Dr. Rainer Lachmann, Professor für Religionspädagogik an der Universität Bamberg

Andreas Mertin, Publizist und Theologe, Hagen

Jörgen Nieland, Leitender Regierungsschuldirektor bei der Bezirksregierung Düsseldorf

Dr. Karl Ernst Nipkow, Professor (em.) für Praktische Theologie an der Universität Tübingen

Rainer Oberthür, Dozent für Religionspädagogik am Katechetischen Institut des Bistums Aachen

Dr. Ulrich Schwab, Professor für Praktische Theologie an der Universität München

Dr. Friedrich Schweitzer, Professor für Praktische Theologie an der Universität Tübingen

Dr. Eckart Schwerin, Oberkirchenrat der evangelisch-lutherischen Kirche Mecklenburgs

Dr. Martina Steinkühler, Lektorin des Verlages Vandenhoeck & Ruprecht, Göttingen

Dr. Michael Wermke, Fachberater für evangelische Religion an Gymnasien bei der Bezirksregierung Lüneburg

Dr. Albrecht Willert, Fachleiter für Religion am Studienseminar in Recklinghausen